大学的历史

——从12世纪到21世纪

Histoire des universités: XIIe-XXIe siècle

［法］ 克里斯托夫·夏尔勒（Christophe Charle） 著
雅克·韦尔热（Jacques Verger）

成家桢 译

华东师范大学出版社
上海

华东师范大学出版社六点分社　策划

目　录

导论 / 1

第一部分　中世纪与旧制度时期的大学

第一章　中世纪大学的诞生与发展 / 3
　　从中世纪早期的学校(écoles)到大学(universités) / 3
　　最初的大学机构 / 11
　　从 13 世纪到 15 世纪的演变 / 16

第二章　大学与中世纪的文化 / 25
　　知识的系统与学院的等级制度 / 27
　　学究式的方法 / 30
　　中世纪大学教学的成功与失败 / 35

第三章　近世的大学、权力与社会(16 世纪到 18 世纪) / 41
　　机构的变动 / 41
　　大学生人口 / 47
　　社会生源与出路 / 54

第四章　近世大学的危机与改革 /59
　　差距与障碍 /59
　　改革与备选办法 /64

第二部分　从18世纪到第二次世界大战

第五章　第一次革新：科学还是职业？（1780年左右到1860年左右） /75
　　日耳曼世界之转变的脆弱性及其缘由 /75
　　分化了的法国模式：职业反对科学？ /82
　　在传统与现代化之间：欧洲西北部 /87
　　欧洲大学化进程的边缘：美国、俄罗斯、西班牙与意大利 /94

第六章　第二次变革：是科研还是向社会开放？（1860到1940） /101
　　美国模式的浮现，通往大众高等教育的新道路 /102
　　法国体制未完成的改革 /105
　　英国大学持续的精英主义与市郊和外省的革新 /111
　　德国模式之使命的演变与危机 /114
　　中欧与东欧 /120
　　温和扩张：瑞士的例子 /123
　　南欧国家与俄国的大学的艰难革新 /124
　　欧洲外体制的西方化 /131

第三部分　1945年以来大学的普及

第七章　从1945年到1980年代初的第一次大众化 /139

世界范围内通往大众化大学的道路 /140
变革的先驱国家 /149
欧洲内部的差距 /156
其他大陆 /167
大众化带来的教育与制度问题 /181
世界上围绕"五月风暴"的大学危机 /184
对变化的总结 /193

第八章　第二次大众化：朝向知识社会与知识经济？（从1980年代起） /197
关于"第二次"大众化的整体视野 /198
教育投资与金融限制 /207
高等教育、学校机构和知识领域的差异化 /222
新的大学生公众和新的大学 /229
南方国家和新兴国家的特殊性 /242
20世纪末大学生移民与求学的国际市场 /261

结论：一切皆教诲（Omnia docet）？ /276

导　论

本书最早在 1994 年于"我知道什么?"(Que sais-je?)丛书里出版,随后又在 2007 年再版,并得到一些补充。它取代了巴彦(Bayen)院长在 1973 年于同一系列丛书中出版的作品。实际上,他的书和斯蒂芬·德尔塞(Stephen d'Irsay)那年代更为久远的书(那时它们曾是关于这个主题仅有的法语作品),在被历史研究最近的发展所大大革新的领域中,都不再能够令人满意了。再次编辑面世的"我知道什么?"丛书唯一的野心就在于呈现一个对超过 15 年之久的既有结果做出的快速、但又必然暂时的小结。受限的形式迫使我们牺牲大部分细微差异——这些差异通常由经常是专题性的、有时是区域性的、但很少是国家性的领域的研究之阐述带来。尤其是丛书强制规定的页数迫使我们放弃去处理当代的诸多发展,而对此我们仍旧缺少判断所需的时间或距离。多亏已故的法国大学出版社社长米歇尔·普里让(Michel Prigent)的倡议,我们才于 2010 年的春天收到了使人高兴的提议,它把"我知道什么?"丛书的作品放到了"双轮战车"(Quadrige)丛书里(更少地受限于形式)。我们高兴地接受了这次提议,眼下的这部作品来自对这个提议的一次扩写。它使我们得以扩增对于第二次世界大战之后时期的讨论,并且也允许我们去整合许多关于其他时期的研究(而这些研究经常是以外语出版的，在法国则不是总能接触得到)。

　　这部作品的标题(我们忠实于它)需要做一下解释。大学从来都只是被呈现为人们更广泛地叫作高等教育(l'enseignement supérieur)的一部分。自从书写被发明以来，许多文明(古代的或者西欧以外的)都以一种或另一种形式创造了一种高等教育。其历史必然是值得研究的。由于决定跳出字面意义上的大学——因而让我们不要严格地限定于此——我们采取了一种特殊的步骤。如果人们同意给予大学这个词以"教师与学生被集合起来，以便保证确定数量学科的高水平教育的(或多或少)自治共同体"这样相对精确的意义的话，那么这个机构似乎就是一种西方文明的特殊创造(不含不妥当的欧洲中心主义)——它诞生于13世纪初的意大利、法国和英国。这个模式历经许许多多兴衰一直延续到了今天(尽管高等教育的形式持续发生变化和更替)，并且从16世纪开始，尤其是19世纪和20世纪，遍布整个欧洲与所有大陆。这一模式成为高等教育系统的核心元素，非大学的机构，或者来自其他文化、宗教传统的机构都在某种程度上处在补充的位置，或者是多多少少被吹捧出的竞争的位置之中。因此，将大学的历史当作研究的特定对象在我们看来就不是完全抽象的，当然，条件是不把它从教育系统的整体历史中抽象化，更不必说把它从社会与国家的历史中抽象化。

　　大学机构的连续性(经常也是惯性)不应该遮蔽大学在数世纪中的深刻变化。对大学难以寻觅的定义的研究——它卡在了同义反复("大学就是本身被命名为大学的东西")与年代错乱(根据大学后来的进化去评判过往的大学)之中——因此应该让步于一种历时性的研究方式，它甚至是不连续的，但却要仅仅扎根于同普遍历史的宏大关联之中。这就是我们在这一卷中要做的事情——接连研究中世纪与近代的古老大学(首先是欧洲的)(由雅克·韦尔热编写的一到四章)，然后是19世纪、20世纪以及21世纪初的大学(由克里斯托夫·夏尔勒编写的五到八章),这些时期的标志在于编制人员的快速增长、机构在世界范围内的扩张、国家分歧的爆发、研究与教育的联盟(根据国家与时期而不同程度地获得成功)。1945年之后的阶段(作者也曾是其见证者或参与者)更难加以综合理解。一方面,机构与编制人员(学生、教师、行政人员)变得呈函数增长;另一方面,应该将目光扩大到所有大陆和越来越多样的高等教育的替代形式(非大学的)上。我们应该尽量去推测框架(其结果还有待揭晓),也应该考虑"南方"国家的力量增长,或者考虑欧盟中正在进行的改革以及围绕"知识经济(économie du savoir)"的争论。历史学家(和大学教员)在此都不能完全从其独有的经历中抽身,也不能从其处境或信念中抽身,故而应该尤其在他面对大量从国家的、国际的机构中流露出来的用作辩护的话语或信息时保持警惕与批判性,因为他冒着(由于缺少从原始资料或者从社会学的、人种志的调查而来的基础研究)被"官方的",尤其是党派观点所影响的危险。这是一段依旧"火热的",但由于世界范围内分布仍然十分不均匀的智识自由,而并非人人皆可获知的历史,所带来的代价。

尽管有这些巨大的断裂,大学的历史、西方文化以及如今世界文化之历史的确定环节依然允许人们能更好地理解我们的智识遗产以及我们社会机能的一部分,因此还有文化模式与知识的循环。每个时代都应该解决从保存过去知识、从整合革新之物、从能力评价与欣赏标准的变化中诞生的困境。因此,对时间与地点的比较也许会让读者在历史的目光所提供的批判性距离的帮助下,对高等教育不确定的当下进行反思。

第一部分
中世纪与旧制度时期的大学

第一章　中世纪大学的诞生与发展

在我们导言中所说的那种意义上的最初的大学出现在 13 世纪初的西欧。我们无法指出其诞生的精确日期,但却可以将博洛尼亚、巴黎和牛津的大学看作近乎同时代的大学;而更近一些的也许要算蒙彼利埃医科大学(l'université de médecine de Montpellier)。不论是根据建制结构,还是根据其智识和社会上的角色,这些大学在历史上都没有真正的先例。然而,它们并不是无中生有的(*ex nihilo*)。它们从许多方面来看就是一长段历史的继承人。

从中世纪早期的学校(écoles)到大学(universités)

前后关系最明显的标记就是,在大学中教授的学科实际上大部分都曾是被古希腊罗马文化看作是构成知识教养的东西(让我们这样理解:教父的基督教化了的古代文化),即一个自由人所能追求的智识的最高形式:划分成三学科(语法、修辞、辩证/逻辑)和四学科(算术、音乐、几何、天文)的"艺学"(arts libéraux)形成了其基础,神圣的科学(稍晚的时候人们把它叫作神学)则为其画龙点睛;更加实践的学科例如法学、医学,达到足够抽象的水平,也能在这个系统中找到自己同等的地位。中世纪早期的百科全书编写者、加洛林王朝与奥托王朝时期（9世纪到10世纪）的改革家与教育学家几乎只是重拾了这个规划①，并且经常使其变得贫乏。

12 世纪的学校

这段来自古代文化的漫长教育传统自11世纪的最后几年开始就复活了，尤其是在意大利和法国。学校网络得到了极大的充实。如果说僧侣学校（écoles monastiques）湮没无闻（但却没有消失）的话，那么天主教学校（écoles cathédrales）——直到那时都还不甚重要，甚至尚未存在——则增加了。比许多被教会改革放在主教位置上的人更加博学与能干的高级教士被雇佣来为活跃的学校里的大教堂服务，以便成为他们所需要的受过良好教育的神职人员；在这些学校的带领下，他们表现出了有能力的、热情的"教区督学（écolâtres）"的样子。如此，自12世纪上半叶起，法国大半个北方的大部分大教堂——昂热、奥尔良、巴黎、沙特尔、拉昂、兰斯等——或者是默兹（mosan）地区的、莱茵沿岸的国家，都拥有了一家高水平的常设学校（人们在其中教授艺学与圣经）。除了天主教学校以外，还有新的修会在他们的某些修道院中建立的学校。在巴黎最引人注目的就是圣-维克多（Saint-Victor）修道院于1113年成立的学校：人们于此发现了一个向一切外部听众开放的学校——在其中，著名的导师建立了一种原创性的教学，同时还有一座美丽的图书馆、一个活跃的手抄本工作坊②。最终，在某些中

---

① 关于古代文化对中世纪的影响，见 J. Fontaine 的《西哥特的西班牙中的塞维利亚的伊西多尔与古典文化》(*Isidore de Séville et la culture classique dans l'Espagne wisigothique*)，第二版，巴黎，第二卷，奥古斯丁研究（Études augustiniennes），1983。

② 见 D. Poirel（编）的《巴黎圣-维克多学校——中世纪对近世的影响与威望》(*L'école de Saint-Victor de Paris. Influence et Rayonnement du Moyen Âge à l'époque moderne*)，Turnhout，Brepols 出版社，"维多利亚图书馆"（Bibliotheca Victorina），22号，2010。

心出现了所谓的私立学校。教师们会自己安置下来（他们富有名望），并向愿意为了在他们门下登记注册而付钱的人教授知识。在法国，尤其是博雅学科以这种方式传授。巴黎是这类学校最为活跃的中心。皮埃尔·阿贝拉尔（Pierre Abélard，1079—1142），由于其独特的自传《受难史》(l'Histoire de mes malheurs)而广为人知，他是运动的发起人①，但是自从12世纪中期开始，就有十多个独立的教师——不是在天主教学校，而是在塞纳河左岸和圣-日内维耶山（Motagne Sainte-Geneviève)——这样教授语法或逻辑了。在奥尔良，主要学科毋宁是以书信体艺术实践为形式的修辞学（书信写作教程集）。

这自发的发展令自中世纪早期起就垄断学校教育的教会感到不安。它因而筹划了一种被拉特兰(Latran)第三次公会议所推广的教学许可证(licentia docendi)制度：要想开学校（包括私立的），从今往后都必须获得由每个教区的主教或其代理人所颁发的"教学许可证"。该制度之所以能得以执行，是因为大部分教师（由于他们的个人地位）都曾是神职人员。

更加独立且明显更加世俗的则是出现于同时期（尤其是在地中海国家）的最早的法学与医学学校。这里也涉及私立学校，它以自治的方式运作，仅仅由同其听众订立协约的老师负责。最初的法学学校从11世纪末起就出现在意大利北部，尤其是在博洛尼亚；最古老的医学学校则是在意大利南部的萨莱诺(Salerne)。在12世纪，教师们（通常是意大利人，或者无论如何也是在意大利的不同学校中培养出来的）开始越过阿尔卑斯山，并在普罗旺斯（阿尔勒、阿维尼翁）、朗格多克（蒙彼利埃）、加泰罗尼亚（至少是断断续续地）进行教学，他们不久就推进到了法国

---

① 见 M. Clanchy，《阿贝拉尔》，P.-É. Dauzat 法译本，Paris, Flammarion, 2000。

北部以及英国①。

知识的更新与教师的威望

学校的革新并不仅仅通过西方的普遍发展、经济的革新、城市的增长、交流的加速而得到解释，还与这些事情有关：教会和世俗权力（在较小的范围内说），还有统治阶级，尤其是在地中海国家的那些，它们愈发感觉到需要呼唤一些能够胜任的、有文化修养的人——他们掌握渊博的知识和一切写作技巧——来管理其事务，无论是私人的还是公共的。学校的革新因此就伴随着学校的教师们（magistri）②带来的令人惊叹的社会进步。人们开始在君主的身边找到他们的身影，例如弗雷德里克·巴巴罗萨（Frédéric Barberousse, 1152—1190）或者英国金雀花王朝的亨利二世国王（Henri II Plantagenêt, 1154—1189）。在外省的或总主教会议中，教皇与主教呼吁圣经教师（magistri in sacra pagina）来帮助他们构建良好的学说。③ 在地中海国家，罗马法再次成为法律准则的来源，个别市镇和富人会请求由博洛尼亚、摩德纳（Modène）或者普莱桑斯（Plaisance）的学校培养出来的法学家（jurisperiti, causidici, doctores legum）④进行判断。

---

① 关于自从 12 世纪起在北部的罗马法学的传播与法律学校的发展，见 A. Gouron 汇编的研究：《中世纪法国南部的法律科学》(*La Science du droit dans le Midi de la France au Moyen Âge*)，London, Variorum, 1984 年；《中世纪的法律学说传播研究》(*Études sur la diffusion des doctrines juridiques médiévales*)，London, Variorum, 1987 年；《12、13 世纪法国的法律与习俗》(*Droit et coutume en France aux XIIe et XIIIe siècles*)，Aldershot, Variorum, 1993 年。
② 拉丁文，意思是教师，同时也有主人的意思，同法语的 maître 一词。——译注
③ 12 世纪的"神学权威的肯定"得到了 C. Giraud 的很好的研究：《通过教师的话语——拉昂的安瑟尔谟与其 12 世纪的学校》(*Per Verba Magistri. Anselme de Laon et son école au XIIe siècle*)，Turnhout, Brepols, 2010, p. 437—492。
④ 拉丁语，意为律师（只要是从法律学校毕业的都算）、律师（较为正式，由某人授权处理案件的律师）、法学博士。——译注

自然地，这种新的为有识之士所知晓的权威与严格的宗教正统所要求的权威相对立。自1120年起，人们就碰到了教师由于其智识上的大胆或冒失而被制裁的最早的案例，例如阿贝拉尔两次被制裁(1121年与1140年)。这种监督如此谨慎，更大程度上是因为学校的发展引发了保守派教士界——尤其是迷恋于在隐修院中修行的，基于对圣经的谦卑沉思、祈祷与"对世界的蔑视"①的基督教文化的传统形式的僧侣，例如修道院院长贝尔纳·德·克莱尔沃(Bernard de Clairvaux)——的普遍蔑视。

尽管有这些反抗，学校连续的发展与教师(magistri)不断增长的威望却从未被质疑，因为他们拥有比先前时代更优越的知识水平基础。诚然，定义了知识文化之领域的诸学科全貌没有明显地变化，作为这种文化媒介的拉丁语之垄断地位也没有被质疑。几种观念都被同样地坚持着：一切可获得的知识都建立在某些文本之上，即某些继承自古代文化的令人敬仰的"权威"之上；知识中的一切进步只来自对这些文本的更加深入的注释。但是，12世纪已经极大地丰富了可使用的权威性著作的储备，人们让这些被遗忘的古老手稿重获荣耀。在意大利，整部《国法大全》(*Corpus juris civilis*)②，换言之，即查士丁尼一世于6世纪完成的罗马法合集被"重新发现"了，并成为法律教学独一无二的内容。新的符合教规的法律汇编——如1140年左右的格拉西安法令(Décret de Gratien)——本身受到了罗马法与辩证法的强烈影响。对于博雅学科和医学来说，这都是些在西班牙与西西里完成的古希腊哲学与

---

① S. C. Ferruolo,《大学的起源》(*The Origins of University*)、《1100—1215年巴黎的学校及其批评者》(*The Schools of Paris and their Critics*, 1100—1215), Stanford, Stanford UP, 1985。
② 《国法大全》，又名《查士丁尼法典》，是《查士丁尼法典》、《查士丁尼学说汇编》、《查士丁尼法学总论》和《查士丁尼新敕》的合称。它的颁布标志着罗马法已经发展到完备阶段。——译注

科学的文本（主要是亚里士多德）的译本，还有关于它们的古代评论的译本（古希腊的或者阿拉伯的），这些评论以令人叹为观止的方式扩大了教学材料的范围①。并且，这不仅仅涉及材料，还涉及被深刻改变了的教学方法。人们借助辩证法（多亏了它，人们才能够以理性的方式从文本中抽出"问题"——其答案允许人们以至少是大概的方式，并在对正统的尊重中，接近被揭示了的话语的真理，以及创世的、自然的和人类的真理）取代了建立在象征与寓意之上的传统释经学。

在这种体制的、社会的和智识的环境中，人们为何以及如何从12世纪的各种数量众多的活跃学校过渡到13世纪的大学呢？

第一批大学的诞生

这种变动不能呈现为增长的简单且自动的结果，或者呈现为以传统结构为代价而不断增强的力量那不可抗拒的胜利。

这首先涉及重新分类。许多活跃的学校中心在12世纪下半叶急剧衰败。在卢瓦尔省②北部，沙特尔、莱昂、兰斯、列日③等地的天主教学校都重新陷入默默无闻之中；在巴黎也一样，圣-维克多学校失去了一切光芒。在法国南部或意大利，法学教育曾经似乎扎根于许多地区，而现在却消失了。人们询问这些失败的原因：教师难道不会自我革新吗？这些城市没有能力管理大量到来的学生吗？只有某些中心才免于这种变化，相反，它们获得了加速的增长。每个例子都值得特别的研究。

---

① M. -Th. d'Alverny，《翻译与译者》(*Translations and Translators*)，还有 R. L. Benson 和 G. Constable 的《12世纪的重生与复兴》(*Renaissance and Renewal in the Twelfth Century*, 1982)，Toronto, Toronto UP, 1991, p. 421—462。
② 法国罗讷-阿尔卑斯大区所辖的省份。——译注
③ 比利时城市。是默兹河（Meuse）-莱茵河（Rhine）流域的"Euregio"地区的大都市，该地区包括列日、德国的亚琛（Aachen）和荷兰的马斯特里赫（Maastricht）。——译注

博洛尼亚在 12 世纪初期重新开始高速发展。在 1158 年,博洛尼亚的法律学校已经足够重要,以至于弗雷德里克·巴巴罗萨皇帝为之给予了特别的保护(习惯法[constitution Habita])。但是这仍然只涉及私立的、独立的学校——像是一些小团体(societates),聚集在教师的周围。正是在 1190 年左右,决定性的变动开始了。摆脱学者(docteur)的个体性权威的学生们开始根据他们地理上的来源——即通过"民族"(nation)(英国人、德国人、普罗旺斯人、伦巴底人、托斯卡纳人等)——而重新组合。只要教师们愿意宣誓服从于城市公社(Commune),学生们就会自己组织起来,以防止当地人的掠夺,调解内部的冲突,和老师签订合同,开展他们自己所需要的教学。渐渐地,按"民族"区分的学生就按"大学"来分组了(有两种"大学",一种是意大利的或阿尔卑斯山北边的大学,一种是外国的或者阿尔卑斯山南边的大学)。一年一选的校长(recteur)成为每个学校的领导。城市公社试图反对建立学生自己的大学,但是教皇却迫使它作出让步,这完全是在利用这个机会,以便将在此由主教代理(archidiacre)授予的教学许可证(licentia docendi)系统引入博洛尼亚。1230 年左右,博洛尼亚大学——至少是对于公民法与符合教规的法律来说——被稳固地建立了起来,其最古老的著名章程可追溯到 1252 年。但在 1270 年之后,城市公社才最终官方地承认其存在与大学生的特权(租金的税费、税务豁免)。就在同一时间,由大学生建立的另一所用以学习艺学与医学的"大学"出现在了博洛尼亚①。

在巴黎,1200 年之后不久,独立的教师——其中大部分应该是教授艺学的,外加某些高等学科的代表(教会法与神学)——开始联合起来。总体上说,变动是迅速的。法兰西国王并没有反对,

---

① M. Bellomo,《论普通法时代的大学》(*saggio sull'università nell'età del diritto comune*),Catane,Giannotta,1979 年。

教皇英诺森三世(Innocent III)很早就表达了他对运动的赞同。批准教学许可证的巴黎主教及其主事(chancelier)试着阻止学校获得自由，因为它引起了许多冲突，但是自 1215 年起，罗马教皇特使就将最初的章程授予了年轻的大学教师以及巴黎学生。其自治是被允许的；主事看到自己的权力被极大地削弱了，并在此后都不得不无偿给老师所推荐的候选者颁发证书。这最初的胜利没有终结所有的紧张气氛。最严重的事件发生在 1229 年：学生与官吏之间发生流血冲突后，国王和主教都拒绝公正对待大学，后者(或者至少说其成员中相当大一部分)自愿离散到远离巴黎的地方。仅仅两年后，学生和老师就能够回来了，他们因为如下情况而获得了满足：他们的离开对城市造成了明显的损失；他们坚定不移的集体行动；他们得到了教皇格里高利九世始终不渝的支持。大学的自由与特权在这种场合下以一种庄严的方式被教皇于 1231 年 4 月 13 日颁发的名为"可敬的科学"(Parens scientiarum)的谕旨所认可。

牛津大学也同样古老。一些学校自 12 世纪下半叶起就被认证了，而没有人真的知道为何这座附属城市成了活跃的学校中心。最初的一个教师协会诞生于 1200 年左右。1214 年，教皇授予了特权，国王又很快对此加以承认和明确，这让牛津变成了一所真正的大学——它在林肯(Lincoln)主教的远程控制下十分自治，而主教则由学者们所选择的主事所代表。

最终在蒙彼利埃——在那里，自 1130 年起医学校不断发展，多亏了由罗马教皇特使所批准的章程而于 1220 年成立大学。就像在博洛尼亚一样，同这些章程的颁布相对应的是，由主教所颁发的教学许可证的引入，这对直到那时在本质上依然世俗的机构建立了某种教会控制。

内部的或者同外部权威的冲突通过许多教师与学生自愿的离开而表现出来，这不仅仅发生在 1229 年的巴黎。在某些情况中，新的大学就这样通过人员的迁徙而诞生，但是，只有两所大学被证实为持久的：剑桥，诞生自 1209 年牛津人员的迁徙；帕多瓦(Padoue)①，由逃离博洛尼亚的学者与学生于 1222 年成立。

最初的大学机构

这些最初的大学并没有遵循唯一的模式。自从分离开始，我们就面对着两种截然不同的教育与机构的系统。在欧洲的北半部（巴黎、牛津），大学首要就是教师的联合，或者，如果人们倾向于这样说的话，它们就是学校的联邦（fédérations d'écoles）；主导学科曾是艺学和神学，教会的烙印依旧很深。学生很多，也十分年轻，至少那些艺学校的学生是这样。在地中海国家，首先是在博洛尼亚，大学则首要是学生们的联合，教师们则被或多或少地从那里排除了（但这没有阻止教师们按照组织有序的教师"团体"[collège]来自我划分，而这尤其是为了考试的组织与学位的授予）。主要的学科是法学，附带还有医学，这暗示着学生们的平均年龄更大，社会等级也更高。就算教会在此也成功强加了某种控制，它也是从机构外强加的。

然而，除了这种不同，人们却发现了最初的大学之整体中某些共同的特征。

大学共同体

第一个特征是它们共同属于 13 世纪初②尤其剧烈的联合运

---

① 意大利城市，建于公元前 320 年，有三千多年的历史。公元前 4 世纪是一个重要的渔村，是威尼托人的重要中心。后与罗马结为联盟反抗高卢人，于公元前 45 年成为自治城。当时是罗马帝国最繁荣的城市。——译注
② 参看 P. Michaud-Quantin,《大学——拉丁中世纪中的集体运动之表现》(*Universitas. Expressions du mouvement communautaire dans le Moyen Âge latin*), Paris, Vrin,1970 年。

动(mouvement associatif)。到处都是教师和/或学生团结起来，以便建立一种完全不同的"大学"；他们自己建立章程、选举代表，他们组织起来以便保证他们的互相帮助，并确保他们面对全体居民以及地方当局可能的威胁时的保护，还有管理一些自发进行的活动（这些活动——即研究与教学——是他们联合的理由）。

第二个典型特征，大学从教区式的狭窄框架里解放出来，而那种框架是先前学校的东西。它们拥有教皇的保护，所以它们承认自己有能力在整个基督教国家中进行招募，除了自己特殊的辐射范围以外没有其他限制。它们要求一种在西方范围内的智识上的权威。

如何解释这种新的机构形式——即使它呈现出和同时期的其他类型行会（城市公社、行业、小团体[ghildes]①等）相同的特征——的涌现（确切地说是在 13 世纪最初的几年里）呢？某些人强调了一种十分有利的局面②：城市的发展造成了社团生活的发展，尤其是在一些大城市，例如巴黎；城市的新需求、君主们与教会的新需求为从学校毕业的人提供了越来越多的岗位，这些人也把握了他们自己的教育经历这一条件。其他人则坚持智识的因素，尤其是对于巴黎③。人们在 13 世纪初实际上已经看到了亚里士多德译本的新一波浪潮，其中就有亚里士多德最富盛名的阿拉伯注释者（阿维森纳，随后是阿威罗伊）。由于这些文本，问题就不再像 12 世纪那样简单地涉及逻辑了；从今往后，古希腊-阿拉伯的、

---

① 11 到 14 世纪时主要在商人间建立的一种小团体，具有规则与特权，以便实现共同的目标，通常向国家或城市当局要求保护。而现在这个词已略微过时，主要指一种具有精确目标的私人协会。——译注
② 如 J. Le Goff 的《中世纪的知识分子》(*Les Intellectuels au Moyen Âge*)第二版，Paris，Le Seuil，1985 年。
③ H. Grundmann，《从中世纪大学的起源而来》(*Vom Ursprung der universität im Mittelalter*)，第二版，Darmstadt，Wissenschaftliche Buchgesellschaft，1964 年。

可接触到的哲学与科学之整体就出现在了西方的学校中。权威的革新吸引了许多有识之士,但却引起了教会权威的怀疑。因此,正是为了享有一种充分的教学自由,学校里的人员才要赢得作为大学之特征的自治。

所有这些因素在某种程度上都起着作用,但也许还应该加上对教学的"专业"必要性的更加敏锐的关注。可以说,这应对的是大量出现在现存学校中的功能紊乱,和它们引起的批评。而大学已经开始解决这个问题了。① 正如人们所见,某些学校正在衰败。相反,其他的则很难控制其增长。传统的教会当局对此无能为力。大量学生成了对公共秩序的威胁。人数越来越多的教师则公然展开竞争。每个人都以自己的方式教授学问,急切地审视各种权威,以危险的方式混合了各种学科(哲学和神学、民法与教会法)。人们可以认为,教师们联合起来以便限制学校的扩张,并且给所有人都强制规定一种明确的研究制度,乃是为了再次控制这一十分无序的状况,这一切建立在如下基础上:学科的等级秩序、对强制性权威的系统性阅读、禁止一些危险的书籍,这最终导致了一种以考试与文凭而闻名的严密系统。

大学与权力

为了重获控制权,这些外部权威就算没有鼓动竞争,也往往乐意允许这种竞争。并非是地方教会的权威沉迷于它们传统的特权,以及不管怎样都对大学自治充满敌意,而是那些更高的权威,它们是君主权力的占有人(détentrice),那时,寻求着在所有领域中加强自己的干预能力。国王在英国扮演着重要的角色;在法国,大学至少也享受着国王善意的放权。但是,13世纪上半叶那些作

---

① S. C. Ferruolo,"被重新思考的1215年的巴黎章程"(The Paris Statutes of 1215 Reconsidered),《大学的历史》(*History of Universities*),第五卷,1985年,p. 1—14。

为神学家与教规学者(canoniste)的伟大教皇所代表的罗马教廷的支持才尤其是决定性的。在制度与智识的现代性①方面下了大胆的赌注，罗马教廷保证了各处大学的自治；同样地，它在大学中承认了一种学理上、神学上、法学上的权威，并延伸到所有基督教国家，延伸到对由它自己所定义的目的的明显是最大程度的效用上。出于这种事实，一种最初的对于大学自治的限制就已经在这机构诞生的本身中被描画了出来。

自治实践与制度的张力

在1230年左右，大学数量依然很少，但是它们的声望已经很可观了；这些最初的大学直到今日还属于最有名的大学。它们的制度(最初则非常简单)渐渐变得复杂，但完整的章程往往只能追溯到14世纪早期。

例如，在巴黎，人们首先是在团结所有教师的(当有需要的时候，教师指的是调解这样或那样的特殊事务的代理人或者大使)全体会议(Assemblée générale)的制度下工作。人们只是约在13世纪40年代末才看到有组织的大学的出现，他们通过专业来为学校重新分组：艺学预备学院，医学、教会法学与神学的(民法则因为被判定为过于亵渎而在1219年被禁止)高等学院。高等学院由院长(doyen)领导。在艺学院中，大多数教师和学生根据祖籍被分配进四个"民族团"(法兰西、诺曼底、皮卡第②、英国)；1245年左右出现了选举出来的校长；他最终被接受为整个大学的领导，而先前

---

① 本书中 moderne 在不同场合作了不同的翻译：单独作名词使用时译作现代化、现代性，和 époque(时代)搭配时则译作近世。因为 l'époque moderne 这个搭配在法国历史学界有特定的指向，即从中世纪末期到大革命(1789)或者到法兰西第一共和国(1792)的这段时间。——译注
② 皮卡第大区(Picardie，又译"庇卡底")位于法国北部，首府为亚眠(Amiens)。——译注

的主事则变成了文凭评委会主席这种非常名誉性的角色,但是校长短暂的任期(三个月),还有被民族团与大学的全体会议所监督的权力,都限制了校长的角色。

  大学并不因此就避免了制度的冲突与危机(不谈学理上的危机,我们会在随后的章节谈到它)。即使当地教会与世俗的权威从今往后都大体上尊重自治,城市人口的冲突依然经常发生。至于罗马教廷则经常干涉大学的事务。它普遍的好意,它向其成员保证的集体与个人的恩惠(给教会福利而不强迫居住)并没有阻止它去监视教学的正统观念。此外,自 1217 年起,它就强制大学(尤其是巴黎的大学)发自内心承认新的托钵修会(ordres mendiants),即多明我会与方济各会,它将城市地区的反异端斗争与讲道的任务交付给了它们。

  托钵僧侣起初很受欢迎——当他们开始拥有自己的教师与学校的时候,对世俗同僚来说他们就显得很讨厌,更不用说某些修会的修士和议事司铎已经开始模仿他们。他们的教学质量——想想托马斯·阿奎那——引起了嫉妒;此外,他们几乎不用担心大学的自治,他们主要听从其上级与教皇。但是,当人们想要驱逐他们的时候(1250—1256)就已经太晚了:由教皇与法国国王路易九世撑腰的修会成功地进行了抵抗,世俗的教师则保持顺从,这以他们最能言善辩的发言人纪尧姆·德·圣-阿穆(Guillaume de Saint-Amour)的流放与判决为标志①。冲突多次死灰复燃,无论在巴黎还是牛津,但总是托钵修士占据优势。说依然十分小众的修士带给了大学自治以致命一击有些过头了,但是他们的强行存在则让人想起了对学术自由(libertas scolastica)——它需要更高权威的

---

① 参看 M.-M. Dufeil,《纪尧姆·德·圣-阿穆与巴黎大学的论战(1250—1259)》(*Guillaume de Saint-Amour et la polémique universitaire parisienne* [1250—1259]),Paris,Picard,1972 年。

保证,也无法躲避宗教守旧势力一直以来的要求——的限制。

从 13 世纪到 15 世纪的演变

在最早的大学创办之后——人们有时相当笨拙地形容这些大学是"自发"创办的,一个新阶段在中世纪的大学历史中开启了。无法细致地追踪它,那就让我们试着辨识出构成其特点的主要特征。

创办的节奏

中世纪大学的历史首先是连续增长的历史,它见证了机构的成功。从 13 世纪到 15 世纪,新大学不断出现,渐渐地,所有国家都创建了新的大学。不仅仅是最早的大学,这些新的大学也是态度鲜明的创办活动的结果,创办要么由教会决定,要么越来越多地由政治当局(君主或城市)决定,但不论如何这总需要教廷的承认。相反,早先学校传统的存在以及教师的团体意志,即使非常有助于事业的成功,也从未比它们在博洛尼亚、巴黎或牛津的时候更加具有首要地位。

最初"被创办"的大学出现得很早,从 1220—1230 年起就有了。也许,只要其自治受到了限制,人们就不怎么敢将弗雷德里克二世(Frédéric II)皇帝于 1224 年在那不勒斯创建的学校(studium)看作大学。同样,于反阿尔比派①的十字军运动(1229 年)后

---

① 阿尔比派(albigeoise),得名于其主要活动的地点法国阿尔比。它属于基督教异端,认为人的灵魂最初是纯洁的,后因反对上帝被赶出天堂,使人的灵魂与物质相结合,精神从此被禁锢在肉体中。出于怜悯,基督来到尘世间,告诉灵魂,仅在摆脱物质之后,它们才能返回天堂。阅读圣经,集体反省,行善和禁欲是达到此目的的途径。此派谴责天主教会的奢侈与繁华,他们不但认为天主教所行的圣事无效,还对天主教神学所维护的天堂、地狱、炼狱以及托马斯·阿奎那的罪与罚的理论进行攻击,认为它们是骗人的谎话。——译注

在图卢兹成立的学校只在1233年与1245年的教廷特权的许可之后才变成了真正的大学；而这所大学真正开始运转则要到1270年之后。在13世纪，"被创办"的大学的选址是伊比利亚半岛①。在这里，不可置疑的是不同王国（莱昂、卡斯蒂利亚[Castille]、葡萄牙、阿拉贡②）的统治者在请求一种于萨拉曼卡（1218年）、巴拉多利德（13世纪末）、里斯本（1290年）、列伊达（1300年）③建立大学的创制权，而教皇的承认只在事后才到来。

其他的创办活动则是一纸空文，或者说在平庸地存在了几年之后就消失了，以至于在1300年，只剩下12或13所在欧洲真正活跃的大学了。直到1378年，创办的节奏依然缓慢。人们发现在欧洲南部尤其如此，许多旨在将城市中简陋的语法学校或法律学校建成大学的创办活动（特别是意大利的）停滞了。在20多所可以追溯到这个时期创办的大学中，只有一半依然成功。让我们主要关注法学院向大学的转变（它自13世纪起在奥尔良[1306年]和昂热[1337年]就存在了），即阿维尼翁大学（1303年）、佩鲁贾大学（1308年）、帕维亚（Pavie）大学（1361年）的创办。虽然没有总体的失败，但其他创办活动发展并不顺利：卡奥尔（Cahors，1332年）、佛罗伦萨（1349年）、佩皮尼昂（1350年）、锡耶纳（1357年），等等④。这个阶段最新颖的现象就是在日耳曼世界与欧洲中部地区出现的早期大学：1347年，神圣罗马帝国皇帝查理四世（Charles IV）在首都布拉格建立了一所大学；建校初期很艰难；而更困难的是邻国的君王在克拉科

---

① 位于欧洲西南角，东临地中海，西临大西洋，北临比斯开湾。包括西班牙、葡萄牙、安道尔和英属直布罗陀。——译注
② 西班牙的一个地区。——译注
③ 皆为伊比利亚半岛的地方名。——译注
④ 卡奥尔是法国南部-比利牛斯大区洛特省的省会。佩皮尼昂是法国东比利牛斯山脉地区的城市。——译注

夫(1364年)、维也纳(1365年)、佩奇(1367年)建立那些大学的初期①;在这些相对古老、依然由贵族统治的社会中,人们还没有为了大学机构的发展而将条件整合起来。

一切随着大分裂(1378年—1417年)②而改变了。教派分裂将欧洲分为信仰敌对的两拨人,这种危机加速了国家与国家教会的崛起。在1378年,有不到30所大学是真正活跃的;在1500年,数量则超过了其两倍(也许是62所,有超过五到六所是具有争议的)。三个国家尤其利用了这次发展:法国——在那里,八个省的创办活动(普罗旺斯的埃克斯、多勒、普瓦捷、卡昂、波尔多、瓦朗斯、南特、布尔日)加入到了先前的中心;西班牙(1450年后的五个创办活动),尤其是德国——拥有约12所在1378年到1500年间创建的大学(埃尔福特、科隆、海德堡、莱比锡、弗莱堡、巴塞尔、图宾根等),其中大部分很活跃——德国成了具有最稠密大学网络的欧洲国家。最后要补充的是,直到那时相对于欧洲政治和文化中心而言还是边缘的一些国家也采取了学术机构的方式,来作为其现代化的标志之一:苏格兰(1411年的圣-安德鲁斯[Saint-Andrews]、1451年的格拉斯哥、1495年的阿伯丁)、斯堪的纳维亚(1477年的乌普萨拉,1475年的哥本哈根)、波兰(1397年重建的克拉科夫)。

学术机构的成功不仅仅通过创办新学校的数量来衡量,还应该补充的是,在许多老牌大学中创建了一些尚未成立的学院,尤其是神学院,它通常由托钵修会负责:就像在图卢兹(1360年)、博洛尼亚(1360年)、帕多瓦(1363年)、萨拉曼卡(1411年)、阿维尼翁(1413年)等地那样;直到14世纪中叶,神学——以一种十分精英

---

① 克拉科夫是波兰城市。佩奇是匈牙利的城市。——译注
② 指基督教历史中,中世纪天主教会因推选教皇而引起的分裂,因其持续时间之长而称大分裂。——译注

主义的方式——几乎只有处在教皇的保护下才在巴黎和牛津讲授,今后,神学的高等研究有可能在西方更广泛地传播。从学术机构的角度来看,这意味着在初始布局的多样性中,有"四所学院"(艺学、医学、法学、神学)的大学模式倾向于替换(至少在理论上如此)对独一模式的参照。

对于大学机构的未来与本质本身而言更加重要的是学院(collège)的出现和增加,尤其是在巴黎(在 15 世纪末有 40 多个)、牛津与剑桥。最早的大学学院出现在大约 13 世纪中期;这仅仅涉及一些虔诚的创办活动(它或多或少是很重要的,同时也资金充裕),它必然会向世俗的"贫困大学生"(事实上,通常是创办者的亲戚或同乡)保证吃住,以便能够继续他们的学习而免于生存需求的困扰。直到中世纪末,人们还在继续创建这样小巧的寄宿学院,它仅限于居住功能。但是,其他的创始人则想要通过对图书馆的捐助与机构内的专门教学,并以他们的资金来支持享受奖学金的学生的学习,这种教学完善了或者完全替代了学院教育(这些学院通过组织考试及学位授予来维持认证功能)。

让我们以巴黎为例,索邦学院由罗贝·德·索邦(Robert de Sorbon)议事司铎为 20 多个神学学生于 1257 年建立,为这些学生提供了一个豪华的图书馆(在 1338 年大约有 1 800 卷藏书)和学院内部的练习与辅导[1]。更完善的是 1305 年由纳瓦尔的弗朗斯·让娜(France Jeanne)为 70 名语法、艺学与神学的学生建立的纳瓦尔(Navarre)学院,它有一个独属于学院的教师队伍[2]。

---

[1] 参看 P. Glorieux,《索邦的起源》(Aux origines de la Sorbonne),卷一,"罗贝·德·索邦——人、团体、文件",Paris,Vrin,"中世纪哲学研究",第五十三卷,1966。
[2] 参看 N. Gorochov,《从 1305 年创办到 15 世纪初(1418 年)的纳瓦尔学院——机构,其智识生活与其招收的历史》(Le Collège de Navarre de sa fondation (1305) au début du XVe siècle (1418). Histoire de l'institution, de sa vie intellectuelle et de son recrutement),Paris,Champion,1997。

在中世纪末，诸多欧洲大学学院提供了非常不同的制度途径：一些学院在大学的边缘以十分自治的方式发展，另一些则相反，如在西班牙或德国，最终被大学本身同化，或者至少也是被它的某些学院（尤其是艺学与神学）同化，并用于为教师提供容身之所。从今往后，学院制度就出现在了几乎所有欧洲的大学之中，它将会阻碍近世大学的演变。

国家愈发重要的角色

政治权力带给大学的越来越引人关注的利益是中世纪末的主要特征之一。尽管大学正式来说依旧是教会的机构，但它也越来越处于城市与国家的（它们既期待大学培养政府部门在发展中所需要的有能力的文人与法学家，也期待大学对伴随着近世国家诞生的国家与君主的意识形态建设做出贡献）控制之下。因此，政治控制以不同的形式压在大学身上（在行使自由与特权时受到的限制，提名教授与招收学生中的干涉等不同的压力）。作为对被整合入王国的普遍秩序的交换，大学的确既获得了许多经济上的额外报酬（例如教师薪水，它从 13 世纪末起就在西班牙和意大利存在），也有了对其完美职业生涯的承诺。古老的大学（如巴黎的）则试图抵抗其先前自治的衰落。但是，经济上的困难、大学本身的笨拙（它有时想要扮演一个政治上的角色，就像英法百年战争末期不合时宜地请求盎格鲁-勃艮第党反对圣女贞德与查理七世的巴黎教师那样），还有国家作用那不可抵抗的诱惑最终结束了这些反抗。至于新的大学（几乎总是系于一个城市或一个地区的公国）则既不想要普遍的影响力，也不想要不可能的独立；作为对君王支持的交换，它们毫无痛苦地屈服于一个被指派的角色：给予一种正统的教学，培养未来的地方精英，为社会秩序与既成的政治做贡献。尽管在词汇和建制上还存在着表面上的相似性（新的大学经常重新采用旧有的章程。欧洲北部就再次使用了巴黎的章程，南部则再次使用了博洛尼亚的章程),大学也已经在 15 世纪末成为一个完全不同于其三个多世纪前起源的机构了。

大学生数量

为了更准确地评估大学在中世纪社会中的地位与角色,对于这个时期的大学生数量我们究竟能说什么呢? 其起源并不适合用来说明问题,在 14 世纪末之前尤其如此。只有这时才出现了允许人们去进行量化分析(至少是近似的)的文件(大学向教皇投寄的个别的请愿书的目录、登记簿[registres matricules],至少在德国如此)。

在人数方面,一个明显的差距让大大小小的大学对立起来。

在 1400 年左右,尤其是其中艰难的年份里,巴黎也许有将近 4 000 名大学生(其中四分之三在艺学院)①,博洛尼亚则有 2 000 到 3 000 名大学生②。其他的,例如在图卢兹、阿维尼翁、牛津或者布拉格,年景好的时候学生人数接近 1 500 到 2 000 ③。但随后,人们很快就看到了只有数百人的大学,甚至,对于不甚重要的大学来说(例如法国的卡奥尔)仅仅只有几十人。

人们能够了解到一种普遍的进步吗? 许多大学也许自 14 世

---

① J. Favier,《15 世纪的巴黎(1380—1500)》(*Paris au XVe siècle*),Paris, Hachette,"巴黎新历史"(Nouvelle histoire de Paris),1974 年,p. 68—73。

② A. I. Pini,"想要学习的大众——博洛尼亚从开始到 14 世纪中期的学生与学生生活"(*Discere turba volens. Studenti e vita studentesca a Bologna dalle origini alla metà del Trecento*),载 G. P. Brizzi 和 A. I. Pini 编辑的《从 12 世纪到 19 世纪的大学生与大学(关于博洛尼亚大学历史的研究与回忆)》(*Studenti e università degli studenti dal XII al XIX secolo [studi e memorie per la storia dell'università di Bologna]*),Bologne, Istituto perlastoria dell'Università,1988,p. 45—136。

③ T. H. Aston,"牛津中世纪时的毕业生"(Oxford's Medieval Alumni),《古与今》,第 74 号,1977 年,p. 3—40,以及 T. H. Aston, G. D. Duncan, T. A. R. Evans,"剑桥的中世纪毕业生"(The Medieval Alumni of the University of Cambridge),《古与今》,第 86 号,1980 年,p. 9—86。

纪上半叶起(在1348年的鼠疫之前)就达到了顶峰,随后便停止,或者是放慢了发展,这不是由于普遍的人口危机,而是由于其独有的僵化,以及新创建大学的竞争。实际上,在这些大学之中,如果说其中一些是在一个十分低迷的水平上糟糕发展的话,那么另一些则处境良好,资金充裕,成功获得了轰动性的突破。

在法国,巴黎的教师在卡昂与布尔日相互竞争的15世纪怨声载道,但实际上他们获得了真正的成功。在同一时期的英国,有着大约1 300名大学生的剑桥和已经接近拥有1 700名大学生且稍稍古老一点的牛津。但是,在德国的新大学中人们可以算上建立于1425年的鲁汶(Louvain),它表现出了最大的活力。在1385年到1500年之间,每年的注册人数增加了五到六倍,并且从总体上看,在这一时期,有大约250 000名大学生要去德国的大学就读①。对于法国来说,人们只提及1378年和1403年由大学寄给教皇的两份重要的请愿书就够了;它们上面各有4 788与4 478个名字;考虑到这些文件中的空白与巴黎艺学院的代表名额的不足,人们可以想象在5 500到6 500之间浮动的全部人员的数量②。

在帝国中这个也许曾经普遍的现象特别醒目。尽管有"时代的不幸",但持久的社会需求也会让大学生坚持下去,并且,在15世纪的最后几十年里恢复强劲的增长。

地理的与社会的流动性

对教授与学生的名单的研究说明了其他两个要点:

---

① R. C. Schwinges,《14、15世纪的德国大学生——旧帝国的社会史研究》(*Deutsche Universitätsbesucher im 14 und 15 Jahrhundert. Studien zur Sozialgeschichte des alten Reiches*),Stuttgart,F. Steiner,1986。

② J. Verger,"根据1403年的请愿书的15世纪初法国大学的地域招生"(Le recrutement géographique des universités françaises au début du XVe siècle d'après les suppliques de 1403),《考古学与历史学文集》,Ecole française de Rome,第82卷,p. 855—902。

第一,中世纪大学人口的流动性强,因为理论上任何边界都无法阻拦人们的交通,也无法阻拦文凭的普遍效力。然而在实践上,这种流动性却不应该被高估。它尤其有利于规模庞大的大学(巴黎、博洛尼亚),即便如此,来自遥远地方的大学生依然是少数。在博洛尼亚,"来自山那一边的人"也许从未超过总体的四分之一。在中世纪末,国家的或地区的大学的增加也减慢了这种流动性。即使不可忽视的流动性持续着,甚至仍旧发展着,就像那让今后被源自人文主义的魅力所诱惑的大学生涌向意大利的潮流一样,而这个国家的大学接受了一些人文主义的回声。事实上,在整个中世纪,主要的迁移潮将帝国的大学生以及欧洲中部国家的大学生中的一些引向了意大利,另一些则被引向了巴黎。相反,英国人则首先去了牛津和剑桥,法国人和伊比利亚人则是去了各自国家的大学;意大利人,除了一些被其修会所命令的宗教人士,都很少去阿尔卑斯北部学习[1]。

第二,更难辨认的是大学生的社会来源。中世纪大学中的贵族人数向来不多[2];在一些特殊情况下,贵族比例少于5%的比较多,更多的是在10%—15%之间。大学学习既不带来教养的典范,也不通往更容易被社会阶层所影响的职业生涯。另一方面,学习的花费与时间也足以隔开大部分人口。"贫困学生"——这个表达的社会含义由于其他原因而模棱两可——总是少数。充其量,例如在15世纪德国的艺学院中,他们碰巧构成了总人数的20%。

---

[1] J. Verger,"中世纪大学生的流动性"(La mobilité étudiante au Moyen Âge),《教育史》(Histoire de l'éducation),第50号,1991年,p. 65—90。

[2] 参看例如 J. Verger,"贵族与知识:阿维尼翁、卡奥尔、蒙彼利埃与图卢兹的大学中的贵族大学生(14世纪末)"(Noblesse et savoir: étudiants nobles aux universités d'Avignon, Cahors, Montpellier et Toulouse (fin du XIVe siècle)),载 Ph. Contamine 版的《中世纪(11到15世纪)的贵族——论罗贝尔·布特吕什的回忆》(La Noblesse au Moyen Âge, XIe-XVe siècle. Essais à la mémoire de Robert Boutruche),Paris,PUF,1976年,p. 289—313。

因此，情况可能是这样：大部分学生与毕业生来自"中产阶级"，尤其是城市里的那些（公证员、商人、宽裕的手工匠人等）阶级。如果涉及已经支配了许多资源的人的话，那么学习对于他们来说，就是通往社会晋升的道路，即使不是获得更高收入的方法，那也至少是获得更有保障、更有威望的地位的方法，即要么成为上层神职人员——他们在15世纪（尤其是在法国和英国）占了毕业生的很大比例，要么成为私人执业（医生、律师），要么就是在行政与司法的高级职位——其中的许多职位在中期就允许人们进入贵族阶层——上服务于君王；学院执行委员会（régence de collège）与"普通"讲席的增加最终允许一些人通过教学谋生。中世纪末，在一些王室官员、法学家与医生家庭中，学业深造成了流行的做法。

第二章　大学与中世纪的文化

中世纪大学的历史曾经长久以来都几乎被看作观念与学说的历史,但后来人们完全摆脱了这种看法。出于一种合理的反应,兴趣就转移到了大学的"外部历史"上,即招生的历史、人员的历史、制度的历史、同社会与政治权力之关系的历史。人们从教学那明显的功能紊乱——对章程明显的不尊重在实践活动中表现出了这一点——中得出观点,以便不再将大量注意力投入到其内容之上。人们尽一切办法强调,绝大部分教师与大学生都只是在再生产一种固化的知识,而不是力图丰富它或者革新它。

如今,这一激进的观点也轮到要被抛弃了。也许,人们会承认,章程总是没有被好好应用,规划完全没有被研究,学习的强制时限没有得到尊重,有时候连考试也是弄虚作假;疏忽与舞弊大行其道。这种混乱可能在中世纪末加重了(尤其是在规模小的大学中),而这也许通过教学日常的、重复的特征表现出来。快速且轻松地获得文凭是许多大学生的目标。

此外更加广泛的是,甚至是在进行深入学习的人那里,学习的社会效用可能也从未缺席。即使在大学中被教授的学科如今在我们看来似乎非常理论化——更何况它们是用一种矫揉造作的语言被宣讲的(繁琐的拉丁语),俗人无法理解它,中世纪的大学也相信学习不是一个以自身为目的的终点(une fin en soi),而是应该使得那些获得知识的人可以从中得到个人利益,并且让自己的才能服务于正当的社会目标。抛开例外,他们拒绝以自我为中心地享受知识这个想法;上帝的馈赠应该既服务于完善基督教社会的秩序,也服务于心灵的拯救。

然而,这些考虑不应当让研究大学中教授的诸学科,以及在大学中出现的学说的历史学家分心。至少,在主要的中心(巴黎、牛津、博洛尼亚、帕多瓦、蒙彼利埃、布拉格),一些让西方文化有所进展的理论和新的智识实践得以建立和传播。近世思想的中世纪基础长时间以来被误解了,而现在则正好得到了平反。这个时期的大学教员,尽管无限尊敬他们所依靠的"当局",却对自己进步代理人的身份有着清晰的意识,"作为站在巨人肩上的矮子,我们可以比他们看得更远",贝尔纳·德·沙特尔(Bernard de Chartres)督学(écolâtre)在12世纪时说道①。

此外,中世纪大学在文化上的贡献并不限于一些伟大教师的创新学说。对于那些最不勤奋的学生来说,大学至少也带来了一种坚固的"基础教养"(culture de base),某种推理的方式,一种细致地分析文本与普通概念的艺术,世界、自然与人类的一致图景中的诸元素(如我们所见,这大部分是亚里士多德式的东西)。"基础教养"的分量自12、13世纪起在中世纪社会中就如此之重,是因为它所波及的人群大大超过了持有大学学位之人。先让我们考虑一下这些在或多或少短期逗留之后离开大学且没有拿到文凭的人吧——这些人很难标清,但他们占据了多数。他们的职业也许十分低微,但是他们身上仍留有不完善的教育经历中的某些东西。

---

① 根据 Jean de Salisbury 在其研究论文或者写于 1159 年的《元逻辑》(*Metalogicon*)中的证词(参看 J. de Salisbury 的《元逻辑》,F. Lejeune 法译本,Québec-Paris, Presses de l'Université Laval-Vrin, 2009, p. 246)。

让我们想想非大学的教学机构，其教师往往来自大学，其规划与方法以简化的、缩略的方式受到了大学的启发：教会修士的内部研究，其中大部分一直运转到中世纪末的天主教学校，还有城市或乡村地区的语法学校——孩子们在那里开始学习阅读与写作的基础知识。最后，更多的是要让我们想想所有毕业生的社会行动：教师的神学说教、听忏悔的牧师的训斥、成为法官或律师的博士在法学上的判决与观点、公证人的表格、医生的诊断，这些都给最后十分庞大的公众（尤其是在城市中的）带去了大学的智识实践与学说的回声。通过学习总结所获得的才能就这样被广泛传播并为人所知了（即使它通过建立在天生或实践经验的基础上的能力依然有竞争力）。因此，人们也许可以赞同雅克·勒高夫（Jacques Le Goff）的说法：在西方，学校与中世纪的大学让"知识分子"（intellectuel）这个社会形象得以出现。

知识的系统与学院的等级制度

在大学中被教授的学科名单在13世纪固定下来。事实上，许多大学都只教授其中的一些（奥尔良只教法学，神学则长时间被巴黎、牛津和剑桥所推崇），当到了14世纪末的时候就出现了这样的想法：整个大学都应该拥有传统的"四学院"（艺学、医学、法学、神学），正如我们在前面的章节中所说，但其中一些仅仅存在于纸面上。

即是说，这份标准名单的声誉来自它想要具体地再现古希腊罗马建立起来的知识分类（它被教父们再次采纳，随后又被12到13世纪的创始人采纳）这个想法。由此，它就意味着要覆盖一切知识文化的领域，而仅仅把"机械技艺"（arts mécaniques）与"赚钱的科学"（sciences lucratives）——它们是冲击了手工业与金钱利益的双重蔑视的受害者——排除在外。然而，在实践方面，这些理论上的分类总而言之是复杂的,有时是矛盾的,即使它们经常在开讲的课程中被议论,也并没有真的统治大学教学的结构(économie)①。然而,它们也将其中一些关键的特征固定下来。

首先由之而来的是这样的观念:存在一些预备教育的学科,为相对高等的学业而准备。人们以"艺学"的名称将它们重新分组。

正如人们所见,人们分出了三艺(trivium)(即词语与符号的技艺:语法、修辞、辩证法)——与四艺(quadrivium)(即事物与数字的技艺:数学、音乐、几何、天文),人们因此习惯于谈论"艺学院"(faculté des arts),这是预备与通识的学院。实际上,艺学院并不遵循唯一的模式,在由于其他原因而艺学院相对欠发达的地中海国家中,为法学的核心课程提供完善准备的语法与修辞学科乃是关键。但在巴黎或牛津,语法入门(也就是拉丁语)被部分地扔给了大学预科学校,而艺科教学的基础则是《工具论》(Organon)所最初讲授的辩证法,这本书是由古代或近代的某些注释者补充的亚里士多德的逻辑学论文集。在辩证法课程外,13世纪还加入了完全哲学式的教学,也以亚里士多德为基础(他的《物理学》《形而上学》以及阿维森纳、阿威罗伊注释的《伦理学》)。起初感到犹豫的当局在13世纪中期时转而支持艺学院向一种真正的哲学学校转变;1255年的巴黎章程表明,在这一时期,所有有拉丁语译本的亚里士多德文集都能在艺学院的课程中被自由地讨论②。

问题并没有因此停止,因为不管其发展如何,这些教学并非自治,这一点仍然是公认的。作为高等学科的简单准备,这些教学应

---

① G. Dahan,"12和13世纪中的知识分类"(Les classifications du savoir aux XIIe—XIIIe siècles),《哲学教学》(L'Enseignement philosophique),40/4,1990,p. 5—27。
② O. Weijers,《知识的使用——早期大学时代的知识实践(13世纪—15世纪)》(Le Maniement du savoir. Pratiques intellectuelles à l'époque des premières universités [XIIIe—XIVe siècle])(Studia artistarum. Subsidia),Turnhout,Brepols,1996年,p. 9—21。

该服从于学科的要求。高等学科——至少它存在于此,就像在巴黎、牛津和剑桥那样——特别就是指神学。

这具有了一种双重的形式,因为在自中世纪前期就被实践的《圣经》注解中加上了(准确来说是)神学。神学诞生于12世纪拉昂和巴黎的学校,直到那时人们才开始从根据辩证法规则而被讨论的"警句"(教条的公式)与"提问"的注释评论中解脱出来,神学在13世纪完全变成了自主的,准确来说是在亚里士多德式哲学的影响下,神学才如此变化的。神学于是就被当作构建真正的基督教哲学的目标,它确认自己服从于教会当局,并且尊重信仰的神秘,这种神学以尽可能理性的方式向知悉上帝、创世、自我的本质及其最后归宿的人汇报一切可能之事。

如果哲学-神学的联合是讨论、冲突与定罪的无尽源头的话(我们稍后会回到这一点),那么另外两个学科(几乎不为知识的旧分类所熟悉的法学与医学)自13世纪起就在大部分大学中成为必要的了。它们并不仅仅自身具有明显的社会作用以及它们所提供的美好的职业生涯。它们没有质疑神学的至上性,而是懂得增加自己在智识上的尊严和伦理的维度,这结束了教会对其渎神、盈利的特征的怀疑。然而,民法自1219年起就在巴黎被教皇何诺二世(Honorius II)的谕旨《论路标》(*Super speculam*)所禁止,这是为了避免引起同大学——它在教廷看来是神学的主要居所——自身中的神学的竞争。

法学教育首先就是民法的教学,换言之,就是12世纪在博洛尼亚被重新发现的《民法典》(*Corpus juris civilis*)[①]的教学。如果这种法学在中世纪社会中明显不是直接可以应用的的话,那么它就会从其古罗马的源头那里、从伟大的法律原则——人们可以从

[①] 关于中世纪深奥的法学历史,参看 E. Cortese,《中世纪历史上的法学》(*il diritto nella storia medievale*),第二卷,Rome, cigno galileo galilei, 1995。

那里得到权威,以便区分正义与不正义,并且和谐地调节整个社会生活(无论是私人的还是公共的,无论是野蛮的还是封建的旧习俗中的)——那里获取自己的权威。

在12世纪,民法中加上了教会法,它既建基于格拉提安编纂的文本(《教令集》—约1140年),又建基于教皇之决策的不同合集(它直到14世纪初才颁布)。教会法本身浸透着罗马法,它是加强教会机构、肯定教廷至上性的关键工具。尽管某些神学家有所保留,教会法博士还是不久就被教皇赞美为教会的"苍穹中闪亮的星"。

如果法学是以十分自觉的方式使人接受自己的话(许多法学家都不愿通过艺学院来做到这一点),那么相反,医学就是通过坚持自己同亚里士多德的自然哲学(由在南部意大利或者西班牙翻译的古希腊医生盖伦、阿拉伯医生拉齐[Rhazes]、阿维森纳、阿威罗伊的医学论著所补充)的联系来避免简单的经验主义;医学由此表现为一门理性的学科,它使关于人类内在以及生理过程(健康或病理的)的知识得以可能,这一知识的自然主义取向审慎地包含在基督教道义论(déontologie)中。真正活跃的医学院很少(蒙彼利埃、博洛尼亚、帕多瓦、巴黎),大部分居民都只和在医学院之外培养的普通行医者(外科医生、理发师)打交道,尽管他们在工作中受到医学院的控制。

学究式的方法

中世纪大学的教学方法很多应归功于先前的学校。但它们还是获得了一种至此为止依然不为人所知的严密性,它们没有因此成为人文主义者所错误地揭露的那种完全僵化刻板的框架。以大学的章程和直接来自教学而为我们所知的许多著作为依据,人们可以从中得出一些主要的特征。

权威

在所有的学科中,教学都依赖少数"权威",著名的基础文本即使没有包括全部知识,至少也包含了普遍原理,今后一切认知都会建基于其上。权威因此既提供了教学的实质内容(它首先就是对权威的注解),也在由可靠论题支撑的辩论中提供了被援引为论点的引文。人们因此意识到,它们在中世纪时是不断被抄写、被研究的,它们为无数选集与注解提供了材料,由此以便于记忆①。

罗马帝国晚期的两位作者,多纳(Donat,大约 350 年)与普里希安(Priscien,大约 500 年)在语法上,亚里士多德在逻辑学和哲学上,《圣经》在神学上,两部实体法(民法与教会法)在法学上,一个更加综合的整体(希波克拉底的、盖伦的、阿拉伯人的论著)在医学上都是根本的权威。如果要加上"近代"的权威,那就是 12 世纪与 13 世纪的一些伟大教师(于是,在神学上就是皮埃尔·隆巴赫[Pierre Lombard]在大约 1150 年撰写的《格言》[*Sentences*],或者是更近一点的皮埃尔·勒芒热[Pierre le Mangeur]的《经院的历史》[*l'Histoire scolastique*]);得到"早期"权威特别评价的带注解的或独立的文章,并且这些文本(在学理上经常是中立的)自己也成了教学的材料。

阅读与辩论

经院教育(pédagogie scolastique)在所有的学院中都围绕着两种实践而联结起来:阅读(lectio)与辩论(disputatio)②。前者包含两种形式:它可以是一种对计划内的文本的简要释义("粗略的"

---

① 参看例如 J. Hamesse,"亚里士多德的权威",《中世纪选集——历史研究与批判专栏》,Louvain-Paris, Publications universitaires-Béatrice-Nauwelaerts,"中世纪哲学",第 17 号,1974 年。

② O. Weijers,《知识的使用》,op. cit. ,p. 39—88。

[cursive]、"临时的");人们于是把它交给将要毕业的学生或者是业士(bachelier)来做;而至于教师则采取"惯常的"阅读,即一种深入的阅读。如果中世纪早期的注释试图触及字面意义背后所隐藏的精神含义的话,那么经院式的阅读毋宁说就是为了让随着文本的评论而涌现的"问题"或"案例"以自主的方式出现和展示。

一旦成为分裂的实践(和文类),提问就采取了"辩论"这一具体形式,即一种教师(他们通过自己的"判定"来总结讨论)指导下的、在学生中组织的公开讨论。对权威的参考在论文中被引用;推理则根据三段论(syllogisme)进行①。

许多辩论发生在教师的课堂内,其他的辩论则聚集了整个学院。教师通常会选择一个要讨论的主题,但有时候,问题也自由地来自听众(经院哲学问题的辩论)。

辩论尤其经常涉及神学与艺科,它不仅仅刺激了记忆,还激发了同学间的精神活力与好胜心,它是经院教育最典型的做法。人们认识到了它的双重优点:该做法有助于大学生的培养,同时也是发现真理的工具。然而它也因被控诉鼓励连篇的废话而逐渐在中世纪末失去了重要性。

学位

如果说12世纪见证了教学许可证的出现的话,那么大学就建

---

① 参看 B. C. Bazàn, J. W. Wippel, G. Fransen, D. Jacquart,《神学、法学与医学专业中有争议的问题与经院哲学的问题》(*Les Questions disputées et les Questions quodlibétiques dans les facultés de théologie, de droit et de médecine*),Turnhout, Brepols,"西方中世纪源头的类型学"(Typologie des sources du Moyen Âge occidental),44—45 卷,1985 年;因此还有 O. WeiJers,《巴黎艺学院中的辩论(大约 1200—1350 年)———一种类型学的描画》(*La «disputatio» à la Faculté des arts de Paris [1200—1350 environ]. Esquisse d'une typologie*),《艺术研究》(*Studia artistarum*,2),Turnhout, Brepols,1995。还有 O. WeiJers,《中世纪艺学院中的"辩论"》(*La «disputatio» dans les Facultés des arts au Moyen Âge*),Turnhout, Brepols,《艺术研究》(Studia artistarum),第 10 号,2002。

立了考试与学位的完整体系,它是大学相对于先前学校的主要原创性之一。多亏了这些考试——教师借助训导员而确保了控制,大学才能官方地、整体地保障学生的智识水平;通过学习获得的知识就这样转换成了在整个职业生涯中可以以此牟利的"社会资本";证明既往的学习价值的证书、达到的水平、学位,尤其是高等专业的学位,就这样转变成了荣誉和尊严①。法学家努力(或多或少成功地)在大学文凭与贵族头衔之间建立一种等价的效用。这种转化最终很明显地围绕着一套繁琐的仪式,从而在大学生活中给考试和授予学位以一种过度的重要性,因而伤害了学习本身。弄虚作假、阴谋诡计和特殊照顾正是其代价,这如此容易是因为学生在考试的时候所支付的高昂费用乃是大学和教授的主要收入。

粗略来讲,曾有三个连着的学位。业士学位(baccalauréat)经常是在每个学校内获得的;考试结束后,教师就会知道他的学生足够优秀,可以自主阅读并在辩论中"作出回应"。旧证书今后就要给教师评委会过目了,评委会由训导长(教会当局的代表)主持。人们考察申请人的"生活、习惯和学问"。以困难著称的考试(其困难在于要撑得住许多辩论)结束后,新的学生——如果他希望如此的话——就会在教师或者博士面前展示自己。事实上,这不再涉及一场考试,而是一些就职活动(炫耀性的讲课[leçon d'apparat]、主持辩论),新晋升的人通过它们(他已经获得了其能力的标志)而被教师团体录取。并且,如果他希望的话,他就会被授予轮流教学的资格。

笔头的与口头的

经院教学大部分是口头上的。这很明显就是指辩论的那种情

---

① 参看 J. Verger,"私人考试、公共考试:论文的中世纪起源"(Examen privatum, examen publicum. Aux origines médiévales de la thèse),《索邦大学图书馆文集》(*Mélanges de la Bibliothèque de la Sorbonne*),第 12 卷,1993,[论文历史的基本概念],p. 15—43。

况，但是把"学问"听写下来同样是被禁止的；大学生听着老师的讲解而不做笔记。至于考试，正如我们刚才所见，它们主要就是个人的和口头的考试。然而，书本在这种教学中有自己的位置；教师应该掌握他所"阅读"过的权威，并且查阅早先主要的评注者。大学生自己则被认为至少要在班级中去阅读这些带着"普通"[①]注疏的文本，以便在上课中获益。大学使用的文本持续地获得了更新，因为有许多讲解与辩论的文本（它由教师撰写，或者是来自听众的笔记）在快速地流传。此外，大学的书本越来越好地适应了使用者的要求：使用方便的纸张大小，划分为章、索引、内容的目录让书本变成了真正服务于智识之劳作的工具[②]。

大学试着让其成员更易于获得书本。但是，直到15世纪，只在规模大的学院中才真的会有非常重要的集体图书馆。我们已经引用过巴黎的索邦学院的特例，它在14世纪初就拥有大约1800卷图书。但是，还是在巴黎，其他学院的平均数量（无论是世俗的还是修会的）要低很多，部分修会只有几十本书，而其他至多也就是200到300本，就像在欧坦（Autun）的学院或者特所里（Trésorier）的那样（根据1462年的调查，前者有201本，而根据1437年的调查，后者则有289本）[③]。

[①] 通过"普通的注疏"，人们理解了自从12世纪起就在拉昂和巴黎完成了的《圣经》的、还有在13世纪的博洛尼亚的两种实体法（Corpus juris）那里就准备好了的页边注的标准体系。

[②] 参看 R. H. Rouse，"对于笔头权威的态度之演变——13世纪时劳动工具的发展"（L'évolution des attitudes envers l'autorité écrite. Le développement des instruments de travail au XIIIe siècle），在 G. Hasenohr 和 J. Longère 的《中世纪西方的文化与智识工作》(Culture et travail intellectuel dans l'Occident médiéval)，Paris，Editions du CNRS，1981，p. 115—144。

[③] A. Vernet（主编），《法国图书馆的历史——从6世纪到1530年的中世纪图书馆》(Histoire des bibliothèques françaises. Les bibliothèques médiévales du VIe siècle à 1530)，Paris，Promodis，1989，参看由 M.-H. Jullien de Pommerol 写的"大学生的书本，学院与大学的图书馆"一章，p. 93—111，以及由 R. H. Rouse 与 M. A. Rouse 写的"索邦学院的图书馆"，p. 113—123。

只有少数大学生——研究员或他们的朋友——才能接触到学院的图书馆。为了方便他人，也为了方便教师接触小型的个人图书馆，大学将同书有关的职业（羊皮纸制造商、抄写员、图书管理员）置于其控制之下，并且鼓励底本（exemplar）与分册（pecia）①的体系——不仅使验证流通中的文本的质量成为可能，也使得许多抄写员同一个模板做成的许多独立簿子（pecia）易于被同时使用，这被认为加速了手抄本的生产，尽管它降低了价格②。

然而，书本依然昂贵，许多大学生都没有机会接触书本。人们因而得以解释各种缩略本与精选集的成功。普遍来说，书本生产的不足在某种程度上要对中世纪大学教学的很多缺陷负责。

中世纪大学教学的成功与失败

这里并不想给出一个关于中世纪大学教学的细致概括。成功是明显的，它并不仅限于 13 世纪。每个专业都有自己的成功之处。

在艺学中，语法与辩证法的学习超出了其工具性的目的，因而在 1250 年之后（先是在巴黎，后来在牛津）突然出现在了形式逻辑与思辨语法的教学中：现代逻辑和语言学在其中找到了它们的某些最初灵感③。至于哲学，准确来说则总是同神学有着部分联系，无论它愿意与否。1260—1270 年间，在巴黎，对亚里士多

---

① Pecia 体系是意大利的大学在 13 世纪发明的一种图书生产模式，pecia 是被分成多册的簿子，这方便了书籍的抄写与流动，而 exemplar 则是这些簿子作为模板的合集，它是传抄的底本。——译注
② 参看 L. J. Bataillon、B. G. Guyot 和 R. H. Rouse 编写的《中世纪大学书本的生产——底本与分册》(*La Production du livre universitaire au Moyen Âge. Exemplar et pecia*)，Paris, Editions du CNRS, 1988。
③ I. Rosier,《作为行动的话语——论 13 世纪的语法与语义学》(*La Parole comme acte. Sur la grammaire et la sémantique au XIIIe siècle*), Paris, Vrin, 1994。

德主义的完全掌握（根据阿威罗伊——1126年到1198年，科尔多瓦①的阿拉伯作家，评论了几乎亚里士多德所有的作品——的评注的解释阅读）的确使得许多人（布拉邦的西热尔、达西耶的博厄斯②）都要求这门学科的完全自治，这不是为了传播一种反宗教的教学，或者，就像人们指控它的那样去宣扬一种不可能的、自我矛盾的"双重真理"的存在（一个根据理性，另一个根据信仰），而是仅仅为了让人知道哲学推论的特性与一致性。但是，在1277年3月7日，由于保守派神学家的怂恿，巴黎主教埃蒂安·当皮耶（Étienne Tempier）将219个"阿威罗伊主义的"命题判决为关于决定论哲学与自然主义哲学的表述，并认为这些命题无法同《启示录》相比，其目的是将哲学带回其作为神学之附庸的"女仆"功能③。然而，这个判决的效力并非绝对的。它引起了严肃的抗议，它既没有终结亚里士多德主义的成功，也没有终结对阿威罗伊评注的使用。

准确来说，神学在13世纪并没有避开凯旋而归的亚里士多德主义这一背景。最著名的也是最新的贡献乃是托马斯主义的伟大综合，这由大阿尔伯特（Albert le Grand，约1200年—1280年）做了预先准备。但是，托马斯·阿奎那的教学（约1225年—1274年）试图（尤其是在《神学大全》[写于1265年到1273年之间]中）让自然与超自然在上帝与创世的单一视角中和解，即使它成了多明我会的官方学说，并且启发了许多世俗的或本笃会的神学家，但还是会受到广泛的批评，尤其是被方济各会

---

① 西班牙地名。——译注
② Siger de Brabant，生于布拉邦的中世纪哲学家。Boèce de Dacie，丹麦或瑞典的中世纪哲学家。——译注
③ L. Bianchi，《巴黎大学中的审查与智识自由（13世纪—14世纪）》(censure et liberté intellectuelle à l'université de Paris [XIIIe—XIVe siècles])，Paris, Les Belles Lettres, 1999。还有《1277年巴黎的判决书》(La Condamnation parisienne de 1277)，拉丁文本，由D. Piché翻译、作导言、评注，巴黎，Vrin出版社，1999。

(从博纳旺蒂尔[Bonabenture，约 1217 年—1274 年]到约翰·佩卡姆[John Peckham，约 1230 年—1292 年]和简·邓·司各脱[Jean Duns Scot，约 1265 年—1308 年]，都是奥古斯丁传统——强调人类本质的虚弱与作为接近圣爱之道路的启示的至上性——的更为忠诚的继承人)批评。在 1279 年的反阿威罗伊判决的余波下，许多人都试着让人去审查托马斯主义的论文，但毫无收获①。

如果人们去看看 14 世纪，会发现主流的哲学潮流——随着奥卡姆的威廉(约 1290 年—1349 年)而在牛津诞生，随后又在世纪中期到了巴黎(让·布里丹[Jean Buridan]、尼科拉·奥里斯姆[Nicolas Oresme])——有时是唯名论②的。它将经验主义的认识论同自由的个体主义哲学结合起来，从而引起了教会的谨慎态度，但最终也让自己成为同传统的亚里士多德主义对立的现代方式(via moderna)；在 15 世纪，这个潮流事实上掩盖了许多不同的学说，它广泛地渗透到了德国与欧洲中心(尽管仍然只是巴黎)的艺学院中。14 世纪与 15 世纪的大学神学家无法避免这种影响，他们发展出了一种有时被教廷权力激烈批评的、混合着宿命论与恩典的、太过奥古斯丁式的神学的教学内容③。它们同托马斯主义的理智主义(intellectualisme)针锋相对，它们强调(尽管是谨慎地)回归《圣经》和牧灵④的急迫性(圣事与布道)。让·热尔松

---

① 关于 13 世纪的托马斯主义及其批判，参看 J.-P. Torrell,《圣托马斯·阿奎那入门——其人其书》(*Initiation à saint Thomas d'Aquin. Sa personne et son œuvre*), Fribourg/Paris, Editions universitaires/Editions du Cerf,1993。
② 中世纪经院哲学关于殊相与共相的争论，唯名论认为只有殊相存在，而共相只是词。——译注
③ H. A. Oberman,《中世纪神学的收获——加布里埃尔·别勒与中世纪晚期的唯名论》(*The Harvest of Medieval Theology. Gabriel Biel and Late Medieval Nominalism*), Cambridge Mass. , Harvard UP,1963。
④ 指神职人员对灵修的指引。——译注

（Jean Gerson，1363 年—1429 年），巴黎大学的训导长与神学教师，是这种"现代"神学（也许在中世纪末占据主导）的代表①。

至于法学，创新则首先来自博洛尼亚，即是说，罗马法的复活及其基本原理的复活，同时还有教会法的建立。在 13 世纪的注疏者，如弗朗索瓦·阿库斯（François Accurse）之后，14 世纪许多伟大的法学家，如让·安德烈（Jean d'André）、巴托勒（Bartole）、巴尔德（Balde）或让·德·勒尼亚诺（Jean de Legnano）将罗马法所能给教宗君主制度的建立以及国家复兴带来的一切都系统化了。然而，还有其他新颖的法律学校，尤其是奥尔良的那些。

最后，尽管大部分还是其古希腊-阿拉伯源头的分支，但博洛尼亚、帕多瓦或者蒙彼利埃的医生们还是让人认识到了医学知识的理性特征；他们为医学活动的专业化做出了贡献，甚至也为对外科手术的价值重估做出了贡献。

经院的局限

虽然有了这些成功，但历史仍然带有中世纪大学文化的局限。盘点所有被大学忽视的领域是容易的，因为大学忠诚于知识的古老分类，还因为教会的控制与它们自己的社会偏见。它们从未为世俗言语的表达留出位置（文学、习惯法）。在拉丁语文化的中央，有时也同 12 世纪中那可察觉的趋势相决裂，无论是历史还是纯文学的东西，大学都忽略掉了，它们也忽略了古典研究。科学本来在四学科的种类下可以觅得自己的一席之地，但实际上却被安置在了边缘课程中。这些课程有时候是随意的。量化工作的笨拙，不求助于实验，二者紧紧限制了这些学科在由亚里士多德和托勒密（Ptolémée）所确定下来的古老框架之外发展的可能性。至于技

---

① 参看 B. P. McGuire，《让·热尔松与中世纪最后的改革》（*Jean Gerson and the Last Medieval Reformation*），University Park PA，Pennsylvania State UP，2005。

术,它被吸收进了配不上博士学位的机械技艺之中,不用说,它们在中世纪大学中从来都没有占据一隅的权利;出现在15世纪的建筑师与早期的工程师是在大学之外培养起来的。

尽管有这些天生的限制,我们还是应该强调存在于一些大学中的阻碍了许多智识上发展的内在限制。

如人们所见,经院神学的重压(建立在对于辩证法的普遍求助上)不仅仅威胁到了哲学的解放,还在神学本身中妨碍了圣经注释的革新(对历史学与文献学更加开放),或者是妨碍人们去思考一种更加情感的,甚至神秘的接近上帝的方法(它总是更好地回应了虔诚者的期待)。许多博士曾是理智的,就像多明我会的教师埃克哈特(Eckhart,大约1260年—1328年)那样,但他是在大学之外发展了其神秘主义神学,随后则受到了教会的审判。在中世纪晚期,异教徒和许多渴望宗教改革的信徒(例如荷兰的现代虔信运动①的信徒)开始严厉地批评教师的傲慢、教规学者那不近人情的严肃、神学家的枯燥乏味及其贫瘠的连篇废话②。

人文主义的批判

对大学文化最中肯的批判来自人文主义。人文主义被定义为重新恢复经典和优美拉丁文化之荣誉的运动,同时也是恢复伦理价值(拉丁文化曾被认为是其载体)的运动,它伴随着彼特拉克(François Pétrarque,1304年—1374年)而出现在14世纪中期的托斯卡纳;其影响广泛扩张到了意大利,然后是阿尔卑斯北部。"最早的法国人文主义"约在1380年诞生于巴黎,无论如何相对微

---

① Devotio moderna,拉丁语,是一场宗教改革运动,呼吁通过重新发现谦卑、顺从和简朴生活等真正的虔诚行为来重建引领信徒。它始于14世纪晚期。——译注
② 参看例如《杰拉德·格鲁特,现代虔信运动的创始人——书信与论文》(Gérard Groote, Fondateur de la Dévotion moderne. Lettres et traités),G. Épiney-Burgard, Turnhout,Brepols,1998,被翻译的书信,p. 79—87。

小,这个潮流也从未消失;它随后占领了整个北部欧洲,在那里它遇到了对教育问题同样关注的现代虔信运动中的忧虑。

即使人们在宫廷和大臣公署(chancellerie)那里发现了这些忧虑,最早的人文主义者还是经常一次又一次地到大学去,所以不应该强制使二者对立起来。然而,在大学之外,无论是反对辩证法的至上性和经院拉丁语的粗野,还是反对唯名论者的暴行,他们都鼓吹回到可以同真正的基督教媲美的作为哲学之根基的拉丁文学的源头;他们立刻就将阅读与新的文献学的、修辞学的阐释应用到了《圣经》上。他们也为学习其他古代语言(古希腊和希伯来的)辩护,尽管这是为了将本地方言作为学者的语言来推广。

尽管存在这些有时将大学里的神学家和法学家同彼特拉克及其后继者①对立起来的激烈争论(尤其是在意大利),但人们还是不能说大学应该完全对新的潮流保持封闭。在 15 世纪末,大部分意大利的大学都设有现代语法与修辞的课程。人们也能在阿尔卑斯北部找到这些课程,尽管是以零星的方式,且经常是随意地被安置在某些学院里(巴黎的索邦、牛津的马格德林[Magdalen])②,但高等学院依然普遍忠诚于传统以及中世纪的权威。事业并没有因此迷失方向,大学课程与社会期待之间鸿沟不断扩大的问题(它马上就被政治权力所替换)被清晰地提了出来。它对近世的整个大学历史都产生了影响。

---

① 参看 P. Gilli,《法学的高贵——中世纪(12 到 15 世纪)意大利关于法学文化的辩论与争议以及法学家的角色》(*La Noblesse du droit. Débats et controverses sur la culture juridique et le rôle des juristes dans l'Italie médiévale [XIIe—XVe siècles]*),Paris,Champion,2003。
② 参看 J. Verger,"巴黎的中世纪学院和早期人文主义教学的出现"(Les collèges médiévaux et l'apparition des premiers enseignements humanistes à Paris),在 A. Tuilier(编写)的《法兰西公学院的历史》(*Histoire du Collège de France*),第一卷,"创建(1530—1560)"(La création),Paris,Fayard,2006,p. 63—75。

第三章　近世的大学、权力与社会(16 世纪到 18 世纪)

长久以来人们都很少对近世(16 世纪—18 世纪)的大学感兴趣,因为它们似乎不再于文化中心扮演着有活力的、创造性的角色,而这恰恰是它们在中世纪时候的角色。然而,教学机构持续流行之迹象却多种多样。

机构的变动

新的创建

首先,大学不断被创建起来[①]。从 1500 年的 60 多所大学,到 1790 年已经有 143 所了;事实上,从 1500 年到 1790 年,有 137 所新创建的大学,但是有 50 多所都失败了。创建的节奏的确在进一步放缓:1501 年到 1550 年有 26 所,1551 年 1600 年有 47 所,1601 年到 1650 年有 24 所,随后在 1651 年到 1700 年只有 12 所,1701

[①] 随后的数据与日期来自 W. Rüegg(编订),《欧洲大学的历史》(*A History of the University in Europe*),第二卷。H. De Ridder-Symoens(编订),《欧洲早期现代的大学(1500 年—1800 年)》(*Universities in Early Modern Europe* [1500—1800]),Cambridge,Cambridge UP,1996,p. 81—94。

年到 1750 年有 12 所,1751 年到 1790 年有 16 所;在 1651 年与 1790 年之间,撤销、转移或合并的数量(41 所)略微多于创建的数量(40 所)。

并不是所有国家都受益于这些大学的创建。在英国、葡萄牙、波兰都是如此:只有牛津和剑桥、科英布拉①和克拉科夫相对地维持了自己的垄断。新的大学在西班牙、意大利、法国相对多一些,但是数字不应该让人产生幻觉;这些新创建的大学地位低微,且远离其中世纪源头的中心。北部欧洲②——荷兰共和国(Provinces-Unies)和德国是一方,斯堪的纳维亚和西欧是另一方——在 1500 年的时候,其大学网络依然明显是不完善的,但恰恰是在那里创建了很多大学,从而保证了更多的发展,例如哥尼斯堡(1544)、莱顿(Leyde,1575)、格拉茨(Graz,1585)、都柏林(圣三一学院,1592)、奥博(Abo,1640)、哈雷(Halle)(1693)、哥廷根(1733)、莫斯科(1755)等等。

大学的增加并没有让许多大城市(政治或经济首都,如伦敦、阿姆斯特丹、安特卫普、布鲁塞尔、鲁昂、里昂、马德里、米兰、柏林、圣彼得堡)在事实上(也许是)免于来自政府和资产阶级精英的集体蔑视。

最终,大学机构开始迈向欧洲以外的美洲殖民地。在拉美,最古老的是圣多明各(Saint-Domingue)(1538)、利马(1551)和墨西哥城(1551)的大学的创办;拉美的大学由皇家宪章(charte royale)准予创立,拥有受到萨拉曼卡与阿卡拉(Alcalá)启发的章程,它们几乎总是被教会控制(多明我会、耶稣会),教授尤其是神学与教会法的内容。很明显,这些大学是殖民地与传教士的基础:有 20 来

---

① Coimbra,葡萄牙著名的大学城。——译注
② 区别于现在讲的北欧(专指斯堪的纳维亚半岛、冰岛以及丹麦),北部欧洲还包含了英国以及波罗的海国家。——译注

所是在独立以前的西班牙的主要殖民地建立的,它们多多少少是成功的(在巴西则没有这些大学)。在北美,以学院的形式出现的最早的大学乃是当地首创的结果;这涉及英国殖民地需要去培养的行政人员与牧师;最早的学院是哈佛(1636)、威廉斯堡(Williamsburg,1693)和耶鲁(1701)的那些;在 1776 年,那里已有 9 个学院①。

大学的增加既通过民族国家的成长,或者是(德国和意大利)保卫领土的公国而表现了出来,也在 1520 年之后通过由宗教改革引起的宗教大分裂而表现了出来。也许,新教国家不再拥有欧洲三分之一的大学了,但是,宗教改革与随它而至的信仰之争既让新教国家建立起自己的高等教育的学校网络(这经常引人注意),也让天主教教会增加了新的大学,这尤其是在前沿地区发生的状况(奥地利、巴伐利亚、莱茵兰)——在那里,它们就像抵抗的堡垒一样,期待着传教士可能的再次征服。

一些分散的机构

源自中世纪的大学在各处几乎依旧是最重要的,它们在理论上保有其古老的机构,而新创建的大学则把它们作为模板。但实际上,在大学的结构中出现了不同的创新,这既是因为新的教育概念,也(准确来说)是因为许多大学越来越国家的,甚至是区域性的特征。机构的类型与名称因此变得非常复杂,中世纪大学明显的

---

① A. M. Rodriguez Cruz,《萨拉曼卡教学——萨拉曼卡大学在拉美的影响》(*Salmantica docet. La Proyeccion de la universidad de Salamanca en Hispanoamerica*),第一卷,萨拉曼卡,萨拉曼卡大学出版社,1977;S. Castro Corona,"16 世纪墨西哥城皇家教会大学的建立"(The Founding of the Royal and Pontifical University of Mexico in the Sixteenth Century),《大学的历史》(*History of Universities*),5,1985,p. 83—99;J. Herbst,《从危机到危机:美国学院管理(1636—1819)》(*From Crisis to Crisis:American College Government*[1636—1819]),Cambridge Mass.,Harvard UP,1982。

统一性明确地让位给了地方实践的、信仰或者国家的特征的多样性。

人们可以区分新教大学——路德教的、加尔文教的或者英国国教的——与天主教大学。在后者中,一些(尤其是在德国南部和奥地利)是由耶稣会创办或者控制的,其学院吸收了艺术与神学专业;此外,就像在巴黎的那样,世俗教授抵抗着,耶稣会的人一步也无法跨进大学。人们也可以区分借助专业而得以保持中世纪组织完好无损的大学,教师职位获得胜利(就像在德国那样)的大学,最后还有教师、学生以及整个教学分散于不同学院的大学(由学院组成的大学)。牛津和剑桥就是其中的最佳例子;其他的则相反,就像在都柏林的圣三一学院或者在少数西班牙的或美洲的大学那样,人们拥有一个非常浓缩的体系——大学就是一个独一的学院。

一个大学总是由于其官方机构的特征(被一个宗教或政治权威建立或承认)而被定义,但是,这些权威的名单加长了——教皇、皇帝,还有越来越多的国王、君主、城市、宗教团体(其决定只涉及国家的、甚至是地方的范围)。人们也可以把授予学位的权利当作标准,但是,除在"外国"大学获得的学位在各处都越来越不被承认之外,近世见证了或多或少没有授予权利的、狭义上的大学机构的增加,然而它们却保证了一些至少是部分程度上的"高等"类型教育,与法学或医学的专业学院(不附属于大学)相反,有一些独立的专业却可以授予学位。

其中的一些学校直接服务于职业目的(而大学则不满足于此):瑞士的或法国的(日内瓦、洛桑、迪耶、蒙托邦、索米尔等等)加尔文教的"学园"。这些学园是为了培养牧师、为了特伦托会议[①]

[①] 被天主教会承认的第十九次全体宗教会议,于1542年5月22日由教皇保禄三世主持,以回应马丁·路德的宗教改革的要求。——译注

后的天主教神学院、为了外科医生学校、为了民用或军用工程师学校而办的。其他非大学的学校则表现了教学中"中等"与"高等"领域的进一步的差别，而它们却经常被中世纪相当多的艺学院所混淆。在近世，在人文主义批评以及对人文经典的复兴的影响下，许多学院都空无一人，它们只为艺术硕士学位的授予保留了形式上的角色。为高等学院所准备的入门教育今后要么由"正式的"人文学院来保证（像在法国那样），要么由"杰出的学校"以及其他的"学院中学"（gymnases académiques）来保证（就像在法兰西第一帝国中的那样），在那里，人们有时会发现高等学院的雏形。

并不能由此得出结论说近世大学被归约成了那些神学、法学、医学的高等"专业"学院。许多艺学院幸存了下来，当学院（collège）处在大学城中的时候，它们本身也会附属于大学，至少结业班是这样的。然而，通过实现一个以学生分级为基础的（借助班级水平）、也经常以寄宿生的严格纪律（在天主教国家，他们自愿被教会控制）为基础的教学法，这些学院愈发成为一个特殊区域——在其中，公立高中（lycée）和19世纪的中学（gymnase）接替了它们[1]。

大学自治的终结

近世大学机构（还有相关的建制）演变的一个主要特征就是，政治权力施加于其上的总是更紧的控制。最古老、最重要的大学（例如巴黎大学）还能保留最低程度的自治，至少对于其日常管理来说是如此。但是，所有的统治者（在德国的小王公贵族那里也是这样）都强制给大学活动规定一种严格的框架。

---

[1] 参看 M. -M. Compère,《从学院到公立高中（1500—1850）——法国中学教育的谱系学》(Du collège au lycée [1500—1850]. Généalogie de l'enseignement secondaire français), Paris, Gallimard-Julliard, "档案"（Archives）, 96号, 1985。

在"博洛尼亚的"中世纪传统中,基本上是大学生自己来管理大学的运转,在这一点上,变化尤其明显。在博洛尼亚,最后一个大学生校长出现在 17 世纪初,手握大权的要职(无论是经济的还是司法的)从前都由大学生担任,而自此以后则被分配给了专业学院的博士、市镇当局和由主教使节(cardinal-légat)代表的国家当局,因为博洛尼亚处在罗马教皇国之中。至于大学生,他们也许比中世纪时数量更少也更年轻了,其中许多人从此以后都生活在学院之中,由学院保证对他们的日常的控制①。近世的类似演变在所有意大利的大学里都能观察到②。

注册条件、学习时限还有考试的模式,在各处都被仔细地确定下来。教学的内容有时是详细的,大学生个人特权的使用则得到了谨慎的限制;老牌的大学生"国家"则失去了其大部分重要性。选举在各处都被取消或者被死死控制住了,君王的官员(意大利的研究改革者[riformatori dello studio],德国的监护人)依赖于大学当局——它被简化成学院的主要或者普通教授组成的小型势力集团——的顺从。大学生拥有的正统宗教观念自注册誓言起就得到了验证,对此表现出宽容(至少是一段时间中如此)的大学(如帕多瓦或者奥尔良)很罕见。

有两次主要的大学改革浪潮,一次在 17 世纪,其背景是专制

---

① A. De Benedictis,"权力与监管之间学生自治的终结"(la fine dell'autonomia studentesca tra autorità e disciplinamento),在 G. P. Brizzi 和 A. I. Pini(编写),《12 世纪到 19 世纪的学生与大学(博洛尼亚大学历史的研究与回忆)》(*studenti e università degli studenti dal XII al XIX secolo* [*Studi e memorie per la storia dell'università di Bologna*]),第七卷,Bologne, Istituto per la storia dell'Università, 1988, p. 193—223。

② A. De Benedictis,"近世意大利中的政治权力与大学(15—18 世纪)"(Poteri politici ed università in Italia in età moderna[sec. XV—XVIII]),在 A. Romano 和 J. Verger 的《政治权力与大学的世界(13—20 世纪)》(*I poteri politici e il mondo universitario* [*XIII—XX secolo*]), Soveria Mannelli-Messine, Rubbettino, 1994, p. 34—65。

主义(absolutisme)的普遍强化(英国 1636 年的《劳狄安章程》①，法国 1679 年的法令)；一次是在 18 世纪，具有开明专制(despotisme éclairé)的特点，我们会在随后的章节谈到它。

国家对大学的控制通过这个事实变得容易了：国家开始越来越多地决定辅导教师(régent)的薪水和建筑的建造(有时是很奢侈的)；欧洲许多古老的大学城——从萨拉曼卡到克拉科夫，从科英布拉到博洛尼亚或帕多瓦——如今依然保存着许多证明了这些君主之慷慨的宏伟建筑(剧院、解剖用的阶梯教室、图书馆等等)。除了规模很大的英国学院或者某些坐拥充足土地和可观利润的大学，实际上，拥有足够支撑自己的资金的机构很少。另一方面，也正是国家通过为高等专业的毕业生保留一些神职人员或者法官的职位来通盘控制他们的出路。

大学生人口

最近的一些工作成果让我们得以较为精确地重建关于人员数量的数据，以及 16 世纪到 18 世纪末大学生人口的演变。

牛津与剑桥

最初的研究集中在英国②。它们阐明了极其丰富的变化。我们注意到，自从 1550 年起就有一种强力的增长，1600 年后依然保持加速，在 1630 年左右达到顶峰。

---

① 1636 年牛津大学制定的《劳狄安章程》(*Laudian Statutes*)规定通过宣誓约束每位谒见者，以及要求所有人宣誓承认皇室至高无上的权威和对其效忠，并依据国教的礼拜仪式，参加礼拜或日常祷告。——译注
② L. Stone,"牛津学生主体的构成与规模,1580—1910"(The Size and Composition of Oxford Student Body,1580—1910),在 L. Stone(编写)的《社会中的大学》(*The University in Society*),第一卷,Princeton,Princeton UP,1975,p. 3—119。

表 1 牛津与剑桥年度注册人数（每十年的平均值）

	1590—1599	1600—1609	1610—1619	1620—1629	1630—1639
年度注册量	721	771	854	913	996

L.斯通论及了"教育革命"，并估计在1630年左右有2.5%的英国年轻人上过大学；这相当高的比例只在后来的19世纪才重新出现过。此次顶峰实际上伴随着一次剧烈的回落（在1640年到1649年之间每年有611个人注册），这明显和内战有关，它通过一长段停滞期而延续到了整个18世纪的普通水平（平均每年的注册量：1700—1709年是565人，1750—1759年是331人，1790—1799年是407人）。起初的发展通过二者的结合而表现出来——人文主义与宗教对一种更加深刻的文教的渴望，以及教会和公共单位中职位的增加。相较而言，17世纪下半叶局面的突变既来自官员群体进一步的封闭，也来自大学在智识层面上自我革新的无能。

北部欧洲

这个清晰且具有诱惑力的模式在欧洲北部得到了很好的检验（荷兰、德国），尽管时间上并非完全连续。在这些新教国家（在天主教的波兰也是这样）就像在英国一样，在近世国家的发展中结合起来的宗教改革和宗教冲突似乎从16世纪中期就开始隐隐约约刺激了高等教育的需求，高等教育的勃兴持续到了17世纪最后的几十年，在克拉科夫一直到1630—1640这10年，在荷兰共和国是1660年，在德国是1696—1705这10年①。

---

① 在这段中给出的数据，还有随后的数据，都来自 D. Julia、J. Revel、R. Chartier 的合作研究：《波西米亚、西班牙、意大利的国家、日耳曼国家、波兰、荷兰共和国》(*Bohême, Espagne, État italiens, pays germaniques, Pologne, Provinces-Unies*)，《16世纪到18世纪欧洲的大学——大学生人口的社会史》(*Les Universités européennes du XVIe au XVIIIe siècle. Histoire sociale des populations étudiantes*) 的卷一。D. Julia 和 J. Revel（编写）《法国》(*La France*)，第二卷，op. cit., Paris, Editions de l'EHESS, 1986—1989。

相反,一旦增长停止,人们就会发现(比如英国),整个18世纪都是相同的停滞景象,甚至是多多少少有些快速的衰落,几次胆怯的重新发展不足以扭转颓势。在德国,注册人数(十年平均值)残酷地从3 435人(1696—1705)跌到了2 229人(1796—1805)。但这一判断却似乎不能应用于某些周边国家(苏格兰、瑞典)——在那里,18世纪大学生数量依然保持增长。

法国与地中海国家

为这片平原而做的研究工作倾向于表明(尽管资料十分不足),英国的"模式"被证实在这个地方仅局部地有效,甚至完全无效。也许,"漫长的16世纪"的增长同样得到了证明。但是,如果它在文艺复兴时期的意大利或者黄金时期的西班牙(萨拉曼卡在16世纪末曾有超过5 000名大学生)是强势的话,那么在法国,它毋宁说是采取了缓慢增长的姿态,这使得我们无权谈及"教育革命"。

相反,人们在这里并不能发现17世纪的严重危机(至多就是某种停滞),在18世纪北欧的停滞期间,尤其是更加南面的国家则开始了无可置疑的增长——自世纪初(科英布拉)起,这种有时被打断、有时则迟一点,但却是强有力的增长,尤其出现在了西班牙与法国。

表2 西班牙大学人口预估

年 份	大学生数量
1700	6 693
1710	4 857
1720	7 802
1730	7 757
1740	6 719
1750	7 204
1760	7 234

(续表)

年　份	大学生数量
1770	9 091
1780	12 157
1790	11 873
1800	11 908

意大利仍然很少被研究,但似乎呈现出一个对比更加强烈的景象:一些大学在衰落,例如帕多瓦(在1681年的1 263个注册量的峰值之后在18世纪上半叶降到了800个以下,而在1750年过后则降到了500个以下);另一些则在发展,例如都灵。

也许应该考察18世纪大学中的学习质量。另一方面,人们将会注意到,增长首先来自法学与医学专业,而神学专业则在回落,这是启蒙时代去基督教化的后果。

例如在巴黎,从1680—1689这些年到1780—1789这些年,颁发大学法律硕士文凭的数量从1 294个增长到了2 683个,医学专业的年平均人数在从1740—1749年这段时间到1780—1789年这段时间从60个增加到了107个;相反,从1740年到1749年,授予的神学文凭则有637个,但在1780—1789年这段时间里降到了337个。

高等教育的成功依然将广泛地在这些国家中不断扩大;大学入学率在欧洲总体持平,这样的演变在某种程度上有助于塑造出固定的社会与智识背景,法国大革命由此而来。

大学生游学的减少

跨区域的甚至是跨国的大学生游学活动持续发展着,直到17世纪中期。长久以来,最喜欢出游的大学生(例如在中世纪)也都待在帝国以及欧洲中部的国家里,他们主要去了意大利的大学(帕多瓦、博洛尼亚、锡耶纳)旅行,小部分则是去了法国的大学(巴黎、奥尔良、蒙彼利埃)。然而他们并不孤独,意大利人文主义的声望使英国、法国或者伊比利亚那数量不可忽视的年轻大学生汇集到了意大利这个国家。相较于中世纪的旅行,这次"游学"有两个新的特征。从获得的教育上看,游历本身——生活经历、参观著名景点、参与文艺的或贵族的社交活动——就有独特的教育价值。随后的游学经常呈现出多少有点复杂的"壮游"(grand tour)的样子——在这个过程中,年轻大学生接连参观许多大学,并在回程途中获得了学位,不过往往是在对学位授予持纵容态度的大学获得学位。

自世纪中叶以来,欧洲的信仰分裂就扰乱了大学生的游学活动,但并没有使其暂停下来。长久以来,许多拥有名望的中心(如天主教国家中的帕多瓦、新教国家中的莱顿或者稍晚一点的哥廷根)吸引了一些无视官方禁令的、具有相反信仰的大学生;同样的,直到17世纪末,在来奥尔良获得法学学位的德国年轻人之间当然还有许多新教徒①。另一方面,教派的变幻不定也有所发展;在西属尼德兰②、法国、西班牙、意大利,人们建立了许多学院("苏格兰人""爱尔兰人""匈牙利人"),用来收留在他们的国家里受到迫害的天主教徒,以便让他们成为重新进行宗教征服的代理人。相反,法国未来的牧师则将由日内瓦、巴塞尔、海德堡或者莱顿的改革后的大学和学院培养出来。通常来说,17世纪最初的几十年也许标志了旧制度(Ancien Régime)时期国外游学(peregrinatio academica)的顶峰。

---

① H. De Ridder-Symoens,"南特法令的撤销(1685)以及奥尔良大学的日耳曼国民"(La révocation de l'Édit de Nantes [1685] et la nation germanique de l'université d'Orléans),《奥尔良人历史上的与档案中的社会通告》(Bulletin de la Société historique et archéologique de l'Orléanais), n. s., IX/68, 1985 (特刊:关于历史与法学的荷兰研究), p. 171—177。
② 西属尼德兰,是约1579—1713年间西班牙帝国霸占的低地国家南部省份,大致相当于今比利时和卢森堡。——译注

事情在三十年战争①中发生了改变,随后是专制国家的胜利以及宗教分裂的加强。所有的君主都在担忧,想避免"异端邪说"的蔓延,也想避免钱币外流,尽管他们完美地控制着未来的国家精英的培养条件,他们请求颁布一些法令禁止臣民到外国学习,并且宣布不再承认在国外获得的文凭。

这些措施并没有产生普遍的有效性。总是有一些富有的年轻人被"壮游"的名声所吸引——在那里,学习越来越少地受限于地方性——或寻找接受以低廉学费颁发文凭、且对知识把控宽松的大学进行学业。莱顿的大学生会在哈尔德韦克或者杜伊斯堡获得他们的文凭,这是两个坐落在德国-荷兰边境两侧的小型大学;鲁昂的大学生则去洛林地区的蓬阿穆松(Pont-à-Mousson)谋取学位。在18世纪,许多苏格兰或英格兰的医学专业的大学生继续跑到欧洲大陆去,这既是为了在莱顿或巴黎的著名院校中深造,也是为了在兰斯或卡昂轻松取得博士学位。

然而,时代的主要特征就是真正的国外游学的终结,以及大学招生的国家化或者区域化(经常是狭隘的)。在西班牙,18世纪大学生人数的增长并非来自萨拉曼卡或者阿卡拉的旧大学——它处在完全的衰落之中,而是来自次要的或者晚近的中心的发展,例如萨拉戈萨、巴伦西亚或者格拉纳达。意大利也是如此(都灵的发展),或者在德国也是那样(那里只有少数晚近大学的成功[例如哈雷或者哥廷根]才阻挡了传统大学[例如罗斯托克或者格赖夫斯瓦尔德或者还有科隆]完全崩溃所造成的影响)②。

---

① 三十年战争是由神圣罗马帝国的内战演变而成的一次大规模的欧洲国家混战,也是历史上第一次全欧洲大战。这场战争是欧洲各国争夺利益、树立霸权的矛盾以及宗教纠纷激化的产物。战争以哈布斯堡王朝战败并签订《威斯特伐利亚和约》而告结束。——译注
② Ch. -E. McClelland,《德国的国家、社会和大学(1700—1914)》(*State, Society, and University in Germany*[1700—1914]),Cambridge,Cambridge UP,1980,p. 28。

第三章 近世的大学、权力与社会

总人数

估算欧洲 1800 年以前的大学生总人数（就算将并非大学但也提供高等教育教学的学校——中学的结业班、专业学校——的人数排除在外）是非常困难的。

人们估计，1789 年，在法国，除了 5 000 名中学结业生，还有 3 500 至 4 000 名神学专业的大学生（考虑到神学专业全体师生数量的总和），3 500 名法学专业的大学生，600 多名医学专业的大学生。

这些数据只有被人们同其他时期的数据联系起来、同总人口的数据联系起来时才是有意义的。

对于法国来说，相对于 15 世纪初的 6 000 名大学生，1789 年中的 12 500 到 13 000 名大学生也许翻了一倍有余；在 1875 年，依然只有 10 000 名大学生在学习严格意义上的专业，但是，的确已经有超过 18 000 人进入了中学结业班；大学真正的发展将发生在 1875 年到 1914 年之间①。

另一方面，人们试着将年度注册人数那已知的或复原的数字同 17 或 18 岁这个年龄段的男性联系起来——这是注册的惯常年龄（此处让我们回想一下：女性只在 19 世纪才出现在大学中），然后以此计算大学入学率。如果一些国家（如英国、德国，甚至是卡斯蒂利亚）能够在 17 到 18 世纪末的最好的年份里达到高于 2.5% 的占比（由于更显著的衰落，或者更确切地说，由于一种事实上只是人口的普遍增长带来的增长）的话，那么人们就能发现在其他各处占比都只是接近 1%。

这个计算依赖于一些值得讨论的、混杂的数据，但是，至少可以得出结论说，大部分大学在近世都只能聚集起较少的人员。

---

① R. Chartier, M. -M. Compère, D. Julia,《十六世纪到十八世纪的法国教育》(*L'Éducation en France XVIe—XVIIIe siècle*), Paris, Sedes, 1976, p. 276—292。

在 18 世纪末,如果撇开培养艺术硕士的学院,那么巴黎的三个高等学院大学生的数量则达到了 1 300 到 1 500 名,但是随后人们发现,在图卢兹只有大约 600 名大学生,而在其他外省的大学则更少。在西班牙,只有三所大学的大学生人数(萨拉戈萨、巴伦西亚和巴利阿多利德)在 1800 年超过了 1 000 名,而拜萨(Baeza)则只有 90 人。德国也是相似的情况——哥廷根从未有超过 900 名大学生,大学生人数的平均数在 1770 年左右是 220 名。在苏格兰,五所大学分得了 2 500 名学生。而在英国,牛津和剑桥两所大学加起来都不大可能汇聚 2 000 名大学生。

社会生源与出路

除了这些人员数量的计算,我们还应该着手开始非常细致的研究。重要的年代断裂与国家经济和社会中多少有些快速的演变联系在一起,人们对此持怀疑态度。大学的制度很少迎合同时代人意识到的客观"要求",这就呈现出这样的图景:这些人(尤其是占领导地位的精英)创造的大学,在不同社会团体中赢得了成功,也获得了为它所认可的职能。

大学生的社会来源

普遍来讲,从 16 世纪到 18 世纪,大学的生源在朝越来越小的社会范围的方向发展。

在 16 世纪,这个范围还是极大地敞开的。手头宽裕的农民子弟和少部分乡镇(手工艺人)的、商人的、公证员的、理发师等等的孩子们都以可观的数量向各处涌去。在牛津,"平民"的儿子们在 16 世纪末占大学人员的 55%。这同中世纪相比也许并不是新鲜事。更多的是在社会阶层的另一端——年轻贵族和上中下各个层级的贵族在大学中占了显著的比例。

在巴黎，布鲁克里斯(L. Brockliss)做了一个关于 1540 到 1559 年间 816 名大学生的样本研究，研究表明，其中至少有 9.5% 是贵族（要注意，商人的后代占 37.4%，手工艺人的后代占 18.9%，苦力的后代则占 10.3%）①。在牛津，地主、骑士还有乡绅的子嗣在 1577—1579 年间占了人员总数的 16%，在 1600—1602 年间则占了 22%。

这些贵族也许并不是最勤奋的大学生；他们经常不在意是否最终获得学位，学位对他们来说不如对其他人那样有用。但是，他们当中有一种氛围，学位在资产阶级出身的同伴那里加强了贵族生活风格的诱惑，也强化了通过学习成为贵族的欲望。因此，谈论这个时代大学的"贵族化"是有迹可循的。

贵族大学生的比例经常达到、甚至超过 10%。在 17 世纪中期，贵族大学生的数量在德国南部（例如海德堡或英戈尔施塔特）的许多大学达到了 21% 的峰值②。另一方面，许多学院（像是西班牙的大型大学的寄宿学院那样）都被王室的社会精英垄断了。

如果人们身处 18 世纪，就会发现一种完全不同的情况。大众生源似乎枯竭了，或者至少也是所剩无几了；在法国的许多法学学院中，手工艺人和农民的子女占比不过 3%—6%；在牛津，"平民"则近乎消失（在 1785—1786 年则有 10%，在 1810 有 1%）。贵族有时可以维持自己所占的比例(1785—1786 年的牛津有 35%)，但是，在其他情况中，比例则明显下降了。在德国，1670—1680 年之后，百分比普遍降低了。在图宾根，1660—1670 年间与 1690—1700 年间，比例从 12.7% 降到了 4.3%；在 1695—1709 年间，贵

---

① 引自 J. Verger（编写），《法国大学的历史》(*Histoire des universités en France*)，Toulouse, Privat, 1986, p. 182。
② R. A. Müller, "学校的贵族化？论 17 世纪德国南部大学的贵族气质"(Aristokratisierung des Studiums? Bemerkungen zur Adelsfrequenz an süddeutschen Universitäten im 17. Jahrhundert)，《历史和社会》(*Geschichte und Gesellschaft*)，10/1, 1984, p. 31—46。

族构成了蓬阿穆松的法学专业大学生总数的13%;在1789年,在这所搬迁到南锡的大学中,他们不过只有3%的比例。各处都是如此,大部分人员(经常处在衰落中,正如我们看到的那样)今后都由公务员、法学家、律师、医生、牧师(新教国家)的子女构成:例如,1789年,上文已经提到过的南锡的法学学院中有77%是他们的子嗣①。修士与神甫有时会卷土重来(就像在伊比利亚半岛的那样),这情况在教会法学院中尤其如此。

流动还是再生产?

这个趋势似乎反映了由学习与文凭带来的社会流动性在减弱。

在文艺复兴时期,大学的成功首先在于学术文化日渐增长的声望,这被印刷品和人文主义观念的传播所加强,也由通过宗教改革而在信徒那里引起的宗教需求的增加所加强。这种名望在人口众多的地区的孩子们身上产生了效果,他们渴望进入书写与知识的世界;也在贵族的孩子们身上产生了影响,但他们的骑士文化与传统礼仪却因没有产生新的纪律而有过时的危险。另一方面,官僚机构的快速发展(比如教会制度的加强)在所有层面上都增加了稳定的职位与职务,这些职位受人尊重、报酬颇丰、倾向于接受具有才能和足够头衔的人。跨入了世界列强行列的西班牙提供了最好的例子——向律师(letrados)开放的行政职位增加了,这个现象在欧洲也很普遍。到处都是公共机关(尤其是法律的)、自由职业②(律师

---

① J. Verger(编写),《法国大学的历史》(*Histoire des universités en France*),op. cit.,p. 183。
② Profession libérale,指基于专业资质的个体以个人名义负责,并以独立的专业方式为顾客或公众的利益提供知识服务的职业,如医生、律师、艺术家等,不同于现在语境中的"自由职业"一词。本书中随后出现的"自由职业"这个说法皆在上述意义上使用的。——译注

和医生)还有神职人员(天主教的或改革过的基督教),这些都是人们完成大学学业后顺理成章的出路。教学也是出路之一,大学教师不像学院教师或中学老师那样相对低微,但是依然不构成一个真正的职业:医学或法学的教授教课的同时也依靠其私人主顾而生活,神学教授则仰赖教会或修会的神甫或牧师。

17 和 18 世纪,这些因素的渗入也许要对大学生源在社会上的封闭性负责,同时也要对人员数量那常常被发现的回落负责。在大学教学与最新的智识潮流之间渐渐凿开的断裂(参见下文,第66—67 页①)威胁到了大学的吸引力。例如,人们看到,随处都是想要离开大学的贵族,并且,很多贵族自己捐赠了教学机构的网络(骑士学园[Ritterakademien],贵族的学院)——在其中,贵族子弟可以初步学会社交方式和绅士所必要的规矩(跳舞、骑马、外语)。大学向这些内容敞开就够了,以便贵族的比例可以迅速提高(就像在哥廷根,他们在那里自从 1737 年起就占了 10% 的比例,在 1757 年则有 15%)。

人们也提到了这样的例子:毕业生得到的职位已经饱和;这些职位被世袭等级垄断,这让出身低微的大学生感到沮丧。这个观点值得讨论。许多职业生涯的确变得更加困难了。自从 17 世纪起,作家就在各处揭露文凭"过剩"的危险。同样,当大学人员数量下降时,这个主题又顽强地回归了:为什么要培养游手好闲而又乖戾的毕业生,并且,为什么要剥夺人们从事必不可少的农业、手工业与商业的权利?②

---

① 此为法语版页码,即本书第三章开头的内容。——译注
② 这篇论文由 M. H. Curtis 发表,"英格兰斯图亚特王朝早期的异化的知识分子"(The Alienated Intellectuals of Early Stuart England),《古与今》(*Past and Present*),第 23 号,1962,p. 25—43。该文观点受到了很大质疑(R. Chartier,"社会空间与社会想象:对 17 世纪失望的知识分子"[Espace social et imaginaire social: les intellectuels frustrés au XVIIe siècle],在《欧洲大学》(*Les Universités européenes*)中,op. cit.,第二卷,p. 245—260)。

事实上，就几乎尚未存在的"脑力劳动市场"的饱和来说，在靠近占据领导地位的精英作家那里，这些控诉所表达的正是对于纯粹任人唯贤的体系（它给有智慧才华的人一切机会）的拒绝。此外，人们没有做任何事情来方便穷人受教育；许多教授与手头宽裕的大学生所钟爱的舒适的生活方式就算不是贵族的，本质上也打消了穷人上学的念头。

这个时期的社会需要一些受过良好教育的知识分子来服务于君王和教会，但是自主的社会团体意义上的知识分子（德语叫Bildungsbürgertum①）的增加，则冒着扰乱既有秩序与价值的危险；不过，至此为止，文凭（因此还有学业本身）并不具有彰显特殊资格，以及保证有文凭者被社会认可的功能。旧制度时期，"大学危机"因此很少围绕其教学的僵化，或者其人员数量的降低而形成，而是围绕当时的社会状况以及社会赋予大学的功能而形成。这不是说要否认大学危机的存在（很久以来历史学家就这样诊断了），而是要对此采取充分的措施，并且由此回溯大学、政治和宗教的权力在不同社会层面所具有的使命之定义的争论。

---

① 即受过教育的中产阶级。——译注

第四章　近世大学的危机与改革

"大学是常为新的"（Universitas semper reformanda）。自从发源以来，大学似乎就一直在期待一种新的改革。但是，问题从16世纪开始才以新的方式提了出来。相对于中世纪的谨慎，文艺复兴时期对大学的批判则开始增多。从人文主义者到哲学家，大学不断受到质疑。当然，正如我们所见，制度既抵抗发展也在继续发展，但是多种形式的质疑给近代大学带来了糟糕的名声，而历史学家们长久以来都对这一坏名声展开了独立反思。

今天，人们试着以更加平衡的方式来评估大学在16、17以及18世纪欧洲文化与社会中的位置与角色，这些方式会根据国家与时间而变化。

差距与障碍

尽管接纳了重要的人员（他们必然构成那时社会精英的主要部分），大学自己还是否可能提供最好的教学呢？

大学的教学与生动的文化

传统上讲，人们责备大学中过时的教学一直延续到整个18世纪,它以中世纪的旧权威为基础(哲学上是亚里士多德,神学上是皮埃尔·隆巴尔[Pierre Lombard],法学上是《民法大全》[Corpus iuris civilis],医学上是希波克拉底和盖伦);人们也责备大学出于一种集体的盲视而忽视或者说拒绝了所有在它之外诞生的新潮流:16世纪的语文学、注疏学、神学的革新;17世纪的科学(哈维、笛卡尔和牛顿)与现代法学(格劳秀斯、普芬多夫①)的发展,18世纪启蒙哲学的勃兴。

这是些过度的抱怨。当然了,大学教学太缺乏创新。近世如此之多的重要作者和思想家(作为大学生,有时也是作为教授)都被学院与大学忽略了,他们通常是在大学之外创作了自己主要的作品,或做出了主要发现。在近世,学院与学会、课堂与办公室、沙龙,更不用说图书馆或者有钱的业余爱好者的小房间,都成为最大众的场所。它不仅仅是学术性的社交场所,还是研究与创新的空间。

然而,一有机会就去这些地方的教授们并没有完全忽视智识的创新,也没有在教学中系统地拒绝考虑它。他们没有拒绝,而是常常乐意谈论落后与适应——他们没有否定作为中世纪源头之整体框架的惰性。

自16世纪中叶开始,人文主义的关键贡献(语文学的革新、古希腊与希伯来研究、柏拉图主义的再发现)不仅仅渗透到了大部分意大利的大学中去,还同样渗透到了巴黎、阿卡拉、剑桥和鲁昂的大学中去(1517年,"三种语言的学院"成立),耶稣会也将它们整合进自己的教学系统(ratio studiorum)。人们同样意识到,艺术院校和英法的学院开始时还是具有敌意的,而从17世纪末起或者在18世纪初则吸收了笛卡尔、洛克或牛顿的科学创新。不过,18世纪的大学也许的确很少向启蒙与百科全书式的精神敞开。

---

① Samuel von Pufendorf,生于1632年,德国哲学家、历史学家、法学家。——译注

第四章 近世大学的危机与改革

　　法学和神学专业通常是最保守的,因为它们是由政府与为正统辩护而反对一切离经叛道的教会负责的。索邦出于对专制主义与天主教信仰的尊重而保持警惕(然而在 1713—1320 年间它也表达了某种冉森教式的同情)①。英国的大学同面对着教皇与不信国教的新教分子的英国国教教会直接相关。相反,我们发现,学院的哲学班、艺术院校(新观念在此持续存在)、医学专业对新观念更加开放;这些院校或专业总体上摆脱了 16 世纪阿拉伯的权威(阿维森纳),并在 17 世纪末接受了哈维的思想,尤其是在爱丁堡——那里似乎在世纪末有着超过 600 多名大学生。

　　我们依旧应该根据大学来进行区分。剑桥,在宗教层面上更加宽容,在政治上更接近辉格党,在 18 世纪的时候比牛津(坚定的英国国教与托利党的学校,忠诚于中世纪的亚里士多德主义与人文主义的语文学)更接受科学创新(牛顿曾是圣三一学院的校友)与启蒙的理性主义②。

　　最终,我们也许应该区分国家(粗略来说,是天主教国家)——在其中,启蒙时期持续的敌意冲击了大学的僵化智识——与新教国家(尤其是苏格兰、德国和斯堪的纳维亚半岛,在那里,放弃拉丁语作为唯一的教学语言的不同的教育积极性与新教席的创造都使人们得以限制大学与活生生的文化的分离)。

　　因此要牢记,在近世,如果在某些区域或某些国家中,大学只提供完全不充足的、过时的教学的话,那么在其他地方,它们至少还是可以——即使不培养原创的精神——保证一种牢固的基础文

---

① J.-M. Grès-Gayer,《索邦的神学与权力——巴黎神学院与唯一教皇谕旨》(*Théologie et pouvoir en Sorbonne. La faculté de théologie de Paris et la bulle Unigenitus*[1714—1721]),Paris,Klincksieck,1991。
② P. Searby,《大不列颠岛的大学》(*Le università dell isole britanniche*),在 G. P. Brizzi 与 J. Verger(编写)的《欧洲大学》(*Le università dell'Europa*)中,第三卷,《从科学创新到启蒙时代》(*Dal rinnovamento scientifico all'età dei Lumi*),Milan,Silvana,1992,p. 19—41。

化,培养有用的智识技能。

学业与文凭

人们仍然应该接受教育,但是,最近的一些研究揭露了令人不安的障碍。

相对于中世纪,学业的时限大大缩短了;实际上到处都是如此,在四五年内获得学士学位或者博士学位变得可能了。大学课程的缩短(也许和印刷书籍的传播有关)不一定要受到强烈指责。更令人不安的也许是学位似乎越来越容易获得了,这可以通过记载下来的不断增长的成功率来判断。从1600年到1800年,牛津毕业率(文学士)从35％升到了58％,在弗拉内克(荷兰)从6％升到了71％。但是,至少是从17世纪开始,尤其是考试舞弊、违反章程(这一直存在)的现象愈演愈烈,人们应该去考察它们的社会意义。

教师经常缺课,还有大学生的偷懒,这些都威胁到了课业和讨论。许多人因此没有完成要求的课程就参加了考试,但是,评审也习惯了这些。可以看一下法国的情况,如果主要的大学(巴黎、图卢兹或蒙彼利埃)都明确保持了对学业水平的要求的话,那么省级的小型大学——阿维尼翁、奥兰治、奥尔良、南特、卡昂、兰斯——则形成了这样令人讨厌的特性:学位被廉价出售,没有严肃的考试。舞弊有很多种形式:由专业作家撰写论文、替考,通过通信事先注册登记等等。有时,求学者会在考试的前夜抵达大学城;因此就可以相信,夏尔·佩罗(Charles Perrault),著名的《鹅妈妈的故事》的作者,还有他的两个同伴,在1651年抵达的那个晚上就获得了奥尔良的法学学士学位:在一夜没睡之后,三位学者立即支付了必要的费用,他们想在假装考试之后拿到文凭[1]。衡量这些做法

---

[1] 引自 J. Verger(编写),《法国的大学历史》,Toulouse,Privat 出版社,1986,p. 184。

的影响是不可能的,但是这些做法很普遍,有时被如此滥用,而且明显被极大纵容了。各种开销轻而易举就得到了批准。国家也听之任之,1682 年,国家批准超过 24 岁的法学大学生可以(由于年龄)在六个月内获得学士学位(而不是要求的五年)①。

这一切都促使人们去追问学业与学位的社会意义,尤其是在法学专业中,因为它有着最为庞大的人员数量。这很清楚:学位不再认可智识上的能力,不再有用的教学与真实的职业需求之间无可救药地分离了,而人们听任其发生:

> 1782 年,法国法官布歇·达吉(Boucher d'Argis)注意到,为什么人们要迫使年轻人在学校里接受那些他们无法从中获得任何收获的课程? 只有当人们开始将教授的才能引到真正有用的教学目标上去,学生们才会急切地去听他们讲课。②

真正的教育在大学之外获得,既通过家庭的倡导、沙龙中的谈话、私人讨论会、个人的阅读,也是通过职业生涯之初的实践。大学的学位比一切都值钱,它就像是对社会归属的证明、对强制的政治秩序表忠心。

这种极端的情况首先确实是法学院的特点,尤其是在 1650 年之后。在其他地方,即在学院中,同学们(这些同学就是被收留在学院里的毕业生)开始了在专业的辅导教师的指导下,或者在助教(在英国)的指导下的六到八年的学业,这使人们得以掌握一种坚实的古典文化素养,甚至是科学与哲学的某些基本知识。在医学

---

① 参看 D. Julia 和 J. Revel(编订),《从 16 世纪到 18 世纪的欧洲大学——大学生人口的社会历史》(*Les Universités européennes du XVIe au XVIIIe siècle. Histoire sociale des populations étudiantes*),卷二,Paris, Editions de l'EHESS, 1989, p. 110—151.
② 引自《法国大学的历史》,op. cit. , p. 188。

院(至少是最好的那些)和神学院中,教学似乎保证了一种更加重要的内容。人们应该由此看到的,是中世纪和人文主义的传统的持续存在,还是相反,对学业专业化的最新推动呢?

改革与备选办法

大学的改革

从16世纪到18世纪,大学的改革(还有新建立的大学)变得多样化了。教授们自己有时也会帮一把手,但是最常见的还是由君主强制实施的改革。

16世纪与17世纪的大学(我们已经谈及过了)以巩固国家的控制、牺牲过去自治的特权为其主要目标,但是大学也会试着重建课程与考试的正规性,并革新某些学科(例如1679年,法国创设了法兰西法学教席)。

对于我们的意图来说更加重要的是18世纪的改革及其计划,伴随着宗教宽容与启蒙精神的进展,真正反映了现代化的目标,且总体上更密切地适应了国家与职业的需要。

新教德国曾是这些改革选中的地方①。自从17世纪末开始,就有很多大学寻求课程革新:普芬多夫于1661—1668年期间在海德堡教授自然法(的确,是在艺术学院,而不是在法学院中);斯宾诺莎本人获邀参加(但并不成功),且被保证享有完全的表达自由。哈雷大学于1693年在普鲁士邦的直接控制下成立了,它虽然提供新的教学(尤其是哲学、法学、医学),但在汉诺威公国中的哥廷根大学(1733)比较下则显得黯淡。计划的发起人是一位开明的大臣,他以前是哈雷大学的学生,叫作G.-A.冯·

---

① CH.-E. McClelland,《德国的国家、社会与大学(1700—1814)》,op. cit.,p. 27—98。

缪赫豪森(G.-A. von. Münchhausen)。新的大学应该服务于国家与君主。缪赫豪森将它同四个创新(这是其成功之处)结合了起来:国家紧紧地控制大学的运作,尤其是管控教授的任命,以提防过去的行会主义的回归和路德教神学家沉重的控制。世俗学科课程中的融合(舞蹈、骑马、绘画、会话)使得大学可以从整个德国吸引来贵族顾客。现代学科的引入(历史、地理、物理、应用数学、自然法、行政科学或国民经济学[Cameralwissenschaft]①等等)保证了教学的政治目的与职业目的。最终,对"研讨会"(séminaire)这一形式的采纳——这肯定了日耳曼世界中的巨大财富以及学究式的阅读与讨论——保证了教学革新。传统的艺学院在别处不是堕落了,就是被吸收进了中学的毕业班,在此则是以真正的哲学学院的面貌重现,这是19世纪文科与理科的雏形。以德语编写出版了许多科学杂志的哥廷根大学教授们曾是这一领域真正的研究者。

在18世纪下半叶,正是启蒙运动(Aufklärung)鼎盛之时,其他的日耳曼君主也试着去模仿哥廷根,但是他们却并没有取得引人注目的成功(埃朗根、波恩、斯图加特等等)。

在天主教国家,大学改革的观念出现得更晚一点,大约是在1760年。只要哲学家们(从狄德罗到孔多塞)为教育问题着墨颇多——例如我们想到的《大学规划》(Plan d'une université),狄德罗想要将它献给俄国的卡特琳娜二世女皇的改革计划,于是在1775年②将它寄了出去——那么政府就会决定,在驱逐耶稣会,并遣散其修会(1773,它创造了应该被填满的空洞)之后行动。在

---

① Cameralwissenschaft,德语,此处似乎有因为发音习惯而出现的拼写错误,正确拼法应为Kameralwissenschaft。——译注
② 参看B. Didier,"当狄德罗制定大学计划的时候"(Quand Diderot faisait le plan d'une université),《关于狄德罗与百科全书的研究》(Recherches sur Diderot et sur l'Encyclopédie),18期,1995,p. 81—91。

法国，人们匆忙地采取了措施，尤其是建立大学教师资格会考（部分是笔试），来为学院招到水平更高的辅导老师（1766）；这项阻碍了行会合作的重要改革实施得并不理想。事实上，人们仍在坚持这些改革计划——埃尔瑟韦尔的洛朗（Rolland d'Erceville）的计划与拉夏洛泰（La Chalotais）的计划：这些作家提议通过世俗化的教学主体，将之置于国家直接且统一的控制下，在各处创建现代教学（尤其是科学的）的方法，来重新组织从语法学校到巴黎大学的整个"国民教育"体系。然而，由于天主教教会同巴黎大学的对峙，在1789年之前什么也没有发生①。

在伊比利亚半岛，开明的君主与大臣（葡萄牙的旁巴尔、西班牙的荷贝亚诺斯②）在大约1770—1790年间也试着通过个性教育、引入新学科、打破行会特权（尤其是更老的团体的特权）来使得大学现代化。

在哈布斯堡地区，玛丽亚-特雷萨女皇（1740—1780）和她的儿子约瑟夫二世（1780—1790）的开明专制也带来了改革的计划。在1788年，鲁汶大学理论上被普通神学院取代了，它由此得以保存在那里，以便培养荷兰的全部神职人员，而其他三种院校则以"专门学校"的形式转移到了布鲁塞尔；但是，大革命阻止了这项计划③。

最终是意大利，那里大学特别多，其中大部分在18世纪就有改革的计划，但是结果却很平庸。尤其是最古老的那些大学的例子，如博洛尼亚或者帕多瓦，中世纪传统的分量以及职业的行会主

---

① D. Julia,"一项不可能的改革——18世纪法国的大学课程变化"(Une réforme impossible. Le changement des cursus dans la France du XVIIIe siècle),《社会科学研究备案》(Actes de la recherche en sciences sociales),47—48,1983,p. 53—76.
② Pombal,葡萄牙国王约瑟夫一世的首相。Jovellanos,西班牙启蒙时期的作家、政客、哲学家。——译注
③ 《鲁汶大学(1425—1985)》(Leuven University),Louvain,Leuven UP,1990,p. 29—30.

义在那里阻碍了真正的现代化,尽管人员数量显著降低。总的来说,毋宁说是政治首都才会进行有效的大学改革(创始人是想要加强官员与大臣培养的君主)。可是,改革计划的效果依然受到政府多少有些矛盾的担忧的压制,一方面是将教学现代化(设立历史和法学的新教职,尤其是精确科学或者应用科学以及医学的教职)、改善课程的规则、避免教会的命令、向教师提供合乎章程的担保、改善现存的建筑。同时,另一方面,他们也努力对大学机构实施一种更加严格的控制,以防止一切宗教上或政治纷争上的异端邪说。这种模棱两可完全是改革的特征,这改革被教皇本笃十四宣布乃是为了罗马大学的缘故,它也向那不勒斯解释了改革缓慢的原因——尽管自 1714 年起就由许多不同的学者提议,但直到 1777 年它才得以完成。最终确定的是,在皮耶蒙-撒丁王国的都灵,从 1720 年代开始,人们才发现了最有野心的事业,它的目的是在国家总是警惕的控制下重组大学教学的整体,并在许多不同的学院中承认更多的教育自治,同时还有在学院监督上、书籍审查上,以及职业预科上不断增加的责任①。

  这些或多或少成功了的计划与改革构成了一个整体——无论是拿破仑和法国大革命,还是普鲁士的改革家(威廉·冯·洪堡[W. Von Humboldt]),都极大地从中吸取了养分。一瞬间,人们只是获得了零散的成果,它们在法国大革命的前夜依然没有让大学从旧制度的机构框架中走出来。这些成果明确地属于过去。这一点也不令人惊讶:国民议会宣布放弃改革,通过 1793 年 9 月 15 日的法律,简单粗暴地废除了"关于共和国的整个表面"的改革。

  在随后的 20 多年里,革命战争和随后的帝国战争,二者都导

---

① 参看 E. Verzella,《行会结构的危机与大学改革》(*La crisi dell'assetto corporativo e le riforme universitarie*),在 G. P. Brizzi、P. Del Negro、A. Romano(编写)的《意大利大学的历史》(Storia delle università in Italia),卷一,Messine, Sicania, 2007, p. 159—191。

致了大部分欧洲大学的衰落(除了不列颠列岛)。因为,总体来说,在整个欧洲大陆,衰败的因素战胜了对旧制度中的大学革新的允诺。不过,改革在高等教育方面的遗产并不限于此。

杰出的中心

很久以来,面对着抵抗,或者面对着大学的低效,某些国家创建了完全独立于大学的机构,这些机构更加直接地服从于国家的控制,也对新观念与新教育更加开放。人们可以将这些机构分为两类。

首先是人们能够称之为杰出机构的那些,对这些机构来说,最重要的使命是文化使命。

其中一个很好的例子就是由国王弗朗索瓦一世于1530年在巴黎创立的皇家学者学院(le Collège des Lecteurs royaux),它由纪尧姆·布德(Guillaume Budé)以及法国其他的伊拉斯谟[1]式学者所倡导[2]。被大学所抛弃的、不授予学位的皇家学院(大革命之后就被叫作法兰西公学院[3])很快就成了一个高水平的教学场所,它自由且独立,在大学里很少被讲授或者教得不怎么样的新学科占据主导:古希腊语、阿拉伯语、希伯来语、阿拉米语[4]、拉丁语的

---

[1] Erasmus (Desiderius) von Rotterdam,德西德里乌斯·伊拉斯谟,中世纪尼德兰学者。他主张国家和教会应提供充足的、合格的教师,来促进教育事业。——译注

[2] 参看 M. Fumaroli(编写),《法兰西公学院的源头(1500—1560)》(Les Origines du Collège de France),巴黎,Klincksieck 出版社,1998。A. Tuilier(编写),《法兰西公学院的历史》(Histoire du Collège de France),卷一,"创建(1530—1560)"(La création),Paris, Fayard, 2006。

[3] 法兰西公学院实际上既不是普通大学,也不是重点大学,它既不按照预定的教学计划向学生照本宣科,也不颁发任何形式的文凭或证书。它不同于"法兰西学院"(L'Institut de France)或"法兰西学术院"(L'Académie Française)。——译注

[4] 阿拉米语又称亚兰语,是古代中东的通用语言和波斯帝国的官方语言,近代通常指叙利亚的一种语言。属闪含语系闪米特语族西支。它是旧约圣经后期书写时所用的语言,也被认为是耶稣基督时代的犹太人的日常用语,新约中的马太福音(玛窦福音)即是以此语言书写。——译注

雄辩术；数学在此有一个非常自主的位置，而在艺术院校中它们则被整合进了哲学课程；1542年设立了一个医学教席，聘任醉心于解剖的人文主义医生。由国王选定的最初几代学者的出身是不同的：有一些得到认可的教师和一些年轻聪明、但却不太知名的人文主义者；其中某些曾在巴黎进行过研究与教学，像是古希腊研究者皮埃尔·达内（Pierre Danès）与雅克·图桑（Jacques Toussain）；其他的则在外国大学中享有盛誉，比如在鲁汶、弗莱堡、科隆，由于在古希腊语与拉丁语的修辞学方面的工作而颇负盛名的名人拉图缪（Latomus）；当然还有许多意大利的，像是哲学家弗朗塞斯科·维克梅尔加多（Francesco Vicomercato）或者是医生圭多·古伊蒂（Guido Guidi）。观念的争论未曾中断，因为碰巧有许多持有相反学说、来自对立学派的人被任命为皇家学者：因反抗亚里士多德主义和攻击昆体良修辞学传统而闻名的拉梅的皮埃尔（彼德吕斯·拉米斯[Ramus]）于1551年在这里遇到了拉丁语雄辩术教授皮埃尔·加朗（Pierre Galland），二者不停地争论。皇家学院对这一杰出的、创新的使命保持忠诚，直到旧制度末期，并且于19世纪将这一传统转移到了接任自己的法兰西公学院。

在17世纪和18世纪，仅限于法国，皇室支持建立了其他同种类型的机构，将高等教育同知识渊博的研究结合起来：1635年的皇家植物园（le Jardin du Roi）、1667年的巴黎天文台。还应该提及那些学会：最初的、通常也是简单的、由富裕且博学的业余爱好者组成的私人协会自15世纪末起就诞生于意大利了。在17世纪，法国和英国出现了最早的皇家学会（1636年的法兰西学会、1663年的碑铭与纪念章学会[Académie des Inscriptions et Médailles]、1666年的科学学会、1662年的皇家学会[Royal Society]），而它们立刻在整个欧洲被模仿（1700年柏林科学学会、1725年圣彼得堡科学学会等等）。最终在18世纪，省级的学术性学会与社团增加了①。通常来说,学会并不组织教学活动,但是,作为科学机构与学术社交的场所(多亏了它们的收藏与图书馆),它们极大程度上在双重角色中(中世纪君主顾问与知识的合法化要求的角色)代替了大学。

专门且职业的学校

在学院形式下进行有效的专业培养,这种要求是古老的,从中世纪开始人们就可以看到这种要求的存在。例如在托钵修会的学习(培养传道者)中的意大利"会计"学校(适用于商人之子的商业计算),或者是在英国的律师学院(Inns of Court)中的法学私立学校,它们由律师学院管理,后者(而非大学)培养了今后执行英国国家法或普通法的律师。

人们也许可以出于对一种更加统一且精细的培养(尽管依旧十分笼统)的担忧,而对一种已经提到过的学院解放做出解释,这种解放以大量在中世纪时期常常组织得不好的艺学院为代价②。在这里让我们回想一下,正如学院自从 16 世纪就得到了发展,在 14 世纪末出现于荷兰的共同生活兄弟学校(écoles des Frères de la Vie commune)的余波中,"拥有充分练习"的学院以漫长的课程(它们向自己的学生提供这些课程),以及自己相对于先前的艺学院的独立性为特征,这使得它们可以以自己的方式形成规划,并且重新根据班级水平的进展系统来分配听众,这是决定性的教育倡议,其影响延续至今。学院的毕业班至多被整合进艺学院中去(曾

---

① 对于法国来说参看 D. Roche,《外省的启蒙世纪:外省的学会与学院院士(1689—1789)》(*Le Siècle des Lumières en province: académies et académiciens provinciaux*),第二卷,Paris-La Haye,Mouton 出版社,1978。

② 参看 M. -M. Compère,《从学院到中学(1500—1850)——法国中学教育的谱系学》(*Du collège au lycée [1500—1850]. Généalogie de l'enseignement secondaire français*),Paris,Gallimard-Julliard,"档案",1985。

经的确如此),以便让学生可以完成艺学硕士学业,而这对于那些随后想要进入法学、医学或者神学的高等学院中去的人来说是必要的。

在天主教国家中,学院经常受新的宗教修会管理(耶稣会、奥拉托利会[Oratoriens]),或者有时在市政府的保护下被交付给世俗教师,这些学院给那些被交付给它们的孩子们(严格来说是男孩子们)——来自当地的资产阶级或者小贵族——以一种实质性的、统一的培养(尤其是文学上的)。它们接受现代观念,但这同时也是一种道德与宗教上十分严格的限制,尤其是当涉及寄宿生的时候。简言之,曾经在整个近世欧洲直至美洲殖民地都取得巨大成功的学院,向其学生保证了一种比老旧的艺学院更好的、更可靠的培养,并且还允许他们既保持自己在世界上的地位,又可以在期满毕业后进入高等院校或者专门学校来进修学习。

因为,真正的专业学校以及高等学校的出现乃是近世的另一个本质特征。国家与教授们自己越来越意识到,仅仅有大学的头衔并不能保证一种真正的能力。此外,科学与技术的进步扩大了实用技能的领域,该领域超越了学院的古老框架。如果人们不想放弃私人倡导的专业培养,那么就应该将它组织起来。有时候,正如人们所见,他们成功地将之整合进现有的大学之中(德国或意大利大学的新的科学教席、隶属于神学院的天主教研讨班)。但是,更经常的是,人们在大学之外创立了"专门学校"或者职业学院。在欧洲、在先前的医学专业的空白处大量出现的外科学院与学会(它们清晰地标志着外科职业的解放与发展)就是最好的例子。让我们也提一下民用或军用工程学校的例子。它们在法国尤其多,这也许是因为大学特别没有生机:桥梁与道路学校(1743)、堡垒工程学皇家学校(1749)、兽医学校(1762—1766)、矿业学校(1783)等等。清晰呈现出来的专业化、教学人员完全的世俗化、由国家控制的招募与管理、学生的入学与寄宿名额限制(numerus clausus et internat），这一切都将这些被法国大革命变成高等教育范例的学校同先前的大学对立起来了。因此19世纪应该在一些被极大更新的基础上着手重建学校。

第二部分
从 18 世纪到第二次世界大战

第五章　第一次革新：科学还是职业？
（1780年左右到1860年左右）

　　这第一个阶段的统一性建基于三个元素：在欧洲许多地方都有的、继承自近世乃至中世纪的持续性；法国与德国大学组织的现代化、分化的模式的出现；依旧精英主义式地招募教师与大学生，以及高等教育首要的职业功能。在这个时期，大部分研究活动都从属于大学外的机构（学会、学术社团），或者说，它们都是由独立的自由学者进行的活动。统治阶级中弱势派别的教育机构（由于欧洲旧制度时期大多数时候社会中存在对书本知识的贵族式蔑视），还有高等教育机构，在19世纪上半叶对于民族与自由运动的出现来说都是起决定作用的政治场所，这些运动的管理者、参与者及表达方式往往出自这些地方。

　　这些宏大的趋势在不同的国家模式下（甚至是地区模式）得到了不同的实现，其演变并不会通往同一个阶段。

日耳曼世界之转变的脆弱性及其缘由

机构的变化

　　德国的大学极大地受到了大革命和19世纪初拿破仑统治的

相关事件的影响。

1789年,德国有35所大学,有7 900名大学生,其中40%的人都集中在4所最大的大学之中(哈雷、哥廷根、耶拿和莱比锡)。18所先前的大学消失了,有16所则留了下来:基尔(Kiel)、罗斯托克、格赖夫斯瓦尔德、哥尼斯堡、哈雷、哥廷根、马堡、吉森(Gissen)、耶拿、莱比锡、海德堡、弗莱堡、图宾根、维尔茨堡、埃朗根以及兰茨胡特(于1825年搬迁到了慕尼黑)。普鲁士建立了3所新的大学:1810年的柏林大学,这是为了弥补失去哈雷大学这件事。由于《提尔西特和约》①的缘故,哈雷大学搬到了外国。在耶拿的失败之后,对于王国来说,就要面对精英培养的现代化问题。1818年波恩大学以及布雷斯劳大学②的创建或重建具有另一种功能:在一些差异巨大的地区中(从被征服的波兰的一部分到天主教的莱茵兰,其特征是大革命和法兰西第一帝国在此的存在感),确立了在1815年之后重获的普鲁士力量。新近的这3所大学出现在19世纪下半叶最重要的德国城市之中,是因为缺少古老传统使得大学在智识上、制度上更加容易适应智识与社会的新需求。

这个世纪的上半叶,德国大学的历史以一些矛盾的现象为特征。首先,在18世纪末与19世纪初的停滞或者衰退之后,人们见证了大学生数量强有力的增长。大学人口在1815年左右的时候下降到了4 900人,而在1825年的时候则增加了一倍,增长到了9 876人。1830年,达到了顶峰的15 838人,直到1860年左

---

① 《提尔西特和约》是拿破仑时期的法国同参加第四次反法同盟的战败国俄国和普鲁士在1807年7月7日和9日签订的和约。和约开出了对普鲁士极为苛刻的条件,使普鲁士丧失很大一部分领土(其中包括易北河以西的全部属地),而俄国反而得到了普鲁士的别罗斯托克地区。——译注
② 先是神圣罗马帝国、奥地利、普鲁士、德国城市,德语名为Breslau,二战后被归为波兰,更名为弗罗茨瓦夫。——译注

右的时候才停滞在了 11 000 人,随后在 1870 年左右到达了一个更高的水平①。人口的大幅增长改善了教授的收入——这涉及大部分人的权利。18 世纪末莱比锡的教授只能挣到 225 塔勒②,1820—1830 年间的柏林、图宾根、马堡或罗斯托克的教授则保证有 400 到 1 400 塔勒的收入③。这一物质条件上的改善使得旧制度实施之时的副业逐渐消失。教授们因此拥有了更多的时间来从事研究。伴随着薪水上涨,在大学之间的人员流动(大学伙伴计划改革[Ruf])提供了额外的刺激:教授们通过专深的教学或者科研工作脱颖而出。大学的形象随着先前专业间平衡的改变而改变了。法学与神学(在 1830 年代是主要的专业)的人员数量由于医学与哲学专业(文科与理科)的缘故而减少了,后两者在 1880 年代各自占据总数的 21.5% 与 40.3%。在课程方面,新学科(就像语文学、关于历史的渊博学识,稍后是数学与物理学)中的研讨班也同样改进了教学形式。研讨班、实验室(例如李比希④在吉森的化学实验室)或者诊所的目的在于培养专家、未来的教授或者学者——这激发了对国家统一的渴望,并发展了伟大的哲学体系(例如黑格尔、谢林或费希特的),其享有盛誉的课程直到 19 世纪中叶还拥有着极具吸引力的形象,但这是更加专门化的教学,占据主导地位的大学声誉渐渐地(从 1840 年代到 1870 年代)建立了起来。

这种改变再次同威廉·冯·洪堡、费希特和施莱尔马赫的新

---

① Ch.-E. McClelland,《德国的国家、社会和大学(1700—1914)》(*State, Society, and University in Germany*),Cambridge,Cambridge UP,1980,p. 63—64 以及 p. 157。
② 15 世纪中期开始在欧洲流通了近四百年的货币单位。——译注
③ Ch.-E. McClelland,"作为精英的德国大学教师 1815—1850"(Die deutschen Hochschullehrer als Elite),在 Klaus Schwabe(编订)中,《作为精英的德国大学教师》(*Deutsche Hochschullehrer als Elite*),Boppard-am-Rhein,Harald Boldt Verlag,1988,p. 37。
④ Baron Justus von Liebig(1803—1873),德国化学家,有以其名字命名的奖项与大学。——译注

人文主义(néohumaniste)潮流——首先出现在柏林——所发展的观念(学习自由、教学自由、研究者与大学生的独立和自由、百科全书派)联系了起来。这些概念进一步影响了(根据教授与大学生的运动、根据普鲁士在德国大学整体中的分量)更古老也更传统的大学。这些概念建立了人们约定俗成叫作德国大学模式的东西。然而,不应该忘记根深蒂固的传统(区域性的宗教信仰的特征,在南方天主教国家中——如巴伐利亚——哲学院依然从属性的地位),还有德国君主们对保有对"他们的"大学进行政治监督的权利的操心。

在1819年,德国诸邦的卡尔思巴会议(la conférence de Karlsbad)决定任命一位被每个大学认可的权力代表人,以便监督反对神圣同盟①之保守主义秩序的策源地。1848年之后,这些官员都被只有更加有限的权力的管理员(Kuratoren)所替代。在欧洲独特的多极系统中,学术市场的理论竞赛却被招生当中任人唯亲的一贯做法所扭曲了(尤其是在一些规模小的大学里,如基尔、吉森或马堡)。在杰出教授职位或者低工资且非正式的私人教师(privat-docenten)职位决定的教学中,国家对于权力的忧虑促成了年轻学者(他们应该通过其工作而出名,以便获得教职)的竞争意识。但是,这在限制普通教授团体自治的同时,面对新来博士的竞争,也会促使他们给自己的同门以优待。招募也能够被科学以外的想法所歪曲:天主教徒还有犹太人都遭受着歧视,甚至被孤立的痛苦。许多犹太学者(尤其是在1830—1840年间的自由与革命的运动中受到牵连的那些)被迫寻找西方之外的出路,法国的那些人尤其如此。他们的大批出走,为德国博学模式的传播,或者是为在法国的教学中没有得到足够表现的新学科(如外语或者东方学)的诞

---

① 神圣同盟是拿破仑帝国瓦解后欧洲各国君主组成的保守主义的政治同盟,目的在于维护君主政体,反对法国大革命所传播的新理想。——译注

生做出了贡献。教授与大学生（1833 年发起的博爱运动［Burschenschaften］）一直到德国统一为止都扮演了非常重要的角色。在南方立宪政体的邦国中，一些大学就设在州议会（Landtag）里。最有名的教授们是独立的（尤其是"哥廷根七君子"①，他们在 1837 年因为批评官方当局而被当权者驱逐出了教席），或者完全支持德国统一的三月革命时期前的运动②。1848 年的法兰克福议会也可以被叫作"教授们的议会"（Parlement des professeurs），其中有 52 位大学教授占据议席，占普通教授总数的 8%。然而，大部分安静的教师干脆就是保守的，甚至成了对 1848 年的民主趋势抱有敌意的人。

社会功能

大学生人口的猛增通过许多因素表现了出来：在现代经济的发展姗姗来迟的西欧社会中，自由职业和行政管理类职业拥有传统威望；缺乏通过考试来进行遴选的过程（例如在法国）；高等教育花费相对较小（由于整个德国地区中机构分布平衡，且这些机构通常坐落在抚恤金非常少的小城市）；最后是奖学金与减税（法学院缴纳税款不同）的多重体系，这在宗教与教学方面尤其如此。德国人最近的研究工作突出了大学人员数量的扩张及其相对的衰减这样一个有规律的循环③。如人们所见，这个阶段以两种循环为标

---

① 此处作者用的是法文表述：Sept de Göttingen。此七人（历史学家达利曼、法学家勃列赫特、格林兄弟、文学研究家盖尔维努斯、东方学家埃瓦利德、物理学家维勃）均为哥廷根大学的教授，为了反对废除了 1833 年宪法的奥古斯特国王而开展了护法运动。——译注
② 指德国的 1815 年到 1848 年这段时间中的自由主义运动。——译注
③ H. Titze,《大学生的循环周期，关于过度膨胀的回归与大学生涯匮乏的历史研究》（*Der Akademikerzyklus, historische Untersuchungen über die Wiederkehr von überfüllung und Mangel in akademischen Karrieren*），Göttingen, Vandenhoeck et Ruprecht, 1990。

志;1830年后的衰退期部分要归因于政治与专制社会的措施。当局实际上将主张自由的大学生骚乱、文凭过剩和出身卑微的人的存在联系在一起,这些东西很难融合进依然施行旧制度的社会之中。

存在一种学院(从最为开放的天主教神学院到最为封闭的法学院,后者则是通往最有威望的公务员职位的道路,我们也在其中发现了最多的贵族)在社会中的等级化。哲学院(文科与理科)与医学院凭借其社会构成而占据了中间的位置。人员数量的猛增开始于最为"民主"的学院之中——它们为手工艺人、作坊主,甚至是生活宽裕的农民子弟打开了一种通向数量最多的、地处最为乡村的工作(神甫、牧师)的可能性。然而,普遍来说,大学仅仅触及到适龄人群中的很小一部分:在1865年时它只占0.5%。大学生来源的内在转变表现了这个毋宁说是服务于社会再生产的建构过程。在这种再生产中,公务员的子女(38%)占据着主导地位,更常见的是,在大学机构中受过教育的资产阶级(Bildungsbürgertum)形成了新型的资产阶级(经济上的资产阶级与自由职业),或者是推动小资产阶级的部分孩子们(这部分人却从1830年代的25%降低到了人员数量衰退时期总人数的20%)向上爬升。相反,完全是人民大众的群体在这里是几乎没有的(少于2%①)。也正是在这个时期,日耳曼大学生的生活习惯建立了起来:寄宿学校与啤酒工业中的集体生活;从冬天德国北部的大学到夏天德国南部的大学的阶段性迁徙;学生联谊会(Korps)的成员那贵族式的、古雅的组织和自由主义运动(Burschenchaft,在1830年代与1848年统一的前兆中都非常重要)之间的对立。在1848—1849年间的顶峰

---

① R. Steven Turner,"大学"(Universitäten),在 K. E. Jeismann 和 P. Lundgreen(编订)的《德国教育史手册》(Handbuch der deutschen Bildungsgeschichte)中,第三卷,Munich,Beck,1987,p. 239。

中，后者聚集了60％的大学生，它代表了德国社会政治的第一团体，跨越了内在于德意志邦联的边界。

奥匈帝国的特征

尽管二者语言上具有共通性，奥匈帝国的高等教育还是代表了一种远比日耳曼的大学更加传统和专制的模式。在1773年驱逐耶稣会人士之后，中央权力以1777年的教育系统法（la loi Ratio educationis）的名义统治了非德语地区的整个系统。然而，中世纪的遗产（民族团、博士会议）束缚了改革过的德国模式的建立。高等教育维持着一种纯粹功能性的目的：培养混杂帝国的管理人员。教学因而在各方面都被上层掌控着，同逐渐在德国建立起来的教育自由相反。在匈牙利，只有唯一的一所先搬迁到布达，后来又在1777年搬迁到佩斯的大学。这所大学位于外省，总体完备，通过学会与法律中学、大规模的研讨班和技术学校来授予博士头衔。在帝国的这个地区，大部分大学生都会因此要么转向法学，要么转向神学学习。除了维也纳的医学院校，奥地利的大学在科学方面依然是落后的。维也纳与匈牙利的大学生非常积极参与1848年革命①，迫使当权者逐渐追随普鲁士的模式（霍恩伯格-图恩郡的改革），但是他们也遵从着一种专制的模式直到1860年左右（例如布达佩斯的课程的日耳曼化，但从1844年开始，匈牙利语就成为大学中的授课语言）。中学教育延长了两年，预科减轻了挤满学生的大学的负担，预科类似于先前的艺学院，而验证学生是否"成熟"的考试（相当于高中毕业文凭）则成为进入高等教育的必要前提。哲学院校因此同其他院校相同，就像在德国的那样。人们取消了

---

① 即1848年欧洲革命，指反对君主政体的一系列共和派的叛乱。1848年1月革命运动首先在西西里岛掀起，然后扩展到意大利、德意志和法国诸国，以及奥地利帝国。——译注

大学生的"民族团",并引入了教授分红,金额根据注册人数而定。学术市场的开放(私人教师的增加以及对德国教授的号召)渐渐通过竞争提高了教师的科研水平。相反,随着1867年奥匈帝国的威胁(促使了帝国在匈牙利地区的文化与语言的同化政策[magyarisation]),民族与语言的冲突和随后阶段的主要张力的源头渐渐进入高等教育之中。奥匈帝国地盘上大学的这些特质,也存在于职业院校尤其是法学院校持续的主导地位中(这一直持续到了第一次世界大战):1860年,维也纳有45.7%的大学生选择了法学教育,1909年则有53.8%;在匈牙利,这一比率接近60%①。人们在此看到了"约瑟夫主义"②的官僚传统,其在法国的对应物则是拿破仑式的体系。

分化了的法国模式:职业反对科学?

拿破仑式体系

同欧洲所有其他国家相比,19世纪上半叶,法国高等教育白手起家地重建起来,呈现出一种强烈的原创性,而中世纪或旧制度的特征却能够不顾局部的改革而持续下去。

1794年9月15日,国民公会废除了大学,只留存了先前时期的某些较大的机构,如法兰西公学院、皇家植物园(随后更名为自

---

① H. Engelbrecht,《奥地利教育体系的历史》(*Geschichte des österreichischen Bildungswesens*),第四卷,Vienne, ÖBV, 1986, p. 237; V. Karady, "一种'法学家的国家'——旧制度的匈牙利中的法学教育的社会作用"(Une "nation de juristes". Des usages sociaux de la formation juridique dans la Hongrie d'Ancien Régime),《社会科学研究备案》(*Actes de la recherche en sciences sociales*), 86/87, 1991, p. 196。
② Joséphisme,名称源自于奥地利的君主约瑟夫二世(Joseph II),狭义上指将宗教与教会置于国家控制之下的体制,广义上指将一切社会生活都置于国家理性的行政管理之下的体制。——译注

然历史博物馆),或者巴黎天文台以及专门学校(桥梁与道路、矿业),后者成为公共服务的新中央学校的应用学校(未来的综合工科学校),建立于1794年9月。同年,三所卫生学校复兴,它们取代了医学院校(巴黎、斯特拉斯堡、蒙彼利埃),而第一所用来培养教师的高等师范学校则在1794年10月准备就绪;在被关闭好几个月之后,这所高师于1810年被拿破仑重建成了寄宿学校,在复辟的反动时期(1822—1826)这所学校一直关闭着,最终被七月王朝①安置在了其所在地——乌尔姆大街。

高等教育的重建既是18世纪某些革新举措的延续,也诞生于对立之中:大革命白热化阶段的开启与18世纪衰落的大学之特征的对立。有三种担忧占据了主导:在国家和后革命的社会中建立稳定国家动乱所必需的秩序;紧紧控制遵循新社会秩序的教育培养;阻止新的职业行会的复兴。尽管有些调整,这一开明专制还是解释了如下几件事情:学校模式的主导地位,甚至当它被叫作学院的时候;国家的文凭专制,这让法学向一种功能或简单职业的练习敞开;排名与竞争的重要性,甚至在并不强制要求它们的课程中也是如此;统一规则的明确规章;国家对学位颁发的垄断。对这个行业进行的唯一的重建就是对大学教育的重建,即让它将从事高等教育和中学教学工作的个人包含进来,但这是一种被紧密监控的行会,它被融合进了构成新型国家的一些团体的等级制度之中。这一体制暗示了一种对于工作的严格划分、一种教育培养的专门化,简言之就是同洪堡式的大学理念的一种明确的分歧。德国大学中作为创新趋势之天然场所的学院(文理科②)在法国则是些僵

---

① 奥尔良王朝,1830年至1848年统治法国的君主立宪制王朝,因国王路易·菲利普出自奥尔良家族而得名,又称七月王朝,始于1830年法国七月革命,1848年法国二月革命后被法兰西第二共和国取代。——译注
② 原文为 Lettres et sciences,专指有别于法学和医学的学科。而"sciences humaines"则指人文科学。——译注

化的或者无法履行这一职责的学院；在外省，它们首先要通过高中毕业会考的评委会这一关。研究或创新的功能之本质因此就集中于大型机构之中，集中于索邦或法兰西公学院的某些课程之中，或者集中于机构与学者社团内部。"巴黎与法国的荒漠"这个20世纪的著名表述很好地总结了直到1860年的高等教育的状态。

这种巴黎式的超级中心——尽管遭到了同代人的批评以及对于政府会阻碍它运行的担忧——带来了大量的问题。除了费用，教师们主要关心的是回到首都，因为在那里，大部分教师都在大学校中进行研究工作。没有任何真正的智识活动能因此在外省得到发展，除了那些注定是给游手好闲之人设置的世俗课程。学校里的年轻人聚集在拉丁区①，忍受着平庸的生活与工作条件，除非他们来自能够保证足够收益的家庭。然而，这些背井离乡的外省人恰恰能够被视为积极因素：敞向了学院与中学的寄宿制禁闭之后的世界。对于保守派来说，大学生是自由主义或者革命意识形态传播的中心，也是政治骚乱运动的媒介。无论是1830年还是主张自由的运动，或者要么是复辟的、要么是七月王朝的共和派运动，大学生的参与（包括堆起街垒或者参加秘密社团）事实上都是明显可见的，甚至是非常重要的。巴黎甚至成为欧洲大学生运动的模范。就像大学生一样，大学在整个政治动荡的时期都同意识形态的斗争紧密融合在一起。占统治地位的制度毫不犹豫地想要净化或者撤销教师团体：巴黎医学院或者文学院的某些教授在1822年为此付出了代价；法兰西公学院的米什莱、魁奈、密茨凯维奇在七月王朝末期依次被驱逐了

---

① 拉丁区处于巴黎左岸，它从圣日耳曼德佩大街一直到卢森堡公园，是巴黎著名的学院区。拉丁区这个名字来源于中世纪这里以拉丁语作为教学语言。上文提及的高师所在的乌尔姆大街以及索邦大学都位于该区。——译注

出去。此外,索邦与法兰西公学院的某些教师在1851年的国家政变①之后也被驱逐了出去。

从经济的观点看,这一时期的法国高等教育遭遇一种矛盾的处境:大学收取的各种费用最终能够支付一大笔成本,某些学院(如第二帝国下的文学院与法学院)甚至可以得到一笔盈余。对图书馆、场所、实验室或者对有利于科学研究的学人进行科学投资的确是微不足道的,相对于德国富有大学,它只能进一步加大法国在科学上的落后②。

智识与社会的等级制度

学院中的社会等级直截了当地体现在各专业之间十分不同的花费与学时之中:法学文凭要570法郎(三年的学习),而文科文凭只需要150法郎(一年的学习),医学的博士学位要1 300法郎,而理科的博士学位只要140法郎③。文理科毕业只能得到任教资格,教职本身的报酬少得可怜,在外省尤其如此,而自由职业者(尤其是在巴黎)只要他们有时间建立自己的顾客群,那么从第二帝国时期起他们就能够获得更高的酬金④。大学生的社会出身根据不

---

① J. -C. Caron,《浪漫的几代人:巴黎与拉丁区的大学生(1814—1851)》(*Générations romantiques : les étudiants de Paris et le quartier latin*),Paris, A. Colin, 1991,八到十章。
② R. Fox 与 G. Weisz(编订),《法国的技术与科学的组织(1808—1914)》(*The Organization of Science and Technology in France*),Cambridge,Paris,Cambridge UP, Editions de la MSH, 1980。R. Fox, "十九世纪法国的科学、大学与国家"(Science, the University and the State in Nineteenth-Century France),在 G. L. Geison(编订)中,《职业与法国国家(1700—1900)》(*Professions and the French State*),Philadelphie,University of Pennsylvania Press,1984,p.66—145。
③ V. Karady,在 J. Verger(编写)的书里,《法国大学的历史》,op. cit.,p.298。
④ George Weisz,《医疗官——19世纪以及20世纪早期的法国医学学会》(*The Medical Mandarins. The French Academy of Medicine in the Nineteenth and Early Twentieth Centuries*),New York, Oxford, Oxford UP, 1995。

同的课程再生产出这些差异,一如在德国那样。例如在图卢兹,在七月王朝的统治下,法学院中28.9%的大学生来自自由职业的社会背景,7.4%来自高等公职背景,49.5%是有产者的后代,而小资产阶级则不到总数的3%。文理科或者医药学的毕业生则相反,他们通常来自中产阶级甚至是小资产阶级。在1814到1848年间,有37.5%的医药学院的大学生是商人或者手工艺人的后代,有21.7%是药剂师的后代,有9.5%是农民的后代,而有产者或者法学家的后代则只占17%;高师中文理科学生的比例也与此十分相似,不过这个团体的确要比院校大学生的平均水平更高一点:商人后代和手工艺人的后代(文理科)分别占了35%和36%,而领工资的、被雇佣的农夫和小公务员或者小学老师的后代各自占了23.5%和22%,与之相反的是教授或资产阶级的子女各占了42%和40.5%①。

  这一自由却不平等的逻辑对于高校教师来说同样有用,因为有一部分的报酬来自"可能性",即是说,薪水中可变动的一部分会受考试费用的影响,这种费用使拥有大量人员的专业院校受益,也使拥有大量报考学生的巴黎教授们受益。带薪兼职(更常见的是在医学和法学院中)同样造成了差距。文理科(尤其是在巴黎)通过占有许多职权——预先指定的候补者、替补人员的泛滥是其后果——来寻找额外收入。

---

① J. Burney,《图卢兹及其大学》(*Toulouse et son université*),Toulouse,Presses universitaires du Mirail,Paris,Editions du CNRS,1988,p. 165(涉及1841—1844年间的数据);J.-C. Caron,《浪漫的几代人:巴黎与拉丁区的大学生(1814—1851)》,op. cit.,p. 96(医药学);V. Karady,《科学家与阶级结构:19世纪巴黎高师学生的社会生源》(Scientists and class structure: social recruitment of students at the Parisian École normale supérieure in the nineteenth century),《教育的历史》(*History of Education*),第八卷,编号2,1979,p. 105(1830—1849年间)。

在传统与现代化之间:欧洲西北部

英格兰与苏格兰

在这期间,不列颠的大学都具有近世大学的大部分特征。然而,我们可以区别两个整体,它们无论怎么看都是不同的:一边是苏格兰,另一边是英格兰。

苏格兰比英格兰更靠近大陆,尤其是更靠近德国①。这里有四所大学(爱丁堡、格拉斯哥、圣安德鲁斯、阿伯丁),在1825—1826年间汇集了4 500名大学生。对于有限的人口来说,入学率的提高体现在,十四五岁的青少年和二三十岁的年轻人同时进入大学,这都是些直接来自教区学校的"小伙子们"(lads o'pairt)。课程与入学条件的灵活性甚至允许某些人半工半读,这使得在苏格兰,大学的招生要比欧洲其他地方更加民主。

19世纪初英格兰的两所大学(牛津与剑桥)的每个特征都同苏格兰的大学相对立。它们是艰难地从一长段停滞期中(延伸至18世纪的大部分时间)浮现出来的。由于每年有840人入学,这两所学校才在1829年左右仅仅再次达到了17世纪的水平。强制居住在学院之中、提高学费、禁止加入非英国国教的宗教,这些依然限制着潜在的大学生数量。形式化考试(优等考试②)的逐渐引入(尤其是在剑桥)慢慢改善了教学质量和大学生的质量。古老大学相对于国家来说的总体上的自治乃是建立在雄厚的财力,以及

---

① R. D. Anderson,《教育和苏格兰人民(1750—1918)》(*Education and the Scottish People*),Oxford,Clarendon,1995。

② Tripos,来源于此:17世纪的毕业典礼上会由一位已毕业的学生("senior BA")坐在三脚凳(tripod)上读一些有趣或讽刺的诗句。后指在六月初举行的一年一度的学业考试。——译注

同既有教会的紧密关系这些基础之上的。1828年,通过在伦敦建立第一个非英国国教的学院(未来的大学学院[University College],伦敦大学的核心之一),持有异见者绕过了障碍。作为回应,首都的英国国教信徒在1831年建立了国王学院(King's College)。辉格政府在1836年通过建立伦敦大学(这所大学可以向伦敦的教学机构中的学生授予学位)而将这两所大学的建立加以制度化。自1850年起,有200名报考学生利用了这一可能性(它允许人们逃避传统大学的限制)。在1840年代,针对官方大学教学的批评越来越活跃,包括在统治阶级中也是如此,这最终导致了1850年调查牛剑(Oxbridge)①的皇家委员会的建立。但是,根本的变化要在随后的阶段才会产生出来②。

不列颠大学的海外扩张

在此期间以及直到第二次世界大战,不列颠高等教育主要的创造性体现在,逐渐地将类似于大都市机构的学校移植到殖民地与自治领(dominion)(它们构成了整个19世纪以及20世纪很多时候最大的世界帝国)中去③。例如,在1800年,我们还没有在印

---

① oxbridge是英国两所最知名的大学牛津大学和剑桥大学的合称,两所大学之间因有着许多的共同点而常常被人以"牛剑"合称,但实际上根据字面意思应译为"牛桥"。——译注
② P. Searby,《剑桥大学的历史》(*A History of the University of Cambridge*),卷三,1750—1870,Cambridge,Cambridge UP,1997;M. Garland,《达尔文之前的剑桥:一种通识教育的理念(1800—1860)》(*Cambridge before Darwin: the Ideal of a Liberal Education*),Cambridge,Cambridge UP,1980;A. Engel,《从教士到大学教师:19世纪牛津的学术职业的崛起》(*From Clergyman to Don: the Rise of the Academic Profession in Nineteenth Century Oxford*),Oxford,Clarendon Press,1983。S. Rothblatt,"伦敦:一座都会大学?"(London: A Metropolitan University?),在Th. Bender(编订)中,《大学与城市》(*University and the City*),Oxford,Oxford UP,1987,p. 119—149。
③ W. Rüegg(编订),《欧洲大学的历史》,卷三,op. cit.,由E. Shils与J. Roberts所著的第六章,尤其是p. 175—177,198—210,213—215。

度找到任何西式大学,但我们却在1939年发现了17所这样的大学。第一所学院(college)于1817年在加尔各答建立(印度学院[Hindu college])。一定程度上,这是城市商人的倡议,而英国当局则持保留意见。相反,在1857年,依照伦敦的模式,纳附大学制度(le système des affiliating universities)①在加尔各答、孟买和马德拉斯被建立。这些机构担保了在其辖区中现存的大量学院里获得的学位。在19世纪末,私立创校与公立创校被传教士团体、宗教权威或者地区当局的创校所补充(穆斯林的以及各省的大学的诞生)。这些制度的作用接近欧洲的宗教法规,就这则事例所表明的那样:1887年剑桥大学录取了来自49所附属于剑桥的印度学院的毕业生,学院一年级的正式学生只需要付一年的学费。教学语言主要是英语,这有助于当地西化精英的培养,也给独立运动提供了一部分管理人员。但是,殖民地的环境也在此出现了,大学的萌芽依然依赖于大都市:这里的大学生普遍来说学历并没有高于文学学士(B. A.);只有某些人获得了文学硕士(M. A.)。学校并不授予博士学位,并且也没有研究的职能。即使是最优秀的大学生也被迫要去英国的大都市完成学业,最明显的例子就是当代历史中的人才外流(brain drain)。在一个大部分是乡村的国家中,缺少出路也限制了文化输入。

在后来的领土中,如加拿大、澳大利亚或者新西兰,严格来说并没有出现同当地文化的碰撞这个问题,因为当地人遭到了屠杀或驱逐。创办高等教育机构的年表也是相似的,它还回应了逐步建造一个更加复杂的社会(缺少管理人员,也由于距离问题而无法轻易地在都市中吸纳管理人员)的需求。在加拿大,最早的那些学

---

① 印度依照英国模式而建立的大学制度,即大学接纳本地区的高等教育学院为自己的附属学院,批准或拟定附属学院的教学大纲,指定教科书和补充教材,为附属学院的学生组织毕业考试(称"外部考试")并对通过考试者颁发学位,而大学本身不进行教学活动,只是单纯的考试机构。——译注

院的宗教血统非常明显：在新苏格兰温莎（Windsor）的国王学院遵从英国国教（1790 年，并在 1802 年被皇家宪章承认），而金斯顿的皇后大学（Queen's University à Kingston）则属于长老会①（1841）。在魁北克，人们发现了一些天主教的机构，例如魁北克的拉瓦尔大学（Université Laval），还有私立大学，如蒙特利尔的麦吉尔大学（Mac Gill），后者因同名苏格兰商人的遗赠而得以建立（1821）。同年在多伦多开办了另一所国王学院，起先是新教的，在 1834 年失去了自己的宗教血缘，并从 1853 年起采用了大学这个头衔；那时，它乃是分散在全省的诸学院的主管机构。通过大学生的信件或者教授的到来（比如于 1898 年在麦吉尔大学教书的物理学家鲁特福德［Rutherford］）这些拐弯抹角的方法，维系着和不列颠的大学的紧密联系。

澳大利亚两所最早的大学分别在 1858 年（悉尼）和 1859 年（墨尔本）得到了皇家宪章的承认，其实它们早就建立了（墨尔本大学可以追溯到 1813 年）。新西兰的大学在 1870 年紧接着被承认，它附属于剑桥大学，并且相对于两岛②的学院而言，扮演了类似于伦敦大学这样的角色（考试评委）。最初的教授来自牛津和剑桥，但是其组织却混合了英国的特征（带有不同宗教的附属机构的寄宿制学院）和爱丁堡的教学形式（课程，而不是监护，即现代化了的大学课程）。

比利时与荷兰

跟随着法国轨迹的荷兰王国，就像归属于法兰西帝国的比利时各省一样，承受着拿破仑政治的剧烈影响。先前的荷兰大学在

---

① 新教主要宗派之一，属加尔文宗。由教徒推选长老与牧师共同治理教会，因而得名。——译注
② 指新西兰两岛。——译注

1815 年只留存下来了莱顿(Leyde)、乌德勒支(Utrecht)和格罗宁根(Groningue)的三所。由于缺少时间,这些大学无法完全同法兰西帝国大学保持一致,但是,在拿破仑衰落的时候,莱顿先前的辉煌却有所减弱,因为在 1814—1815 年间仅有 328 名大学生经常去大学①。1816 年,国王威廉一世决定在荷兰南部建立 3 所大学,以便让集中在北部的高等教育系统能够和三所先前由阿姆斯特丹市立中学(在 1877 年改进成了大学)所补充的大学再次获得平衡。由此就诞生了根特(Gand)和列日②,而曾在 1797 年被法国人关闭的鲁汶也获得了重生。教学通过拉丁语进行,由外国教授主持。在比利时独立之后的 1830 年,拉丁语被法语所代替,两所新的大学出现了,一所主张自由且是共济会学校,位于布鲁塞尔;另一所是天主教的,1834 年创立于马林(Malines)。在 1835 年的重组之后,原本过多的大学被缩减成了四所:两所国立的(根特和列日)大学,一所在布鲁塞尔的自由大学,一所鲁汶的天主教大学。

入学渠道直到 1880 年都是非常开放的,考试直到 1876 年都在大学之外进行。这解释了为什么学生中有很大比例的外国人(在 1876 年占总体的四分之一:1800 人里有 450 人)。布鲁塞尔自由大学(L'Université libre de Bruxelles)忠诚于自由思想,接纳了一些不因循守旧的教授,例如 1892 年的无政府主义地理学家埃利塞·赫克鲁(Élisée Reclus)。这个世纪末见证了同法国的帝国主义有关的语言冲突的产生。佛拉芒地区的大学后来在 1920 年代获得了用当地语言教学的权利。根特在 1932 年"佛拉芒化"。比利时体制的原创性在于它对外国人的敞开(素质较好的大学生

---

① W. Frijhoff,《荷兰的社会及其毕业生(1575—1814)》(*La Société néerlandais et ses gradués*),Amsterdam,APA-Holland UP,1981,p. 23.

② 均为比利时城市。——译注

会在法国、德国或者英国上课),在于它有借自德法的特征,在于它在文化之间的转车盘①角色,因为这里的教员具有多元的(比利时的、德国的与法国的)教育背景。

荷兰的大学表现出类似的特征。1815年关于高等教育的法律创建了哲学与文学院、数学与物理学院,以代替先前的艺学院。就像以前一样,它们乃是通往高等教育的预备,但也因为拥有授予博士学位与报考人文凭的权利而和高等教育一样。1848年宪法允许私立大学的开放:因此诞生了阿姆斯特丹加尔文派的大学(1880)和奈梅亨的天主教大学(1923)。1830年分割的领土对荷兰造成了持续影响,这表现在,从1831年到1875年,大学生数量停滞在了1 600名左右。相反,另一边则在激烈地扩张,在1895年触到了3 000人的大关,1930年则是10 000人的大关,这迫使人们增加了非正式的大学生的数量(就像在德国那样)。

斯堪的纳维亚

斯堪的纳维亚的大学很少受到19世纪初政治变化的影响,它们依旧十分传统。我们在丹麦的哥本哈根和瑞典的隆德和乌普萨拉发现了一些大学。建立于1811年的克里斯蒂尼亚大学(奥斯陆)(Christiania)成为挪威民族主义的中心,而挪威这个国家直到1905年都服从于外国的统治。同样,在依赖于俄罗斯帝国的芬兰大公国建立之后,紧跟着的就是搬迁到赫尔辛基的图尔库大学(1828)。

17世纪新教的大学模式依然在很大程度上被保存着,尤其是在乌普萨拉,它依赖于18世纪的辉煌过去。然而,德国的影

---

① Plaque tournante,蒸汽火车用来调转车头的一种工具,比喻一种中转的角色。——译注

响渐渐地被感受到了。两种理念发生了碰撞,一种是两所传统大学表现出来的理想主义理念,还有一种是在1878年最终使得斯德哥尔摩大学(转向了科学的私立机构)建成的现代主义与实用主义理念。类似的学校也在1891年的哥德堡出现[1]。而关键在于这些继承自中世纪的行会特权能否维持。自由派宣布高等教学机构向斯德哥尔摩搬迁,以便将职业化的学院同实践(多亏了医院和首都的研究所)再次联系起来[2]。1873年,颁发医学业士文凭的权利被授予了斯德哥尔摩的卡洛林斯卡研究所(Institut Karolinska de Stockholm),而传统大学没有因此被削弱,人们由此发现了一种妥协。以前,瑞典的大学在经济上能够独立要归功于它们的地产,而在19世纪则要越来越多地求助于国家的预算。

　　城市化与工业化的落后,还有这些仍然贫困的国家大力的移民运动都说明了被招入人员的相对弱势:在赫尔辛基,从1818—1822年间的平均365名大学生增长到了稍后50年的平均586名大学生;增长随后变快了:在世纪末突破了千人大关,在1914前夕则突破了3 000人大关[3]。在乌普萨拉,增长曲线是类似的:从世纪初的500名大学生开始,人员数量在世纪中叶稳定在了900人左右,17世纪时就已经这样了。随后,从1880年间的1 500人达到了第一次世界大战前夕的2 000人,在第二次世界大战期间则有4 500人。第一个女大学生在1873年被录取,年轻姑娘构成了1930年代大学生总人数的15%。

---

[1] Elizabeth Crawford,《诺贝尔科学奖的建立》(*La Fondation des prix Nobels scientifiques*),Paris,Belin,1988,p. 47—60。

[2] S. Lindroth,《乌普萨拉大学的历史(1477—1977)》(*A History of Uppsala University*),Stockholm,Uppsala University/Almqvist&Wiksell,1976,p. 150。

[3] Matti Klinge 等,《亚历山大帝国大学:1808—1917》(*Kejserliga Alexanders Universitetet*),Helsingfors,Förlagsaktiebolaget Otava,1989,p. 303,777。

欧洲大学化进程的边缘：美国、俄罗斯、西班牙与意大利

英国式学院在美国的持续性与变化

1776年，独立宣言发表之时，在美国只有10所高等教育机构，全都位于东北部。

在随后的20年里，美国接连创办了20所新学校。人们估计，在1862年有250所大学，其中的182所幸存了下来，还不算那些昙花一现的，那些大学都是资金短缺、人员短缺或各种事件的受害者。大学如雨后春笋般涌现是因为有大量潜在的创办者：个人、社团、国家、修会、名流等等。尽管如此，南北战争之前的美国高等教育依然十分接近殖民地时期的样子。美国的大学因此建基于一种对英国大学的相差无几的模仿：寄宿制学院的主导地位、主要是文学与宗教的普通教学、有许多机构的宗教派别、承担养育责任的教师监护，因为这里大学的道德功能和智识上的成果是同样重要的。对于在一个乡村国家中培养一个仍然严格的精英[①]来说尤其如此。

美利坚合众国的民主理想推动了机构的增加，由于最初的网状体系而落后的西部与南部尤其如此。北卡罗来纳州在1789年创立了美国的第一所公立大学，而它实际上到1795年才开始运行。在南北战争前夕，有21所大学。法学与医学职业的专业化教育，由同辈人团体中的学徒期教育完成，或者通过学院之外的特殊机构完成，就像在英国那样：技术学校、用来培养教师的师范学校

[①] L. Veysey，《美国大学的出现》(*The Emergency of the American University*)，Chicago，Illinois，Londres，The University of Chicago Press，1970。

等等。那些希望得到文学学士以上等级的教育的人因此不得不像在英国殖民地的人那样去到欧洲,因为第一个博士学位直到1861年才在耶鲁被授予。并不存在什么教师自我管理(self-gouvernment)的大学,一如在欧洲这成为规则。教授们服从于外部的权威,因为学校依赖于政治权威、捐助资金的修会或者私人的赞助。教授们首先是过去知识的传播者,研究在这时期仍然十分边缘化,或者只是教学的简单延伸。

这里出现了许多变化,尽管这一切是相对于最初的英国模式而言的。苏格兰的影响在1825年尤其明显,那时候正值托马斯·杰弗逊创建弗吉尼亚大学;人们在此强调了不利于监督的课程。德国的影响同样也能被感受到,体现在1837年密歇根大学的创建。欧洲培养的美国大学生,还有其中某些成为大学教授或领导的人,正慢慢地寻求让大学课程在德国的意义上变得现代化,并且尤其是寻求提高占主导地位的大学生毕业标准(借助欧洲的毕业标准)。也是从这时候起,人员数量的膨胀同欧洲的比率相比而言变得十分迅速。所有类型的学院人口从1800年左右的1 237人增长到了1860年的32 364人,在18—21岁年龄段人口中的百分比增加了两倍:从总人数的1%增长到了3.1%[1]。这一增长还伴随着得益于职业学校的部分学院的衰弱。后者在1800年汇聚了7%的人员,但是在1860年的时候占了50%的人员。在南北战争前,学院人口在年龄分布上差异很大,这意味着,其中的一部分来自中学教育、一部分来自高等教育的混合特征。离东海岸越远,学校就越向受过教育的当地人开放(尤其是农民和手工艺人的后代),人们甚至也就越强调对于乡村经济有用的学科。古典的预备

---

[1] C. B. Burke,"美国高等教育的膨胀"(The Expansion of American Higher Education),在 Konrad H. Jarausch(编订)的《高等教学的变化》(*The Transforming of Higher Learning*)中,Stuttgart,Klett-Cotta,1983,p. 111—112。

性的中学教育网络欠发达,也迫使人们降低学院要求的水平(相较于东部的老牌学院的要求而言)。相对于欧洲来说,美国高等教育的最后一个特点就是较早地向女性开放,这从世纪中期的州立大学(尤其是西部)就开始了。在东部,新教资产阶级更喜欢创立为年轻女孩所保留的学院,而这些学院中最有名的是"七姐妹"①,其中某些是著名大学的附属机构,如哈佛大学的拉德克利夫学院和哥伦比亚大学的巴纳德学院。

俄罗斯大学的诞生

19世纪初的这段时间是俄罗斯中高等教育体制的准备阶段。除了可以追溯至1755年的莫斯科大学,所有其他的大学都是在1802到1819年之间创立的:喀山和哈尔科夫的是1804年,德国在1632年建成的多尔帕特(Dorpat)②在同年成为俄罗斯的城市,维尔纽斯(1802年)——尤其是在俄罗斯的统治下波兰人上的大学——的大学在1835年由于1830年波兰人报复性的起义而搬到了基辅。令人好奇的是,首都圣彼得堡(先是建立了技术和专科学校:1773年的矿业研究所[Institut des mines]、1799年的军事外科医学研究院[Académie militaire médico-chirurgicale]、1803年的林业研究所[Institut forestier]、教育研究所[Institut pédagogique]等等,还给贵族提供五个体育馆和军事学校)要到1819年才有了自己的大学。建立大学的选择表明,俄罗斯抛弃了最初法国模式的学校,采纳了德国模式。此外,最初的教授都来自德国或者都是在德国接受教育的俄罗斯人(尤其是在哥廷根)。新

---

① 七姐妹是由美国七间最负盛名、历史最悠久的女校组成的传统联盟。其中包括巴纳德学院、布林茅尔学院、曼荷莲学院、拉德克利夫学院(现已并入哈佛大学)、史密斯学院、瓦萨学院(于1969年开始招收男生成为男女合校)和威尔斯利学院。——译注
② 现名塔尔图,英文"Tartu",曾称"尤里耶夫"。爱沙尼亚城市。——译注

体制的矛盾在俄罗斯帝国大学的整个历史中持存,其矛盾就在于人们将培养国家管理人员的功能(类似于法国大学校①的功能)归于用作科学研究的大学(从理论上来说这些大学是十分自治的)。这种张力以有利于西方化和青年大学生政治化的自由主义时期(俄罗斯19世纪核心反对派的行动者的培养地,知识界)和镇压与军事化时期(当权力害怕走得太远的时候)的交替作为标志。

第一个转折点(在1830年代)和1830—1832年间的波兰与欧洲的革命运动有关。1835年的章程强制大学生穿制服(融入普遍的行政等级之中的标志)、上纪律严格的课程。章程也强迫教授为宗教正统、君主专制和俄罗斯的民族主义辩护。1848年欧洲的风暴引发了俄罗斯大学新一轮的军事化进程。大学现在由被任命的校长领导,教学主体也被净化了,课程内容要服从于预先的控制,注册费的增加乃是为了减少大学生的数量,这些做法强制人们进行军事操练,也强制进行一种紧密的教育控制。危险的学科(宪法学、哲学)被取消了。相反,1860年代初则以一场更大的自由主义运动以及新的大学生的行动主义为特征。

大学仍然是受限制的,因为其面对的潜在群体处于弱势。1837年,中学总计有16 506名学生,但是在其他的高等院校仅有2 307名大学生和593名中学生。十年后,稍微超出了4 000人的关口。1850年代的专制措施与有意的倒退(然而后者从1856年起就阻止了人员数量的新增长)同时发生了。大学虽然首先要培养一种融入国家的贵族,但它们却接纳了作为非特权阶级大学生的少数派。1862年,在莫斯科,人们发现其中有71%的贵族大学生或者重要公务员的后代,这个比例高于1831

---

① 法国大学校(Grande école française),一译"法国高等专业学院"。法国高等专门学校,18世纪40年代创办,主要包括工程师学校、高等师范学校、高等商业经济管理学校三类,旨在培养工程技术、农业、教育、商业、经济、管理等领域的各类高级专门人才。——译注

年的 65.9%。其他大学中的百分比也是类似的，例如喀山、基辅或者彼得堡①的大学。招募社会特权群体没能阻止一部分年轻人形成敌视既成秩序的新观念。这部分人毋宁说是贫困的大学生，或者没有家庭背景的大学生，而不是随大流和屈从于思想灌输的大学生。

理论上说，伴随着每周超过 20 小时的强制课程，每年都要通过考试，取消六年制学制后的最大学业年限（理论上是四年）这些规定，教育体制现在变得异常严厉。然而，由于有超过三分之二的人被接受为最高等级的"报考人"，对学生的选择也就没那么严格了。而且，在 1860 年代，纪律松懈了，课程向校外的闲杂人员开放。普通教授被分入与少将同级的行政等级之中，他们直到 1862 年都一直拥有 1 500 卢布的收入，随后收入则翻了一倍，这是公众最低收入的十倍。大学生代表着现代俄罗斯的未来，也同样被公众看好，直到大学生爆发骚乱，成为保守派的替罪羊。他们的集体生活并没有经历过德国式团体的阶段，但却采用过救助社团的形式，尤其是思想圈、文化杂志或大规模反抗集会组织。除了根据收入划分社会阶层之外，某些不同的大学将民族对立也纳入了社会划分之中：多尔帕特是德国和俄罗斯的民族对立，基辅的是俄罗斯和波兰的民族对立，彼得堡的是俄罗斯、波兰和德国的民族对立。

在尼古拉一世逝世之后占据上风的自由氛围给了大学生更大的勇气：对能力不足的教授们喝倒彩（这被警察视作一种对抗），加入无神论和唯物主义的潮流，从 1859 年起就参与周日学校以便教育人民。在 1862 年 6 月，这一经历被内政部——它在此看到了颠覆性观念传播的场所——粗暴地打断了。反对严苛新规的最严重

---

① 根据 Alain Besançon 的《俄罗斯的教育与社会》(*Éducation et société en Russie*, Paris, La Haye, Mouton, 1974, p. 82—83.)一书中给出的数据计算。其他的信息也来自这本书。

动乱在1861年秋天爆发,随后被严厉镇压(尤其是在莫斯科、彼得堡和喀山)。这些事件标志着大学生和教授、当权者、社会的其余部分之间进一步的决裂。

南欧的持续落后

地中海地区的两个半岛深深地打上了拿破仑式创伤的印记:西班牙反抗法国化的尝试,意大利因失落了自己最初的统一而产生的乡愁。时值反法起义,西班牙的大学生们旗帜鲜明地领头造反,以至于在1811年罢了课。

反自由的(因此是反法的)方针在复辟后占据了统治地位,政府在大学方面的做法非常类似于拿破仑式的国家干预主义①。很久以前就僵化了的小型大学被取消。在1857年的法律之后,只留存下来了10所大学,而中央大学则由1821年搬迁到马德里的安卡拉大学所建。马德里在整个19世纪都统治着西班牙大学的系统,一如巴黎统治了法国大学的系统。相似的组织也在西班牙殖民地独立以前被强加给了南美的大学。在1840年之后,主张自由的政府取消了被大型研讨会取代的天主教神学专业。但是,真正的开放则通过私人学术协会这一迂回的方式而在大学之外发生了,这些团体有时会为一些新学科设立许多教席。

在意大利,拿破仑时期则见证了一种同帝国大学保持一致的倾向,这暗示了对许多古老的小型大学的压制。在不同地区,这一尝试获得了不同程度上的成功。此外,伴随着复辟时期的还有历史的倒退。大学生和许多教授混入了民族运动和自由运动,他们

---

① M. Peset 和 J.-L. Peset,《西班牙的大学(18到19世纪)——开明专制和自由主义革命》(*La universidad española. Despotismo ilustrado y revolución liberal.*),Madrid,Taurus,1974;B. Delgado Criado(编订),《西班牙与美国的教育史》(*Historia de la educación en España y América*)、《当代西班牙的教育(1789—1975)》(*La educación en la España contemporánea*),Madrid,Morata,1994。

参与了(尤其是在北部)反奥地利与反专制主义的动乱(烧炭党运动[mouvement de la Charbonnerie]、1821年的皮埃蒙特革命[révolution du Piémont]①、那不勒斯的自由运动(1821)、教皇国的反教权运动[这尤其是在博洛尼亚])。在伦巴底地区,大学被维也纳政府紧紧地控制着,就像在教皇国被主教们控制着那样②。部分知识分子的生活因此转移到了大学外的科学协会中——它们于1839年在比萨、1840年在都灵组织了会议。只有皮埃蒙特政府(过早地进入了自由主义)完成了真正的大学改革,人们在那里感受到了德国的影响。我们应该等待一下,以便两个地中海国家去真正地寻获现代大学体制。

结论

19世纪上半叶被打上这样的印记:同古老大学的遗产越来越清晰的断裂。欧洲的大学空间极大程度上得到扩展,因为它如今从太平洋延伸到乌拉尔河,甚至还有许多海外的锚地:印度、非洲和大洋洲。就算德国的古典模式变得越来越有影响力,集中化的、公立的法国模式(正如集体负责的英国模式)也依然是一种可能的选择。即使研究或者职业培养很大程度上由独立机构或者大学以外的机构进行,大学教育也还是拥有了新的功能。

---

① 皮埃蒙特是意大利西北的一个大区。——译注
② F. Gasnault,《教授、祭坛、民族——博洛尼亚大学中的大学生涯(1803—1859)》(*La cattedra , l'altare, la nazione. Carriere universitarie nell'ateneo di Bologna*),Bologne,CLUEB,2001;L. Pepe 和 F. Roversi Monaco(编订),《复兴运动中的意大利大学》(*Universitari italiani nel Risorgimento*),Bologne,CLUEB,2002。

第六章　第二次变革：是科研还是向社会开放？（1860 到 1940）

1860—1940 年这段时期被教育史学家概括为：多样化时期、扩张时期、高等教育专业化时期①。与这三种现象相伴而行的，是德国模式的酝酿，这一模式乃是保有传统大学的国家进行改革的灵感来源。然而，由于国家以及国家以下层级的特殊性，二者的趋同只是部分的。欧洲部分地区在教学上的冲突（民族与宗教的冲突）、经济与城市化发展的不同程度、国家在国际环境中的统治或被统治地位，这些都增加了特例。不过至少有一个共同的特征在这一时期出现了：个人的社会晋升、民族认同、各国在经济和科学上的进步、精英与社会制度的培育，甚至还有两性关系的演变（随着高等教育中女性所占比例的增加），对于上述方面来说，高等教育越来越关键。在两次世界大战之间，高等教育甚至是上演政治冲突的剧场，这些冲突同贯穿在许多欧洲国家的危机直接相关。我们在世界地图上由西到东的推进，同时也是变化的程度逐渐降低的过程。

---

① 这是如下已被引用过作品的副标题：K. H. Jarausch（编订），《高等教学的变革》（*The Transformation of Higher Learning*），Stuttgart，Klett-Cotta，1983. 也可参考 Walter Rüegg（总编），《欧洲大学的历史》（*A History of the University in Europe*），第三卷，Cambridge，Cambridge UP，2004。

美国模式的浮现,通往大众高等教育的新道路

新的机构

正是在这一时期,一种真正的美国式大学体制产生了,它和这个国家的其他巨大变革有关。教育,即美国社会的核心价值,在这项事业中找到了施展拳脚的新空间,从而将这个不协调的国家统一起来,提供都市和工业社会所必需的新精英,证明一个正在超越老牌欧洲国家的世界强国。借自英国的、古老的学院(college)模式仍然存在,但却越来越不适应这些新需求了。多亏了1862年的莫里尔法案(Morrill Act)①,一系列新机构才得以根据专业化的应用而成立:农业教育学校、赠地学院(Land-Grant Colleges)②、为了培养教师而建的州立师范学校(State Normal Schools)。这些学校渐渐被新的公立大学吸收。这也是来自拥有亿万美元的富豪的赞助——他们想要为自己的国家建立一些可以同欧洲媲美的科学机构,这些机构部分基于德国模式而运作,即将教学同研究结合起来:加州的斯坦福大学、巴尔的摩的约翰·霍普金斯大学(建立于1876年,其灵感来自德国),而康奈尔大学与芝加哥大学(1892年由洛克菲勒赞助)则同东部的老牌大学竞争着,这些老牌大学以中欧的模式进行现代化。实用主义、对经济进步的信仰解释了过早引入这样一些课程的原因,这些课程在欧洲(根据继承自前资本主义社会的偏见)不能被算作是大学的内容。这明显是一种培养金融和商业人才的风潮,例如1881年在宾夕法尼亚大学创始的沃

---

① 美国国会于1862年颁布了《莫里尔法案》(Morrill Act),旨在促进美国农业技术教育的发展。——译注
② 各州依据两次《莫里尔法》(1862,1890)获联邦政府赠地而建立。旨在促进农业和工艺教育,适应南北战争后经济发展对技术人才的需求。——译注

顿商学院（Wharton School of Finance）；最有名的哈佛商学院可以追溯至 1908 年。

在欧洲受教育的某些理论家（如亚伯拉罕·弗莱克斯内尔[Abraham Flexner]，他在此看到了一种对大学特有的教学的背叛）否认这种灵活的学科融合（得益于大学生的自由选择）①。实际上，这种融合曾允许非常不同的大学生生源共存；也使一些机构得以继续存在——这些机构结合了技术与专业、普通或科学的教育培养，并还因此吸收了大量的主顾和金融投资，从而保证了这些机构在主管人的权威管教下的繁荣。大学行政机关的力量、国家干涉的弱势以及教师的从属地位（尽管他们为达到欧洲水准而努力）深刻地区分了当代德法模式和"美国大学的模式"。

美国大学中科研日渐增长的重要性自 20 世纪初就显现了，美国大学的科研以完成研究生课程（graduate studies）为基础——这受到了德国体制的启发——或者说是那几代在欧洲（主要是德国）完成学业的大学生。人们参与了重建医学研究的工作：约翰·霍普金斯医学校创办于 1893 年，它是美国第一个真正的医学院，因为先前的医学校实际上都掌握在帮人看病的医生手里。在其他领域中，人们建立了实验室和多少有些附属于大学的机构，正式的博士文凭也越来越多了。最终，诸学科都通过学院而构成，而非通过教席（如在欧洲那样），这让创新更加容易了。大学研究活动的另一个决定性元素乃是机构在经济上的富裕，这得益于资助、基金以及毕业生（校友会）的馈赠。这一时期，欧洲所有的旁观者都为美国的辉煌成就、科学设备的奢侈以及各种设施的过剩（图书馆、专业人员的住宅等等）而感到震惊。伴随着流入欧洲的美国大学生的减少，以及大西洋两岸的教授从 1914 年前就开始的交流，美国

---

① A. Flexner，《大学：美国、英国、德国》（Universities：American，English，German），New York，Londres，Oxford UP，1930。

的大学从欧洲的规范中挣脱了出来。

朝向大众高等教育

美国大学体制的第二个创新之处在于其较早地进入了大众高等教育之中。这一扩张不仅仅表现在中学教育(中学人数在 1920 年代从 250 万增长到了 480 万,也就是从适龄人群的 32% 变为 51%)的大众化。在高等教育中,增长依旧强势。1900 年,学院中的大学生不到 25 万名,而在 1940 年则多了五倍不止(将近 150 万人)。最优秀的大学生(研究生)比例要比欧洲的少(1900 年有 5 800 人),但也在第二次世界大战前夕突破了 10 万人的大关[1]。同样,授予文凭的课程由于这一大众化趋势而在 20 世纪上半叶开始了。并且,学校的职业教育课程远早于欧洲就发生了变化。传统的职业教育在欧洲几乎依然是主流,但它在美国就变得小众了,因为它面对的是技术性的、符合教学原理的培养方式和社会科学。美国体制的精英主义从 1950 年代起就随着公立学校的主导地位以及公共资金在教育投资中的增长而消逝了。一种中产阶级(les classes moyennes)——没有智识资本,新近到达美国的人——占据多数的教育,开始替代由资产阶级主导的教育。相反,平民阶层准确来说并没有比在欧洲更好地得到体现,尤其是在最具大学气质的专业领域中:在 1925 年的一份来自 55 所学院和大学的大学生样本中,来自平民阶层的大学生和来自小资产阶级的大学生仅占了总数的 6.8%(德国和英国的相应数据分别是 4% 和 5.1%)[2]。社会中不断增长的异质性被学校的等级制度所掩盖。最具威望的学校发布了特殊的规范,以便让被视作不受欢迎的少

---

[1] 数据来自 A. Touraine,《美国的大学与社会》(*Universités et sociétés aux États-Unis*),Paris,Le Seuil,1972,p. 65。

[2] K. H. Jarausch(编订),《高等教育的变革》(*The Transformation of Higher Learning*),op. cit.,p. 24,图表 5。

数群体离开。例如,在 1920 和 1930 年代的哈佛、普林斯顿和哥伦比亚,大学行政部门制定了针对犹太学生(其中的一部分自从 1900 年代就开始增长了)的歧视性的限额措施。教师长久以来就忍受着令人沮丧的社会规章制度:在不同的大学里,薪水因名声与学科而有很大的不同,这比自由职业人员的薪水要无力得多;对职位的保障并不存在,敢于批评社会秩序的教授被董事会(行政部门的建议)——在其中,是实业家在领导——毫不掩饰地解雇了①。

1914 年之后,终身教职(tenure)制度(在副教授那样的试用期之后的正式职位)最终被引入。美国的科学研究逐渐获得了国际上的认可,这增强了教授们的社会威望。被纳粹、法西斯主义或者中欧的专制制度所迫害的教师引进了德国的教授行会概念,这也许同样有助于改变学者地位,只要他们融入了美国的大学之中。

法国体制未完成的改革②

大学改革(1868—1904)

自 1860 年代末开始,拿破仑式体制下各专业的缺点就越来越清晰地表现出来,这受到大学和官方的公开批评。在以德国模式

---

① H. Liebersohn,"一战前的美国学会共同体——同德国的'受过教育的中产阶级'相比较"(The American Academic Community before the First World War. A comparison with the German "Bildungsbürgertum"),收录于 W. Conze 和 J. Kocka 主编的书之中,《19 世纪受过教育的中产阶级》,第一部分,"国际比较中的教育制度和专业化"(Bildungsbürgertum im 19 Jahrhundert, teil 1, Bildungssystem und Professionalisierung in internationalen Vergleich),Stuttgart, Klett-Cotta, 1985, p. 163—185。
② 尤其参看 Victor Karady 和 Jean-Claude Passeron 在 J. Verger(编写)的《法国大学的历史》(如上所引,p. 323—419)中的献词,以及 G. Weisz 的《法国的现代大学的浮现(1863—1914)》(The Emergence of Modern Universities in France),Princeton, Princeton UP,1983。

为基础(彼时也处于自己的巅峰时刻)的学院内部发展研究职能,最大化地让集中管理的组织重获平衡,对此二事的双重担忧,再加上强烈反思1871年法国战败的原因,导致了改革运动的加速。

高等实践学校(由维克托·杜律伊[Victor Duruy]于1868年建立)最早的四个部门响应了最初的需要:创建同教学相关的实验室,创建一个人们将科学置于专门的研讨会形式之下的场所——而这和面向公众的课程形式(专业中主要的教学模式)完全不同。第二个目标要花更长的时间才能实现。应该同时具备地方的支持(共和派的自由化与规模巨大的大学城对地方选举的承诺——通常来说是共和党人——使其得以可能)、新教师(教师职位从1865年的488个变成了1919年的1 416个)和扩大了的财源:学院的预算从1875年的7 634 000法郎变成了1913年的23 228 000法郎。大部分大学都在这个时期得以重建或者扩建,这首先就要数内诺(Nénot)[①]的新索邦大学(1885—1901)。与法学和医学大学生(而他们曾经是最多的)相比,文科学院(相比于1876年的238名大学生,1914年有6 586名大学生)与理科学院(相比于1876年的293名大学生,1914年有7 330名大学生)里满是专业化的大学生。为此,人们建立了文凭与大学教师资格的奖学金,而获得中学教学的任教资格(文科)和工业部门人员的职务(理科)这两条出路则被拓宽了。

最难实现的是行政部门的改革,因为这要通过1896年的法律将各学院集中到大学之中。这些新的具有公民品格的团体采纳了选举的建议,它们控制着一部分的预算,能够创设或取消教席,能够接受捐赠,简言之就是能够革新。相比于最初的目标,人们却只能够谈论这种改革的高不成低不就。首先,去中心化有所进展,但

[①] 即建筑师亨利·保罗·内诺院士。1882年5月1日,29岁的年轻建筑师内诺在竞争中脱颖而出,被任命为新索邦大学的建筑总设计师。——译注

没有真正地动摇巴黎的统治：相比于1876年巴黎的大学生占据55%，在1914年仍有43%的大学生（包含全部学院）集中于巴黎；百分比甚至在1934—1935年间再次上涨到了54.9%。其次，改变大学中学院的所有分组（甚至在小城市中也是如此）这个最终略显谨慎的选择，阻碍了能够同巴黎形成竞争的名副其实的地区的出现。某些在1900年之后被采用的措施甚至完全无法推动去中心化，例如1904年高师和巴黎大学的合并。最终，由于财富集中在首都，除了应用学科以外，赠予巴黎大学的资助无法和外省的相协调。这些私人资金允许人们去创设新的教席和研究机构。从1906年起，随着根据专业而来的职业协会的出现，外省教师就公开地表明了自己不满。这些协会为巴黎的教授所享受的经济特权的增减宣布了一些清晰的规则。

相反，学科的多样化有益于建立改革的信誉：人文科学（心理学、社会学、伦理学）、外国文学、小语种以及应用科学都逐渐进入了高等教育。在法学中，政治经济学、公共财政、法制史、国际法等等都具有重要性，而医学专业则被细分为有关神经系统疾病（1882）、尿路疾病（1890）、儿科疾病或妇科疾病（1901）的几个平行教席。教师团体（因创设的职位而焕然一新）如今由许多叫作德国式范畴的范畴构成。正式教授（等于德国的普通教授）之外还有课程负责人、助理教授（等于临时教授）和会议主管人（新的头衔），这些名头以私人教师的模式为基础，但是他们除此以外还享有公务员的地位，并且多多少少在简短的任期期满之后几乎都会成为正式教授。这种改革尤其影响了智识专业（faculté intellectuelle），因为法学、医学和药学依然忠于大学教师资格会考的原则，无论它们引起了多少越来越活跃的批判。在进入大学职业生涯之前的这种选择形式的差异（文学依然是中学教育的主流，科学则创造了与建基于实验室之职能的职业类似的领域）阻碍了超越专业区分的大学共同体精神。其他的社会变革（关于公共的以及大学的社会作用的)增加了法国高等教育内部的冲突①。

社会划分与内部冲突

改革者所陈述的辩护之一(除了德国的弥补)就是,人们担心,扩大高等教育的社会基础会重新制造法国精英。这个目标达到了吗？自世纪末起,新的一批公众就涌入了阶梯教室:女性(1910—1911年间占据总人数的10%,1936年的时候占据了总人数的27%),还有尤其是外国人(其中一部分从1891年占总数的7%增长到了1930—1931年间的22%)。人员数量的增长让人想到这样一件事情:大学向社会开放了。手头可用的数据非常不完美,这迫使我们要小心谨慎。进行高等学业的部分年龄段的人数依然很弱势,就像在其他欧洲国家那样:在1875—1976年,19—22岁年龄段的只占0.5%;在1930—1931年只占2.9%②。从社会层面上来说,生源中依然是资产阶级占据了主导,只是根据专业课程而有一些细微可辨的差异。这里只有1930年代末的详细数据,但是这大概对先前的几十年来说更有价值。1939年,49%的大学生来自经济领域的或者主张自由的资产阶级,39%来自中产阶级(公务员和雇员的孩子们),7%是手工艺人、工人或农民的后代(包含7%没有答复的问卷)③。文理科是底层得到最好体现的专业(这些专业奖学金比较多,出路在短期内的不确定性也更少)。但坚持这一判定是不够的。

第三共和国的高等教育也许既比这些数据中呈现的内容要更加民主,同时也更加不民主。更不民主是因为大学校——在这里,

---

① 参看 C. Charle,《大学共和国(1870—1940)》(*République des universitaires*),同上所引。

② F. K. Ringer,《知识场域:从相对的观点来看法国学院文化(1890—1920)》(*Fields of Knowledge: French Academic Culture in Comparative Perspective*),Cambridge,Cambridge UP,1991,p. 48—49。

③ G. Weisz,op. cit. ,p. 250。

上层的地位要比在专业中得到了更好的体现——的学生并没有被算进去：他们如此多的子女也没有被统计①。然而，当人们将其社会构成同第二帝国末期的高等教育相比较时会发现，现在法国的高等教育也允许真正的流动：中产阶级的部分孩子在此似乎要脆弱得多，因为当时他们还没有完成中学学业，更不用说在高中毕业会考之后继续深造了。这种向"新阶层"的敞开（但却不是向人民敞开，因为中学教育仍然带有精英主义色彩）尤其出现在某些人们熟悉的文化遗产以及古典文化的分量不怎么重的专业课程中，如科学（尤其是外省的应用科学的机构）或者一些被吸收进高等教育中的类似课程（比如高师的初级教学——圣-克劳德和冯特内②——和工程技术学校）。但是，这里的学生渐渐获得了类似的进入学院继续学业的机会，并且甚至获得了精英的地位、专业的教席以及公司领导的位置③。

这种内在的分化与未完成的改革很大程度上解释了——这是最后一个特点——法国高等教育同这个时期的许多政治危机是混在一起的。关于一个民主社会中大学生与教授可能的不同角色之间的内在争论与冲突，在共和国中替代了先前为了自由而做的斗

---

① 关于综合工科学校，参看 T. Shinn，《科学知识与社会权力——综合工科学校（1794—1914）》(*Savoir scientifique et pouvoir social. L'École polytechnique*)，Paris, Presses de la FNSP, 1980、B. Belhoste，《专家治国的形成：综合工科学校及其第二帝国中革命的学生》(*La Formation d'une technocratie : École polytechnique et ses élèves de la Révolution au Second Empire*)，Paris, Belin, 2003。中央学校和商贸学校的招生依然它更加资产阶级、更加同质化。
② 冯特内指 Fontenay-aux-Roses，是高等师范学校在 1880 年到 2000 年的地址，是里昂高师的前身。而冯特内高师（ENS Fontenay）又细分为 ENS Fontenay-aux-Roses 文理科(1880—1985)和 ENS Fontenay-Saint-Cloud 文科(1985—2000)。——译注
③ J.-N. Luc 和 A. Barbé，《师范学校学生、圣-克劳德高师的历史》(*Des normaliens, historie de l'École normale supérieure de Saint-Cloud*)，Paris, Presses de la FNSP, 1982；Ch. R. Day，《工程技术学校，法国的技术教育(19 世纪—20 世纪)》(*Les École d'arts et métiers, l'enseignement technique en France*)，Paris, Belin, 1991（美国版 1987），p. 311。

争——那种自由由一部分专制制度下的大学生和教师带来：学院成了启蒙人民的大本营，德雷福斯事件①掀起政治风暴之时，学院也是聚集了阐明相关观点的"知识分子"先锋的大本营，并且参与了平民大学的运动。这一传统将会在人民阵线（Front populaire）、抵抗运动或者阿尔及利亚战争时期经常被重拾。对于另一部分保守的大学生和教授来说，大学反而应该成为民族传统的保障，甚至是某种精英文化的辩护者：这是一些反德雷福斯者（他们许多人都在职业院校中）的立场，即反抗新索邦（1910—1911）的斗争发起人和法兰西行动派（Action française）②的立场（他们在战争前后都毫不犹豫地在因其犹太身份而被判过于左翼或者被判驱逐的教授的课上制造麻烦）。主张自由的大学面对这些麻烦因素——维希政府在它施行净化行动和制度性的反犹主义的整个过程中，都只是让人实行了这些计划——经常是手无寸铁的③。

政治与高等教育之间的互相影响出现在这一时期的所有国家之中。这种影响标志着高等教育在民族与精英的形成中扮演了比以往更加中心的作用，但是由于大学改革不充分，这一极端化倾向在法国比在其他地方都要强烈。这些改革的不足就在于坚持一种呆板的行政监管（被提名的校长一直都是大学真正的领导，竞争限制了智识上的革新），以及在1914年之后教师团体的老龄化（这和经济上的困难有关，新的教职数量有限，一些教职甚至在1930年代被撤销）。但尤其是控制了技术官僚或行政官僚的专业招生的

---

① 1894年法国陆军参谋部犹太籍的上尉军官德雷福斯被诬陷犯有叛国罪，被革职并处终身流放，法国右翼势力乘机掀起反犹浪潮。此后不久即真相大白，但法国政府却坚持不愿承认错误，直至1906年德雷福斯才被判无罪。——译注
② 既是一个思想流派，也是极右翼民族主义、君主专制的政治运动，主要在法国的二十世纪上半叶活动、发展。——译注
③ 参看 C. Charle，《"知识分子"的诞生（1880—1900）》（*Naissance des "intellectuels"*），Paris，Editions de Minuit，1990；Cl. Singer，《维希、大学和犹太人》（*Vichy, l'Université et les Juifs*），Paris，Les Belles Lettres，1992。

精英高等教育的统治阻碍了改革。

但是,尽管这只是共和党人一时的改革想法,这种类型的学校远没有失去其重要性,而且这种学校还变多了,并且保存了大部分的特权。1870年之后除了更早先的学校外,又加入了一些纯为谋利的学校,例如巴黎高等商学院(HEC)(1881)、新的工程师学校(1894年的高等电力学院[École supérieure d'électricité]、1909年的高等航空学校[École Supérieure d'aéronautique])、行政学校(殖民地学校、通信工程高等学校[École supérieure des PTT]、部分为大型团体的竞争做了准备的政治学院[1871])和发展了职业课程的、与天主教相关的学院。这些课程的学生尽管来自与我们所说的完全不同的位置,但他们在通过随后的考试后仍有共同的特点:注重技术的、专业的知识,注重培养竞争的、但也是团体的精神和精英主义(这和作为理论上的大学理想的诸学院相违背)。最终,随着两次世界大战之间学院中人员数量的增加、管理人员比例的下降,这些学院课程的学生都享有了优于"普通"大学生的学习条件。这种不平等的竞争在随后的时期将会培养出一种一直未被了结的关于精英培养的论战。

英国大学持续的精英主义与市郊和外省的革新

这一时期对于不列颠岛的大学体制而言(自中世纪诞生起就经历了最重要的改革)也是一个决定性的阶段①。英国两所最古

---

① R. D. Anderson,"现代英国中的大学与精英"(Universities and Elites in Modern Britain),《大学的历史》(History of Universities),卷十,1991,p. 225—250;Ch. Brooke 和 R. Highfield,《牛津与剑桥》(Oxford and Cambridge),Cambridge,Cambridge UP,1988;N. Boyd Harte,《伦敦的大学(1836—1986)》(The University of London),Londres,Athlone,1986;Ch. N. L. Brooke,《剑桥大学的历史》(A History of the University of Cambridge),卷四,(1870—1990),Cambridge,Cambridge UP,1993;M. G. Brock 和 M. C. Curthoys,《牛津大学的历史》(The History of the University of Oxford),卷六,"19世纪的牛津",Oxford,Oxford UP,第一部分,1997,第二部分,2000。

老的大学由于议会的干涉而不得不适应现代世界:非英国国教的大学生以及女性最终在1870年代才得以被录取,牛津和剑桥的研究员也都被允许结婚了。在一长段停滞期之后,这两所大学的人员数量明显地增加了:从1861年的2 400人左右增长到了1901年的5 881人,并在1931年超过了10 000人①。所授学科的范围虽然依旧限于经典文本和19世纪中期的数学,但也向诸科学、历史学、法学、外语开放了。研究活动最终找到了自己的位置,尤其是在剑桥,德文郡公爵(duc de Devonshire)的馈赠让卡文迪什(Cavendish)实验室在1871年得以建成——这个实验室培养了英国的一部分科学精英。

然而,伴随着市立大学(civic universities)在外省大城市的增加——这些学校培养工业社会和城市社会的管理人员,英国大学图景最重要的变化却发生在了牛剑(Oxbridge)之外。

在曼彻斯特(自从1851年起)之后,纽卡斯尔(1871)、威尔士的阿伯里斯特威斯(1872)、利兹(1874)、伯明翰(1874)、布里斯托尔(1876)、谢菲尔德(1879)、利物浦(1881)、诺丁汉(1881)、卡迪夫(1883)、班格尔(1883)、雷丁(1892)和南安普顿(1902)都有了大学的雏形②。在通过皇家宪章获得完全的自治之前,这些大学的学生已经通过伦敦大学这个中介获得了自己的文凭。随着以十分理论化的方式而联合起来的专门机构的增加,建立于1836年的伦敦大学同样经历了一次剧烈的扩张。这所著名的大学由依附于医院的医学院校、皇家矿业学校(Royal School of Mines)、皇家科学学院(Royal College of Science)、中央技术学院(Central Technical College)(后两所在1907年合并入了帝国理工学院)以及1895年

---

① R. Lowe,"英格兰高等教育的扩张"(The Expansion of Higher Education in England),在K. H. Jarausch(编订)的书中,op. cit.,p.45,图表一。
② W. H. G. Armytage,《市立大学:一种英国传统的诸方面》(Civic Universities: Aspects of a British Tradition),Londres,Benn,1955,重印于纽约,1977。

第六章　第二次变革:是科研还是向社会开放?

的伦敦政治经济学院构成,它在1898年才获得真正的地位。

另一项标志着同中世纪断裂的革新在于,国家在经济上为这些机构不断投入,而这些机构先前则依赖其财产而存在(如牛剑),或者依赖私人或市政的基金(如外省的大学)而存在。这个新的原则在1889年被实行,并且国家的资助在1906年已经达到了10万磅,即250万金法郎,这个总额不可忽视,尽管要大大少于欧洲大陆的大学的预算(法国从1890年代起就向其十五个学院投入了是英国的四倍之多的资金)。英国的大学本不需要国家更多的预算,这件事情以两种方式得到了解释说明。(第一)①,某些大学,尤其是最古老的那些大学,本身都有十分充裕的资金来源。第二,大学生的数量同大陆国家相比依然很少,尽管在世纪末的时候猛烈地增长了:英格兰-威尔士总共有26 414名大学生(在1911年,该年龄段增加了1%),而苏格兰总共有7 770名大学生(该年龄段增加了2%)。

新的大学中,尤其是在苏格兰的大学里,面向社会的招生(尽管在牛剑二校依然十分精英主义)非常接近欧陆:例如在格拉斯哥,人们得出,1910年的大学生中有24%的手工业劳动者的后代,有20%的小商人、工匠和雇员的后代,而这两类人的总和在牛津只占不到10%,但却至少构成了普通在职人口中的90%。根据大学类型的不同,大学对社会开放的程度也十分不平衡,这可以通过经济条件得到解释。在苏格兰,设立了一些法律,奖学金很多,小学和中学的学校网络有很好的发展。相反,在英格兰,牛剑的大学生们依旧大部分来自学费十分昂贵的公立学校,在牛津或剑桥,一年的学习需要花费200磅,这已经是资产阶级家庭一年的收入了。但是,在1910年,只有7%的英国大学生享有奖学金,这首先是给

---

① 此处括号中的"第一"为译者所加,疑为作者遗漏,因为上文提到了两种方式,而下文又出现了"第二"(en second lieu)。——译注

那些冲着市政府鼓励的技术课程去的大学生。

英国高等教育普遍的社会功能在这个时期开始变化了,但是真正的人才治国并不是在两次世界大战之间的那段时间实现的,除非是对于那些出身卑微、从事教学或公共职务的大学生(即少数人)来说才是如此。商业精英继续赋予实践或技术的、而非大学的教育培养以特权;在自由职业中,职业继承、内部培养和大学文凭同样重要。

如果这不是来自财政困难的新问题的话,那么两次世界大战之间的时期就没有明显地改变英国大学的样貌。自1920年代开始,向年轻人和年轻女孩敞开大门的国家奖学金体制就准备就绪了:在1936年奖学金的数量是360个。大学教育资助委员会(University Grants Committee)——负责资助大学——见证了其重要性的增强,因为甚至是剑桥和牛津(收入随着战争的增多而迅速减少)都不得不求助于此。然而,由国家补贴的200万磅依旧只占了1930年代大学收入的三分之一。在1938—1939年间,大学生的数量第一次超过了50 000的关口,其中四分之一是女性。但是,英国大学体制在社会、财政和制度上的真正动荡只在二战之后才出现,那时候,联合王国意识到了自己相对于其他工业国家的落后。

德国模式之使命的演变与危机

德国大学模式这一名称是约定俗成的,如上所述,欧洲或美国的体制一定程度上在其启发下推进现代化,此时,德国模式却悖论性地遭遇一次危机。这一危机既是增长的危机,也是使命的危机。

增长的危机

在1830年到1860年代中期这段时间,大学生数量停滞于

12 000 到 13 000 人之间，在 1914 年则达到了比原先高五倍的数量（61 000 人）。这一增长尤其有利于南部和西部的小型大学（如弗莱堡、埃朗根和吉森）和哲学专业。这些院系中的文理科大学生第一次比法学的多，而神学院学生数量则比 1830 年的少了一半多。这见证了高等教育功能的转变，也见证了现代人就业出路类别的增加（教职、科研、工程师和技术员），尽管这以先前功能（培养牧师或公务员）的丧失为代价。同大学类似，有十所技术学院（Technische Hochschulen）在世纪初建立①，人员数量依然比古典大学中增长得更快：从 1871—1872 年间的 5 000 人增长到了 1903 年的 17 000 人，相当于增加了两倍，而在此期间大学教育的注册人数只是翻了一番。

　　这些新晋大学生来自因工业发展以及帝国城市的增加而富裕起来的资产阶级和中产阶级。事实上，对于一些在一直由贵族统治的社会中依然未被承认的群体来说，在一个更加流动的社会中继续深造，既能保证向从事高贵职业的社会阶层晋升，也是获得新的文化地位的一种方式。这种内在的社会分化反映在了大学生的集体生活之中。手头最宽裕的群体维持了兄弟会（Korps）的仪式，并且会去决斗、办一些集体纵酒寻欢的聚会——这些团体根据宗教信仰（如犹太人）而将出身中等或低贱，或者被评价为不受欢迎的那些大学生排除出去。那些拒绝这些伪贵族的中世纪仪式的大学生建立了自由学生团体（Freistudentschaft），以便在面对长久以来仅仅被学院和政治权威（它迎合其好古癖）所承认的反动的小团体主义的时候可以保卫自己的利益②。

---

① 最重要的是夏洛滕堡大学（Berlin-Charlottenbourg），它建立于 1799 年，但在 1882 年因几所专门学校的合并而被改造成了技术学院；最近的是建立于 1904 年的但泽（Danzig）技术学院。
② 参看 K. H. Jarausch，《德意志帝国的学生、社会和政治——学院反自由主义的兴起》(*Students, Society and Politics in Imperial Germany, The Rise of Academic Illiberalisme*)，Princeton，Princeton UP，1982。

大学的增加以及大学生面貌的异质性引起了保守派的不安,他们面临着危险,即面对着"业士无产者"(prolétariat de bacheliers,俾斯麦语)的诞生。由于考试而缺少了调节(就像在法国那样)和自由职业市场的自由化,此二者实际上最终会导致法学、医学、文理科中的大学生的比例可能从增长曲线的某一个点开始高于需求。尽管同代人对此感到害怕,然而德国体制的灵活性还是允许人们通过改变专业课程、延长学业、地区移民来温和地解决这一偶然的文凭生产过剩。尽管政府为了实施具有权威性的调整而做了许多努力(就像在19世纪上半叶那样),大学当局还是没有任何阻止增长的实际行动(除了一些话语),因为对于他们来说,这保证了从学生注册费中得来财富。

使命的危机

洪堡式的大学理想就在于培养来自大资产阶级或贵族的杰出人士。自这一刻起,即大学主要充斥着年轻人(同样,在20世纪初,还有年轻姑娘),他们寻求让自己的教育经历(其中部分来自非古典的教育,因此很少会致力于人文主义的价值)变得有利可图,学习的方向就只能向实践、实用主义与专业化倾斜。中央政府在德国统一之后一直掌控着大学,通过创设一些学校,或者是创建同一个工业社会的新需求相关的专业课程,而逐渐接受了这种趋势。在科学方面,它们还鼓励与经济效益相关的研究,并且让外国大学生来留学变得更简单,以便将德国的影响扩展到国外。这些新的功能只会挑战德国大学先前的理想。

这一危机也在教授们身上出现了,他们被看作是承载且维系着大学理想的人。教师群体形态上的、社会中的以及意识形态上的演变说明了这点。第一个变化就是非正式教师的数量更加迅速地增长,这在某些部门(例如科学或者医学)中趋向多数,但他们却一直都没有同其院校的集体决议团结起来。普通教授的数量与杰出教授(或者私人教师)的数量之间的不平衡,让职业生涯的发展变得更加缓慢,也使其过程变得更加艰难,并且造成了一种不满,伴随着非正常运动(mouvement des Nichtordinarien)而在 1914 年战争以前出现了。非正式教师的增加不仅仅因为政府从工资较少(或者几乎是无偿的)的教师身上获得经济利益,原因还在于教授职位的威望越来越大。这吸引了越来越多的求职者,也造成了学科专业化程度提高——大学的新分支被交给了非正式的年轻教师。这是革新的代价,也是智识上的失落感带来的惩罚,因为一切都没有得到提升。地位上的差异尤其是通过经济上极大的差距而体现出来。新来者因此应该掌握个人的收入来源,以便能够提升自己的地位;这是教授这个职位在社会中变得封闭的一个因素,同时,大学生群体则遇到了相反的社会学意义上的变化。忠于帝国的人经常是一战前的民族主义或者泛日耳曼主义的同盟的推动者,其众大部分是 1914 年 9 月"1893 年对文明世界的呼吁"的签署人,许多教授借此支持普鲁士的军国主义,德国的"学术名流"大部分都对 1918 年之后的民主持保守态度,甚至是明显的敌对态度①。不因循守旧的教师则在其职业生涯中为他们是否过于公开地表达自己的观点而感到苦恼,物理学家莱奥·阿隆(Leo Arons)——柏林的编外教师(privat-docent)——就因为加入社会民主党而被大学驱逐。

  国家干预人事任命,大学的自治越来越受到威胁,尤其是(但这是人们在整个欧洲都能发现的现象)大学中不断增长的经济依赖(相对于科学和医学中的研究设备,或者甚至是人文科学中的研究任务以及图书馆增长了的公共开支预算而言)。1860 年的柏林,占第一位的预算是工资。从 1870 年起,则是研讨会和研究院吸收了

---

① 参看 F. K. Ringer,《德国知识名流的衰落》(*The Decline of the German Mandarins*), Cambridge (Mass.), Harvard UP, 1969;以及"德国学院的实践社会学,1863—1918"(A Sociography of German Academics),《中欧历史》(*Central European History*),第 25 卷,第 3 号,1993,p. 251—280。

大部分资金。这些开销的增长远快于个人开销,以至于在1910年,有一半预算花在了研讨会和研究院,这还不算在建筑上的投资。

1882—1907年间,在普鲁士的大学中,成立了9个法学研讨班,4个神学研讨班,86个医学研究院、实验室或者诊所,77个文理科的研讨会和研究院①。大学的总预算从1882年的960万马克增长到了1907年的2 600万马克,甚至在1900年,技术学校的预算高达3 600万马克。技术学校获得了授予博士学位的权利,尽管它同古典大学对立。

理想的洪堡式教授的"自由和孤独"在研究院(这里,集体工作越来越多)和大学(在其中,人们同工业合作)中几乎不再有任何意义。柏林的物理学-技术帝国学校(Physikalisch-Technische Reichsanstalt,1887)的建立——随后是1911年的威廉皇帝学会(Kaiser-Wilhelm Gesellschaft),把国家、工业和研究者都结合在了独立于大学的研究院中——甚至标志着在研究与教学之间的工作划分中的一个额外阶段。大学的教学与研究的社会功能如今还延伸到了一些全新的领域之中:公共卫生、对社会演变(经济学家的"教席的社会主义"、马克斯·韦伯、格奥尔格·齐美尔或者维尔纳·桑巴特[Werner Sombart]的社会学)与通过科学技术之应用而来的经济发展的反思。哈纳克(Harnack),一位杰出的神学家,威廉皇帝学会的第一任主席,甚至谈到了作为"大型企业"(Grossbetrieb)的大学。

两次世界大战之间的危机

两次世界大战之间的这段时期让所有这些问题都发展到了临界程度。大学人员经历了非常剧烈的循环变化:在战后一阵非常强烈的猛增(这是为了弥补因战争动员而失去的年月)之后,一切又在

---

① Ch. E. McClelland,《德国的国家、社会和大学(1700—1914)》,op. cit., p. 280—281。

第六章 第二次变革:是科研还是向社会开放?

1925年左右回到了正常,随后紧接着的是繁荣年代(1926—1931)中的新高峰——在1931年的夏天,达到了138 000名大学生的高峰——以及危机年代与纳粹岁月的萧条时期。人员数量在1939年降到了62 000人,同时,还有1914年战争这艰难危机的到来和制度内的歧视性措施(尤其是反对犹太人)。这种被破坏了的节奏同时来自如下几个原因:政治经济事件;大量年轻女孩进入大学(她们在1931年占了大学生总人数的20%,而在1914年之前则只有3%—6%);对个人职业前途感到忧虑的非传统专业的业士选择继续深造。关于毕业生生产过剩以及文化贬值的讨论,再次成为教授与大学生运动中右翼流派(主要的)的主导话题。尽管其有利于大学在社会与政治上的民主化的努力,魏玛共和国的制度都无法获得大部分教授和大学生的支持。前者保有对其在帝国统治下的巅峰时期的忧郁回忆,后者(只要他们曾是战斗人员)向极端右翼团体的活动家提供了新人,并在1920年代末,在其他社会团体之前被纳粹运动所征服(纳粹在其中培植了一个特殊的组织)。

纳粹制度下高等教育的起步因此就比别处更容易:纳粹团体或组织中的大学生利用这些集体来表达自己的挫败感,并以此追击不受欢迎者(左翼的或犹太人大学生),他们相信通过减少毕业生的竞争来融入危机中的社会是更容易的方法。保守的或反动的教授们几乎不说一句话,任由这些运动的范围——通过人们加入民族主义阵营或对新制度之秩序的崇拜——扩张到限制学会的自由(通过权力来任命校长,这是大学自主管理的终结,是对其犹太或左翼同事的清洗)。教师团体中三分之一的人受到这个清洗行动的影响,直到1938年,其中包括一些一流的学者(20位现在的或未来的诺贝尔奖得主)[1]。人才流失(德国的科学长时间都处在

---

[1] H. Titze,"高等教育"(Hochschulen),在H. E. Tenorth 与 D. Langewiesche(编订)的《德国教育史手册》(Handbuch der deutschen Bildungsgeschichte)中,Munich,Beck,1989,第一卷,p.226:总共有1615位教师和学者。

不断重新开始如此这般的状态之中),还有许多学科,如人类学、医学和人种学,尤其是人种学受制度的意识形态命令所奴役,这两方面长期起作用,动摇了德国大学模式自身的基础。

中欧与东欧

奥匈帝国

整个中欧地区在1918年前几乎都和奥匈帝国相关,还有一些新兴的、正在形成中的巴尔干国家也是如此,这个地区的国家拥有大学体制,却尚未真正改革,是先前处在德国模式的影响范围内的国家之间的过渡空间。这里的大学因此横跨两个世界。因为在帝国西部,甚至直到布达佩斯,都存在着讲德语的大学生与教授的循环流动,所以这些大学既是现代的,又由于某些特征而接近德国的模样。它们也是古老的,其特征来自国家的欠发达状态(尤其是农村国家),在那里,职业出路——就像对于18世纪上半叶的西方大学来说的那样——首先就是一些公职、法律职务、神职或者医生,而不是文理科类的职务。18世纪开明专制的遗产也体现在高等技术学校的强势存在上。大学空间的最后一个特点就是张力的重要性,而这些张力的起因是相聚于此的大学生有着不同的民族血统与宗教背景。最后,越是往东,朝西迁徙的大学生(朝维也纳、德国的大学,甚至是瑞士的大学,或者,最后朝巴黎而去)也就越多。

这些特点,或者说这些过时的东西,并没有阻止最大的那些大学变成国际化的智识中心,比如维也纳大学。在奥地利的大学变成最具威信的国家大学之前,某些德国教授接受了它的"号召"。

奥匈帝国的大学渐渐掌握了以当地民族语言教学的权利:先是布达佩斯,然后是于1872年建成的克勒什瓦尔(Koloszvar),现为罗马尼亚的克鲁日,还有外莱塔尼亚①的德布勒森和波佐尼(Poszony)(1912);波兰地区的利沃夫和克拉科夫、布拉格的捷克语大学、1875年建立于克罗地亚地区的萨格勒布。它们很快就成了民族主义运动的中心。

宗教上的张力伴随着或者加剧了社会和民族的张力,这有时会和讲德语的大学生中反犹主义的种族主义潮流的出现相混淆。

作为少数派的犹太人从法律的窠臼中解放了出来,并且充分利用了帝国的经济扩张,他们因此为远超其人口比重的高等教育的扩张做出了贡献。例如在1900年,维也纳技术学校17.8%的大学生以及大学中16.7%的大学生都是犹太人,而犹太人仅占总人口的4.7%②。直到1900年,维也纳的犹太学生中才有明显一部分人事实上来自帝国东部地区。在1910年,匈牙利政府对非匈牙利毕业文凭所采取的限制措施导致维也纳内莱塔尼亚(Cisleithanie)地区之外的犹太人数量明显下降。犹太大学生更倾向于选择医学和法学,因为教师或研究人员的职业并不向他们开放。他们中的大部分来自小雇主家庭或者是白领家庭。对于这些家庭来说,高等学业被看作向上流动和提升社会地位的工具。少数捷克人在高等教育中同样相对人数过多。进入高等教育对他们来说乃是面对占据主导的德国精英时获得民族承认的一种方法③。

---

① 1867—1918年间的官方名称为圣埃蒂安王国(Pays de la Couronne de Saint-Étienne),它是哈布斯堡君主专制内部改革的产物,由匈牙利王国、克罗地亚-斯拉文尼亚王国组成。——译注
② G. B. Cohen,"教育、社会流动与奥地利犹太人,1860—1910"(Education, Social mobility and the Austrian Jews),在V. Karady 和 W. Mitter(编订)的书中,《中欧的教育与社会结构》(*Bildungswesen und Sozialstruktur in Mitteleuropa*), Vienne, Cologne, Böhlau Verlag, 1990, p. 141—149。
③ 参看B. Michel,《布拉格的美好时代》(*Prague Belle Époque*), Paris, Aubier, 2008, p. 98 和随后几页。

匈牙利的特点

匈牙利的大学呈现出某些特点,尤其是法学学习占主导地位,它是培养统治阶级的首选方式,以至于人们能够因此称其为一种"法学家的国家"①。这一主流的定位表现在 1867 年协议后的匈牙利官僚统治的发展,也通过自由经济中法学职位的新的重要性表现出来。经济收入不断减少的匈牙利小贵族和中等贵族利用这种教育来垄断国家机关的职位。在世纪末,这些职位面临着平民的竞争,尤其是犹太人的竞争。他们受益于庞大的法学的大学教育网络,学业要求不高,能够与课外活动相协调。最后,接触法律教育的机会让德国人和斯拉夫人融入主导民族变得容易了。在两次世界大战期间,随着领土急剧减少,面临危机的国家中存在过剩的毕业生与公务员(这些国家十分贫困,因此不得不撤回投给对外大学的资金,并遣散来自如今是外国领土的精英),匈牙利作为高等教育熔炉(melting-pot)的这种作用转而只对少数人发挥影响。统治阶级通过法律作出反应,即建立一种反犹主义的入学限制(numerus clausus),迫使很多匈牙利的犹太人为了学业或者职业上的融入而暂时或彻底地流亡②。这一入学限制也被用来针对年轻女孩,战争使得她们进入高等教育。这带来了两个变化,一方面是有利于科学、技术与医学教育的专业课程的再平衡,另一方面是

---

① 参看 V. Karady,"一种'法学家的国家'——匈牙利旧制度中的法学教育的社会作用"(Une "nation de juristes". Des usages sociaux de la formation juridique dans la Hongrie d'Anicen Régime),《社会科学研究备案》,第 86/87 号,1991,p. 106—124;还有同一位作者的"匈牙利中犹太人的过度学习:社会学维度"(Jewish Overschooling in Hungary: Its Sociological Dimensions),在 V. Karady 与 W. Mitter(编订)的书中,op. cit. ,p. 209—246。
② V. Karady 和 I. Kemény,"大学中的反犹主义与阶级竞争:两次世界大战期间匈牙利的入学限制"(Antisémitisme universitaire et concurrence de classe: la loi de numerus clausus en Hongrie entre les deux guerres),《社会科学研究备案》,第 34 号,1980,p. 67—96。

人员数量明显的减少：人数从 1918—1919 年的 17 599 降到了 1937—1938 年的 10 026，而在外国学习则得到了发展。

温和扩张：瑞士的例子

瑞士在这一时期发展了一种关于大学革新的原创经验。瑞士的大学教学呈现出三个原创性特点。首先，它没有形成体制，每个学校都属于一个在教育上独立的州。其次，语言上的划分形成了这样的情况：德语区和法语区毋宁说都面向着语言上同族的国家。最后，大学的数量与当地需求不成比例。1900 年，对于 300 万居民而言只有 7 所大学，甚至在法语区的 150 万人也只有 4 所大学，总共有超过 8 000 名大学生。将诞生自宗教改革的老学院改造有研究功能的真正大学需要大量投资，为了保证这些投资，接纳外国大学生、向年轻女孩提前开放（她们在别处依旧被拒之门外）就成了独创的解决方式：年轻女孩构成了 1914 年前瑞士大学生总人数中的五分之一，是法国占比的两倍之多。在日内瓦，外国人的比例显著提升：在 1880 年占了人数的 44％，在 1910 年占了 80％，在 1940 年占了 26％。整体来说，瑞士的大学比例也是类似的：在 1900 年占了 47％，在 1910 年占了 53％；在两次世界大战期间，由于边境关闭以及西欧国家中大学创建的停止，比例下降到了 25％[1]。这些新的特征使得这些小型大学变成了相对于邻国而言的革新场所，尽管后者孕育了德国模式。例如在日内瓦，自 1915 年起，早在欧洲大学之前，经济科学与社会科学的专业以及许多拥有面向国际的职位的研究院就已经建立了。

也正是在这个时期，教师团体——长久以来都来自大学城的

---

[1] M. Marcacci，《日内瓦大学的历史》(Histoire de l'Universite de Genève)，Genève，1987，p. 164—165。

贵族家庭——向学术流动敞开了,也向被更加严格的体制所排除的局外人敞开了。于是,在1918年,出身俄国的丽娜·斯特恩(Lina Stern)成了第一个获得日内瓦大学生物化学教席的女性。

南欧国家与俄国的大学的艰难革新

意大利①

在上述这段时期中,意大利大学体制的转变是和民族国家的构建同时发生的。这一事业如此艰难,是因为现代和中世纪的遗产非常多,教会在意大利社会中的特殊角色也让现代化和对教士特权的再次质疑画上了等号。1859年的卡萨帝法案(loi Casati)试图将高等教育的组织以法国模式集中起来。它将教会从高等教育中排除出去,但却没有最终消除来自过往时代的小型地方大学。

在世纪末的时候有17所完整或不完整的院校,统一后的意大利相比于法国(15个)或者德国(20所大学),学校数量显得过多了,因为其人口基础过于薄弱,面积也只有前两者的一半。此外,这些院校的分配也十分不均匀:在艾米利亚-罗马涅大区和托斯卡纳大区有5所大学;在撒丁岛有2所大学;在西西里有3所;而伦巴底大区只有1所,南部也只有1所。1890年代,8所大学共有不到500名大学生,而在1900年代,那不勒斯则有超过4 000名大

---

① M. Barbagli,《意大利知识分子的失业及其学校制度》(*Disoccupazione intellettuale e sistema scolastico in Italia*),Bologne, Il Mulino, 1974; D. Musiedlak,《私立大学与统治阶级的培养——米兰的博克尼大学》(*Université privée et formation de la classe dirigeante. L'Université L. Bocconi de Milan*), Rome, École fr. de Rome, 1990; I. Porciani(编订),《19世纪和20世纪之间的大学:欧洲模式和意大利的案例》(*L'Università tra Otto e Novecento: i modelli europei e il caso italiano*), Naples, Jovene, 1994; T. Tomasi 和 L. Bellatalla,《自由时期的意大利大学(1861—1923)》(*L'Università italiana nell'età liberale*), Naples, Liguori, 1988.

学生。尽管有许多关于大学文凭简化的计划,国会议员(其中大部分都是某学院的教授)还是不敢更多地去压榨地方利益。唯一有名的改革——其灵感来自反教权主义——乃是1873年撤销神学专业。

尽管在世纪末受到德国科学的影响,体制中旧有的缺陷还是随着法学学习、小型学校中心自治性的缺乏,以及教育形式的传统主义而留存了下来。专业课程的过时导致大量的脑力劳动者失业,公职的吸引力增加,这些都损害了与经济相关的现代教育。

然而,这些学校在1900年代发生了明显的扩张,通常是由于私人的倡议。公共的商科学校出现在热那亚(1874)、巴里(1886)、罗马(1906);一所私立大学,即博克尼(L. Bocconi)大学在米兰成立(1902),工程师学校也在米兰、那不勒斯(1904)、都灵(1906)发展起来,其目的在于为新意大利的工业化事业培养领导和管理人员。多亏了地方银行的资助,小型大学(如锡耶纳、费拉拉、佩鲁贾的)一直存在。大学相关的职业工资很低,因此它必须求助于一些额外的活动,尤其是法学,这个专业通常是通向政治舞台的跳板。法国模式——这是对德国模式的挑战——总是让人能够感受到其影响,因为教席需要通过竞争才能获得,而高等教育从属于只留给大学很少自治性的公共教育高等委员会(Conseil supérieur de l'Instruction publique)。战争前夕的意大利就是这样一个矛盾的国家,那里的大学生相对于初等教育里学生的数量而言,比例要高于所有其他更先进的欧洲国家,由此就有了意大利南部从事脑力劳动的毕业生失业的情况。

我们要等到由詹蒂莱[①]及其后继者发起的法西斯主义的专制改革,才能看到某些反常的消失。战后危机的确让情况变得难以

[①] 乔瓦尼·**詹蒂莱**(Giovanni Gentile,1875—1944),意大利法西斯主义哲学家,曾起草《法西斯宣言》。——译注

忍受：通货膨胀让教师变穷了，他们被那些以其课程为代价的额外活动所诱惑；数量几乎翻了一番的大学生想要让其学业变得有利可图，经常被迫工作，因此总是缺勤。詹蒂莱的改革（1923）引入了洪堡式的原则，但这却是以一种专制的方式做出的，他那明显的主张自由的理想主义打开了一条通往法西斯化大学的通道。通过精打细算地衡量其补贴而逐渐清除最弱的那些大学，国家以这样的方式将大学分为三类。出于经济原因而牺牲中等教育，获得教席的条件愈发严格也挫伤了择业的志向。大学生的数量在 1919 年到 1929 年之间从 50 000 人下降到了 40 000 人。他们被专门的法西斯主义组织严密地控制着。反对派教授要么保持沉默，要么流亡，就像被意大利法西斯统治后期的反犹主义措施所波及的物理学家恩里克·费米（Enrico Fermi）那样[1]。

西班牙

就像其他的地中海国家一样，在 19 世纪下半叶，相较于北欧更为先进的国家，西班牙的高等教育处于严重的落后之中。1898 年，西班牙在美西战争中被美国打败，从而开启了它的改革。直到 1900 年左右，西班牙的大学仍苦于某些贯穿拿破仑式大学的更加严重的缺点：过度的集中化，大量缩减的人员数量，官僚化的领导体制，少有活力且公务员化的教授。在撤销许多老旧的中世纪大学之后，仍有 10 所大学留了下来，它们由一个校长（recteur）和一些由当局所任命的院长（doyen）领导，就像改革前的法国那样。法学院聚集了最多的学生。马德里中央大学（l'université centrale de Madrid）控制了整体，因为只有它才能够授予博士学位，也只有它的教授才收入颇丰。一些高等技术学校补充了学院中非常传统的课程。

---

[1] M. Ostenc,《法西斯主义时期意大利的教育》(*L'Éducation en Italie pendant le fascisme*), Paris, Publ. de la Sorbonne, 1980, p. 65 及随后几页。

第六章 第二次变革:是科研还是向社会开放?

在1900年的17 000名大学生中有8 000人事实上在上课,其中每年有2 000人获得文凭,166人获得博士学位。同期的466名教授中有超过五分之一(99人)的人在马德里授课。西班牙的大学由于受职业教育的控制而只是很缓慢地才向智识的或者现代的学科敞开。三分之二的教授待遇很差(少于5 000比塞塔①),为了保障其未来,他们不得不做额外的工作,或者最终试着到马德里去教书。

改革运动源于奥维多(Oviedo)大学中的一小队年轻人,那是西班牙大学中规模最小的一所。他们的观念启发了被新的公共教育部自1900年起采纳的改革方案:文理科学院向新学科开放,法学中引入社会科学,设立奖学金,大学进行扩张,以便吸收新的公众。然而,长期的资金缺乏却限制了革新。针对必要内容的现代化以及向新公众开放的解决方法乃是受英国启发的大学扩张体制——这首先以1893年公开课的形式开始于萨拉科萨大学,随后扩展到了西班牙的其他大学。除了各学院的教授以外,这里还暗含了一些外面的合作者。那些课程甚至是在大学城外讲授的②。

在1917年之后③,西班牙的大学人员数量快速增长,大学

---

① 西班牙在2002年欧元流通前的法定货币。——译注
② J.-L. Guereña,"1900年左右的西班牙大学"(l'université espagnole vers 1900),在C. Charle、E. Keiner、J. Schriewer(编订)的书中,《追寻欧洲大学的空间》(À la recherche de l'espace universitaire européen),Francfort/M,Peter Lang,1993,p. 113—131。
③ 参看P. Sosa Also的文章,"本世纪初西班牙大学的改革与社会变革"(Reforma y cambio social de la universida española de principios de siglo),在《高等教育与社会——历史的观点》(Higher Education and Society, Historical perspectives)(Salamanca,1985,卷二,p. 642—651)中。R. Lopez Martin,"先前大学政策的合法性分析"(Analisis Legislative de la politica universitaria primoverista),op. cit.,p. 416—426。S. Marquès i Sureda,"共和国的加泰罗尼亚大学如今的自治状态"(La universidad en Catalunya de la il Republica al actual estado de la autonomías),op. cit.,p. 444—453;J. M. Fernandez Soria和A. Mayordomo Perez,"关于战后西班牙大学的观念(1939—1943)"(En torno a la idea de universidad en la España de la post-guerra),op. cit.,p. 249—261。

生和教师政治化,分成保守派和改革派。这些大学因此同政治决裂——这标志着西班牙历史中的悲剧时期——紧密地混合在一起。在普里莫·德里维拉(Primo de Rivera)①的独裁统治下,一种新的自治权被授予具有公民品格的大学,这些大学被吸收到了遵守当前制度的意识形态的团体之中。但是,由此给予宗教学校以优待本身也激起了大学中一场激烈的骚动,而当局对此的回应乃是关闭马德里大学。第二共和国②从1931年起就允许大学真正实现自治,尤其是在加泰罗尼亚这样的地区。在那里,高等教育在许多年间都能够用加泰罗尼亚语进行教学。和大学扩张计划结合在一起的大学生统一联盟(FUE),作为主要的大学生运动,发展了一些平民教育和反文盲斗争的计划。

　　在内战结束的时候,佛朗哥将军③上台执政,对教师团体进行了严厉肃清,并强制驱逐那些拥护前共和国的大学人员。1943年的法案标志着长枪党④和因袭传统的天主教大学的拥护者之间的妥协。新大学应该颂扬天主教的道德与教义,颂扬西班牙性(hispanité)⑤、当局与等级制度的意义。这一冰冻期(西班牙要到1960年代才从这个时期中走出来)因此违背了先前所有的改革。

---

① 西班牙前独裁者米格尔·普里莫·德里维拉,西班牙将军和政治家,1923年9月至1930年1月的独裁者。——译注
② 指西班牙第二共和国(segoudo república de españa,1931年4月14日至1939年),它是西班牙历史上第二个国家元首和政府首长均由人民选举产生的时期。——译注
③ 弗朗西斯科·佛朗哥(西班牙语:Francisco Franco;1892年12月4日—1975年11月20日),西班牙内战期间推翻民主共和国的民族主义军队领袖,西班牙国家元首,大元帅,西班牙首相,西班牙长枪党党魁。1936年发动西班牙内战,自1939年开始到1975年独裁统治西班牙长达30多年。——译注
④ 西班牙法西斯政党,1933年创建,1937年佛朗哥成为该党领神。——译注
⑤ 指讲西班牙语或者拥有西班牙式传统的地区,横跨亚非拉三大洲。——译注

俄罗斯[1]

俄罗斯的高等教育在这一时期的特征是各种倾向自相矛盾。一方面,国家遵从开明专制的俄罗斯传统,寻求将其变成一种现代化的元素、一种让国家西方化的元素。另一方面,独裁统治因地方的革命动乱而周期性再现,国家对这种反动倾向强制采取了专制的措施,以便重新掌控被看作颠覆性观念的老巢以及对社会秩序的威胁的大学。人员数量的上升如此明显,原因在于人们离开了那个非常低的层次。

1860年,9所大学中的5 000名大学生(但大部分都集中在莫斯科和圣彼得堡)在50多年后变成了37 000名。这种不可阻挡的增长——尽管在1881年亚历山大二世被刺之后采取了限制措施(限定犹太人与低下阶层的名额)——在一个官僚职务占据社会阶梯顶层位置的社会中,将高等教育的威望体现了出来。除了通往上等阶层的法学院,在一个卫生需求巨大的国家里,科学体现为具有优势的对抗苦难与无知的方式,医学也同样有越来越大的吸引力。社会中下阶层对新的社会性的渴望,通过大学和技术学校中贵族出身的大学生占比的下降而表现了出来。前者的占比在1865—1914年间从67%下降到了35%,而在后者则是从55%下降到了25%。类似的,小资产阶级、中产阶级或者犹太人则试图渗透进高等教育。当官方政权阻止他们这样做的时候,他们会毫不犹豫地大批出走,以便在国外获得文凭。巴黎、柏林,还有瑞士的大学容纳了许多俄罗斯大学生的移民团体,这也应该算到帝国的官方统计人数中去。在这个时期,女性也试图融入高等教育。

---

[1] 参看 D. R. Brower,"俄罗斯高等教育中的社会分层"(Social Stratification in Russian Higher Education),在 K. H. Jarausch(编订)的书中(op. cit.,尤其是 p. 247—248);J. Mac Clelland,《独裁者与研究会》(*Autocrats and Academics*),Chicago,Chicago UP,1979,尤其是 p. 39 和 p. 64。

当官方政权被限制的时候，私人创举或者流亡国外就代替了官方的教育。最终，在战前的十年里，门槛逐渐提高了。在1914—1915年间，女性占了高等教育总人数的30%，而她们在世纪初几乎是从零开始。虽然当局为了管理大学生和将某些社会阶层导向技术研究院而做出了许多努力，但是高等教育中的政治动荡并没有停止(1869、1874、1879、1887、1890年的运动)。这些抗议源于政权拒绝承认大学生的联合运动，或者源于当局拒绝承认经常被重新激起的专制性的调控。有25 000名大学生参与了1899年的罢工，其中许多人被逮捕、驱逐或流放。动荡的顶点发生于1905年的革命，大学充当了促成十月总罢工的革命动员的中心。镇压导致了1905—1906年间大学的关闭。紧跟着托尔斯泰葬礼的是新的动乱，这导致警察对莫斯科大学的干涉，也导致近百名教师在1910年被解雇。实际上，悖论的是，俄罗斯的高校教授们尽管大部分来自特权阶层(1904年，39%的教授出身贵族)，但他们依然普遍地倾向于自由主义和改革；某些教授甚至会在政治上介入，以至于在其职业生涯中遭受了许多苦难，并且不得不去流亡，如巴斯德研究院的梅契尼科夫①，或者只能满足于边缘的位置，就像著名的生理学家巴甫洛夫②那样。

在1917年革命之后的一段时期，比较突出的是大学生人口的变化以及结构的转变。由布尔什维克所决定的公开录取伴随着人员数量显著的增长：在1922年达到了216 000名大学生(相对于1914年的127 000名大学生)，他们被容纳进10所新大学和100

---

① Metchnikoff，俄语为 Мечников(1845年5月16日—1916年7月16日)，出生于乌克兰，是一位俄国微生物学家与免疫学家，免疫系统研究的先驱者之一。——译注
② 伊万·彼德罗维奇·巴甫洛夫，俄语为 Иван Петрович Павлов(1849年9月26日—1936年2月27日)，俄国生理学家、心理学家、医师、高级神经活动学说的创始人，高级神经活动生理学的奠基人。——译注

多所新的技术研究院中,这些学生在俄国之外尤其开放。在1920年代,伴随着许多不同的困难,以及社会限定名额这一有利于平民阶层的政策,曲线趋势有所下降。高等教育中同样也有规划,它赋予技术和应用研究以优先地位,而不是质量可疑且受到管控的大学课程①。新的苏联知识分子是在政治上服从的技术员,这些人同沙皇统治下的知识分子相反,即使他们能够根据高层所定义的标准来自夸其平民的出身。随着4.3%的适龄人口进入高等教育,苏俄因此在1939年重新达到了西方国家高等教育的水平,尽管它已经完全改变了其政制框架的源头。

欧洲外体制的西方化

日本

随着在明治时代向西方打开门户(1868),日本很快就开始为效法占主导地位国家的大学模式而操心。自1872年8月起,关于教育体制的法律在八个教学区域中的每一个里都建立了一所大学。然而,第一所真正意义上的大学要到1877年9月随着东京开成学园②与东京医学校合并成东京大学才出现,它包含了法学、文学、科学与医学的教学。这所大学由于1886年3月的敕令而采用了帝国大学的名字。11年后,旧首都京都同样拥有了一所大学,

---

① P. L. Alston,"俄罗斯教育扩张的动力"(The Dynamics of Educational Expansion in Russia),在 K. H. Jarausch(编订)的书(如上所引,p. 107)中;M. David-Fox,"心灵革命:布尔什维克中的高等教育(1918—1929)"(*Revolution of the Mind: Higher Learning among the Bolsheviks*),Cambridge,Cambridge UP,1997;S. Fitzpatrick,《苏联的教育和社会流动(1921—1934)》(*Education and Social Mobility in Soviet Union*),Bloomington,Indiana UP,1979。

② 开成学园(開成高校)于1871年由佐野鼎先生创立,是一所包含初高中的男子学校。——译注

而多所帝国大学也出现在了东北、九州和北海道。日本对外界长久的闭关锁国意味着它要求助于外国教授来进行现代学科的教学。这些人用外语教学,这迫使大学生用现行的语言上三年的预备课程。在1877年,77名教授的工资总额就占去了三分之一的教学预算①。

人们发现私立机构的创设是一种解决组织与财政上困难的方法。首先是低级别的专门学校和私立大学,它们在1918年12月的敕令之后得到了授权。许多私立学院和公立大学(但却不是帝国的)同样都在1920年代建立了起来。在1945年,日升帝国②共计有49所高等教育机构:7所帝国大学,14所公立大学和学院,28所私立大学,此外还有许多各种类型的专门学校。德国模式就这样启发了新的国家大学的建立,但在由美国占领军主导的日本高等教育重组前夕(1948),这种模式逐渐地受到了来自一个获得多数支持的私立部门的挑战③。

高等教育入学率在20世纪上半叶增长迅速。从1905年的0.9%(是先进欧洲国家的三分之一)涨到了1915年的19.9%,到1925年则涨到了32.3%。但是国家部门要求颇高,也很精英主义,它只向被入学考试筛选过的少数部分人员敞开大门:大学生只占了总数的2.5%。

军队力量的干预表现在1930年起对大学的消极影响。自由的氛围让位给了对左翼大学生与教师——他们被指控为犯有反国家罪——一贯的迫害。一些专门的组织会负责给年轻人进行思想

---

① B. K. Marshall,《学园的自由与日本帝国大学(1868—1939)》(*Academic Freedom and the Japanese Imperial University*), Berkeley, University of California Press, 1992; E. Beauchamp, R. Rubinger,《日本的教育——一部原始资料手册》(*Education in Japan. A Source Book*), NewYork, Garland, 1989。
② 即大日本帝国,此处法文为 l'empire du Soleil-Levant,取的是"日本"在日语中的原意:太阳升起的地方。——译注
③ T. Horio,《日本的教育》(*L'Éducation au Japon*), Paris, Editions du CNRS, 1993。

灌输。不同于人们在其他的专制政制中看到的那样,人员数量的膨胀在继续,这是为了保证日本在管理人员、工程师和技术员方面的自主性。如此,日本就在1935年每10 000位居民中大学生的比例达到了高于同年欧洲的水平。通过较早进入大众高等教育,日本政权未来的基础得到了准备。

其他例子

和日本一样,但是更晚一点,大部分"新兴"的或者被西方控制的国家在这一时期都试图模仿占主导地位的大学模式。这些大学的建立既是现代化的过程,也是民族认同的过程,是为独立而斗争的前奏曲。例如在中国,运动随着仿照欧洲模式的京师大学堂①的建立(1898年)而开始。在1910—1920年间,这种类型的学校在这整个地区都变多了。这些大学也成了反西方的独立运动的摇篮②。而大学向世界开放在别处则稍晚一些,比如像由来自欧洲的教师从事教学(就像日本那样)的埃及。在拉美,继承自殖民时代的机构组织一直以来都饱受质疑。改革运动来自1918年阿根廷的科尔多瓦的一场大学生抗议,它持续席卷了不同国家:秘鲁、智利、乌拉圭、哥伦比亚、墨西哥、古巴。大学自治权逐渐扩大,大学生获得了监管学院事务的权利,对教师的选择也愈发严格。现代化有时是以专制的方式实现的,就像1930年代的巴西——新的大学在里约和圣保罗被建立了起来,它们最早的教授都来自欧洲,尤其是法国。整个20世纪,高等教育在这个地区都紧紧地同改革

---

① 法文直译为"北京帝国大学",指1898年戊戌新政中成立的京师大学堂,它是中国近代最早的大学,北大的前身。——译注
② Yeh Wen-Hsin,《民国时期大学校园文化》(*The Alienated Academy. Culture and Politics in Republican China*),Cambridge(Mass.),Harvard UP,1990;R. Hayhoe,《中国的大学(1895—1995):文化冲突的一百年》(*China's Universities: A Century of Cultural Conflict*),University of Hong Kong,Comparative Education Center,1999。

派、民族主义者或者革命派的政治运动,包括从秘鲁的平民大学的运动、墨西哥的工人大学(1932)、古巴的民族主义运动及随后的马克思主义运动,直到1960年代到1980年代安第斯山脉地区国家或者中美洲国家中(它们在那里牺牲了自己的管理者与一部分军队)的游击战混在一起①。

结论

20世纪中期,对于被欧洲直接或间接地影响了的诸多社会而言,高等教育成为一种中央机构。它如今乃是科学、社会甚至是政治革新的场所,因为它在此培养了许多未来的管理者与领导。高等教育同样也准备了许多重要的交流网络,这些科学的网络通过如下方面造就:学术交流、学会科学期刊、代表会议、研究任务,随着欧洲甚至大陆范围内的大学生迁徙运动的复苏而来的大学生群体②。高等教育也是社会领域中的改革派运动或者和平主义运动的摇篮,即使每个大学共同体都保留了其国家特性,并且任由自己在第一次世界冲突的时候被强行招募以服务于国家。这个智识自由的空间,同样也是从偏见中解放出来的空间(伴随着女性进入大学这件事情),因此受到了所有专制或独裁政制的怀疑,这些政权想要严格地塑造社会的等级制度与知识分子运动。更广泛地来讲,20世纪大部分的社会剧变都已被预告或在其内部做好了准备。

---

① 参看 J.-L. Guereña, E.-M. Fell, J.-R. Aymes(编写),《从中世纪到今日的西班牙和拉美的大学》(第一卷,结构与行动者)(*L'Université en Espagne et en Amérique latine du Moyen Âge à nos jours*, I, *Structures et acteurs*), Tours, Publ. de l'Université de Tours, 1991。

② C. Charle, J. Schriewer, P. Wagner(编订),《跨国知识分子网络——学院知识的形式和对文化认同的追寻》(*Transnational Intellectual Networks. Forms of Academlc Knowledge and the Search for Cultural Identities*), Francfort/Main, Campus Verlag, 2004。

第六章 第二次变革:是科研还是向社会开放?

表 3　1810—1950 年间欧洲和美国的大学生数量(单位:千)

	英国	德国	俄罗斯	美国	法国	比利时	荷兰	奥地利	意大利	西班牙
1810	—	4.9	—	1.2	—	—	—	—	—	—
1820	—	9.8	—	—	—	—	0.7	—	—	—
1830	—	15	—	—	7.4*	1.0	1.6	—	—	—
1840	—	—	—	—	—	1.4	1.4	—	—	—
1850	—	11	—	—	—	1.7	1.4	3.1	—	—
1860	3	12	5	22	8**	2.4	1.3	—	6.5	7.6
1870	5	13	6	31	11	2.6	1.2	5.6	12	—
1880	10	21	8	49	12	4.5	1.5	5.5	12.4	—
1890	16	28	13	72	20	5.6	2.5	7.1	17.5	—
1900	17	44.2	16	100	29	5.3	—	—	26	8
1910	26	66.8	37	144	41	7	4.2	12.6	29	16
1920	34	120.7	109	251	49	9	—	22.0	53	23.5
1930	37	134	43	489	78	10	10	21.4	44	35.7
1950	106	246	—	—	145	20.7	29.7	24.8	145	55

注意:如上日期是近似的,即是说它是十年中的某一年的数据。

来源:K. Jarausch,op. cit.,p. 13(1860—1930);1860 年前的德国:R. S. Turner,在《德国教育史手册》中被引用的文章,p. 224。

法国:* J. -C. Caron,op. cit.,p. 37(1828);** 根据 G. Weisz(p. 46)来做出的预估(对于其他专业和学校而言医学和法学有所增长的近似数据);其他:G. Weisz,op. cit.,p. 23;比利时和荷兰:B. R. Mitchell,《国际历史数据:欧洲(1750—1988)》(*International Historical Statistics:Europe*),Londres,Macmillan,1992,p. 878—883;《密涅瓦,1909/1910》(Minerva)和《比利时高等教育与研究的机构》(*Les Institutions d'enseignement supérieure et de recherche en Belgique*),布鲁塞尔,1937;奥地利:这涉及奥地利实际领土上现有的大学,但不涉及高等技术学校(H. Engelbrecht,op. cit.,p. 236 和 Mitchell,op. cit.);意大利:A. Aquarone,op. cit.;M. Barbagli,《意大利脑力劳动的失业和学校制度》(*Disoccupazione intellettuale e sistema scolastico in Italia*),博洛尼亚,Il Mulino 出版社,1974,p. 134 和 204 以及 B. R. Mitchell,op. cit;西班牙:J.-L. Guereña,如上所引的文章以及 B. R. Mitchell,op. cit.

表4　西方主要国家20—24岁年龄段的高等教育入学率(单位:%)

	1840	1870	1880	1890	1900	1910	1920	1930
英格兰	—	0.4	0.6	0.7	0.8	1.3	1.6	1.9
德　国	—	0.6	0.6	0.6	1.0	1.2	1.9	2.6
奥地利	0.9	0.7	1.0	0.9	1.1	3.8	—	—
比利时	0.5	0.7	1.0	1.0	0.9	1.3	—	—
苏格兰	—	1.4	1.9	1.8	1.4	1.9	—	—
西班牙	—	0.9	1.0	—	—	1.2	—	—
芬　兰	0.3	0.4	0.4	1.1	1.2	1.2	—	—
法　国	—	0.5	0.6	0.9	1.2	1.7	2.0	2.9
意大利	—	0.5	0.5	0.8	1.0	1.1	—	—
挪　威	—	0.7	0.5	1.0	0.7	0.8	—	—
荷　兰	0.6	0.4	0.5	0.7	0.7	1.1	—	—
葡萄牙	—	0.2	0.2	0.3	0.3	0.2	—	—
俄罗斯*	—	0.1	0.17	—	0.2	0.8	—	4.3
瑞　典	0.6	0.5	0.6	0.9	0.7	0.9	—	—
瑞　士	—	—	0.7	0.9	1.4	2.2	—	—
美　国	—	2.3	3.4	3.5	5.0	5.6	9.0	11.2

＊1917年后是苏联。

注意:如上日期是近似的,即是说它是10年中的某一年的数据。

来源:H. Kaelble,《19世纪与20世纪的社会流动和机会平等》(*Soziale Mobilität und Chancengleichheit im 19. und 20. Jahrhundert*),Göttingen,Vandenhoeck et Ruprecht,1983,p. 200—202,这是对于1914年前的所有国家而言的,除了法国、俄罗斯和美国;对于这些国家:K. H. Jarausch,op. cit.,p. 16(俄罗斯、美国);对于法国,参看F. K. Ringer,《现代欧洲的教育与社会》(*Education and Society in modern Europe*),Bloomington,Indiana UP,1979,表9-表11。

第三部分

1945 年以来大学的普及

第七章　从1945年到1980年代初的第一次大众化

　　二战后的三分之一个世纪也许给全世界大学带来了比之前三个世纪更多的动荡。过去只关系到少数年轻人的高等教育学校必须接纳人数不断增长的一部分年轻人,并且男女生的比例要更加平衡。这些高校只形成了一个为少数国家保留的小型网络,甚至仅仅出现在占主导地位的国家中的小部分城市里。一二十年里,它在所有大陆的范围内编织出了一个人们如今可以叫作大学万维网(world wide web universitaire)的东西,尽管亚洲、非洲和东欧还处在极大程度上的原始和落后之中。

　　高等教育的问题于是就上升到了政治与社会的重大挑战的层面。不断增强的张力——来自不由自主且不断运转的扩张,来自国家、民族、大学团体、大学生、公司或经济的要求之间的利益冲突——通过大量严重的、重复出现的困难而表现出来,这些困难根据继承来的结构的适应能力或者根据统治者(无论他们是为私还是为公)的专制独裁而有所不同。

世界范围内通往大众化大学的道路

欧洲和北美

欧洲和北美的大部分国家都经历了或多或少被控制的相同扩张,并且,根据被引入学院的改革的不同而在年代上有明显的差距:中学教育的开放与否、课程间不对等的女性化、短期的或技术型高等教育的创设,或者是进入高等教育的可选择的不同道路(这可以减弱第一次扩张带来的冲击,见表5)的创设。

例如,在法国,1935年有81 218名大学生,而到1959—1960年则变成了213 100名(24年中增加了162%)。正在那时,增长开始了:在十年不到的时间里注册人数增加了一倍(在1968年前夕有超过40万名大学生),在1970年有将近70万名大学生。意大利——在1950年表现出了比法国更高的初始水平——在1970年代初面对着同样的岔路。瑞典、比利时、南斯拉夫或西班牙这些不同的国家提供了其他迅速大众化的例子。相反,德国、奥地利、英国且尤其是瑞士,都走上了一些更为温和的扩张道路,或者是最终走上了将其部分地吸收进外在于大学的学校机构之中的道路(高等专科学校[Fachhochschulen]、综合理工专科学校[polytechnics])。

这些扩张根基上的差距很好地暗示了,对于继承自20世纪上半叶的大学模式的大众化的变化多端的反抗。某些国家保持了高等教育的筛选性特征,或者创造了一些可选择的道路(更加短期或者更加专门化),以保护相对罕见的老牌学院头衔,并且得以根据出路或者普遍性,以及威望的水平,去区分学校的不同功能。其他国家则持续增长,尽管有一些计划工作的言论或者选择性的规划(就像在法国那样),它们最终还是没有建立一种普遍的选择机制(除了那些进入大学校的少数群体),也没有打开一些合适的、可选

表 5　1950—1970 年北美和欧洲的高等教育人员数量(单位:千)

国家	1950年的人数	1960年的人数	1970年的人数	1958—1959年女性占比	1970年女性占比	1958—1959年19岁年龄段在高等教育中的占比	1970—1971年19岁年龄段在高等教育中的占比
奥地利	24.6	39.3	54.9	23.4%	29%	—	10.4%
比利时	18.2	30.6	69.8	18.7%	36%	—	24.4%(1966)
保加利亚	?	32.3(1959)	85.3	39.4%	51%	—	—
丹麦	7.3	28.6	69.4	22.5%	37%	—	18%
西班牙	55	76.4	232.1	17.7%	27%	—	16.7%
联邦德国	130.1	247.2	412.0	25.3%	31.2%	6%	15%
民主德国*	30	99.8	143	26.4%	35.4%	—	—
芬兰	10.4	23.0	58.8	44.7%	48%	—	26.9%(1967)
法国	129.0	240.7	694.8	37.4%	50%(1975)	7%	19%
希腊	?	25.7	72.3	?	31%	5%	20.7%
英国	103.0	123.5	250.6	23%	28.6%	6.6%	15.5%
匈牙利	?	29.8(1959)	54	—	43%	—	—

(续表)

国家	1950年的人数	1960年的人数	1970年的人数	1958—1959年女性占比	1970年女性占比	1958—1959年19岁年龄段在高等教育中的占比	1970—1971年19岁年龄段在高等教育中的占比
爱尔兰	?	20.7	27	24.6%	34%	—	12%
冰岛	?	0.9	2.0	21.7%	24.7%	—	—
意大利	180.1	268.0	682.0	27.6%	38%	—	19.1%
挪威	9.6	30.2	40.6	20.1%	30%	—	—
荷兰*	?	40.7	103.4	24.9%	25.4%	—	—
波兰	125	166	331	?	47%	—	—
葡萄牙	11.5	19.5	43.6	28%	44%	3.2%	7.6%
瑞典	9.7	36.9	124	—	42%	—	—
瑞士	13.2	23.4	42.2	16.4%	27.4%(1977)	—	9%
捷克斯洛伐克	38.8	48.8	145	27.7%	38%	—	—
土耳其	25	46.8	169.7	15.4%	19.7%	—	—
苏联	1 247	2 396	4 600	53%	49%	12%	30%
高等教育*	109.7	248.9	503.5				

(续表)

国　家	1950年的人数	1960年的人数	1970年的人数	1958—1959年女性占比	1970年女性占比	1958—1959年19岁年龄段在高等教育中的占比	1970—1971年19岁年龄段在高等教育中的占比
南斯拉夫	60.6	106.3	172.6	30%	39%	11.3%	30.5%
美　国	2 281	3 640	8 581	34.5%	51%	25%	41%
加拿大	68.0	113.9	356.7	23.1%	—	—	—

* 只是大学的数据,还有其他拥有高等教育的国家之总和。

来源:G. Neave,表 2. 1,在 W. Rüegg(版本)的《欧洲大学的历史》(第四卷,Cambridge,Cambridge UP,2011,p. 42)中。根据联合国教科文组织的《教育组织及其数据的世界手册》(*World Handbook of Educational Organization and Statistics*),1951;《联合国教科文组织的数据年鉴》(*Annuaire statistique de l'UNESCO*),Oxford,New York,Pergamon,1992,第三卷,P. 1549;某些信息在随后信息的专题著作中被改正了:R. Rytlewsky 和 M. OPP de Hippt,《联邦德国的数据》(*Die Bundesrepublik in Zahlen*),Göttingen,Vandenhoeck et Ruprecht,1987;H. Köhler,《民主德国的学校和学院(1949—1989)》(*Schulen und Hochschulen in der Deutschen Demokratischen Republik*),Göttingen,Vandenhoeck et Ruprecht,2008,p. 283,293;M. Tight,《1945 年以来英国高等教育的发展》(*The Development of Higher Education in the United Kingdom since 1945*),Maidenhead,New York,Open University Press/Mc Graw Hill,2009,p. 55;加拿大:R. S. Harris,《加拿大高等教育史》(*A History of Higher Education in Canada*),Toronto,Buffalo,University of Toronto press,1976,p. 457(全日制大学生);美国:19 岁年龄段的比例,在 M. Deveze 的书中:《大学的当代史》(*Histoire contemporaine de l'Université*),Paris,Sedes,1975,p. 439。对于某些年份或者缺席的国家来说则由经合组织完善了,《教育的数据年鉴》(*Annuaire des statistiques de l'enseignement*),卷一,"国际表格",Paris,OCDE,1974,p. 21(大学教育)和 p. 30(入学率);《教育的国际年鉴》(*Annuaire international de l'éducation*),卷二十二,Paris,Unesco,1960,p. 543—545;J. Lambiri-Dimaki,"希腊中获得教育的机会"(*Les chances d'accès à l'enseignement en Grèce*),在 R. Castel 和 J. -C. Passeron(编写)的书中:《教育、发展与民主》(*Education,développement et démocratie*),Paris,La Haye,Mouton,1967,p. 109(1962—1963)和 J. Markiewicz-Lagneau,《苏联的高等教育,平等和社会主义》(*L'Enseignement supérieur en Union soviétique*),Paris,OCDE,1973 和 J. Markiewicz-Lagneau,《教育、平等和社会主义》(*Education,égalité et socialisme*),Paris,Anthropos,1969,p. 77,79 以及 p. 80—81(波兰和民主德国)。

择的出路:美国的大学计划失败了,在一些技术或科学课程之外创设的大学工艺研究所(IUT)迟迟没有准备就绪①。这一点很重要:大学生数量迅猛增长的国家也是那些高等教育中女性学生数量增长最为迅速的国家。有两个现象变得明显,因为增长最为迅速的学院也是那些接纳了最多年轻姑娘的学院:文学院和法学院。这两个学院教学配套设施极其简单,课程在阶梯教室中进行,可以吸收很大一群人而不必使用医学和科学所需的昂贵设备及其实践操作或临床教学所需的更高比例的管理者。

  人员数量的扩张同样发生在中欧、东欧以及苏联,尽管它们的经济体制与教育结构不同。这因此涉及一种同这一繁荣时期的经济增长相关、同科学以及场所(人们在其中意识到这一现象)的效果相关、同平等观念以及在国际范围内由福利国家和共产主义国家(即使其目的和模式都不同)传播的社会进步观念相关的普遍的社会现象。一方面,在西欧和日本,这涉及赶超占主导地位的国家——美国。它的高等教育入学比例在二战后已经非常高了,它还将继续展示欧洲国家或者亚洲国家重获自由模式的道路。政府由此希望将其研究潜力和培养潜力之间的差距化为一种关于这个超级大国的不同研究,以便更少地在经济上和技术上依赖于这个超级大国。另一方面,在那些跟随苏联模式的国家中,当权的共产党想要替换掉,或改造那些在它上台执政之后被消灭或清洗的旧统治阶级,并为了建设"社会主义社会"而培养新的干部,在冷战,以及随后是和平共处的背景下,这种建设的目标也是要在其落后的经济和技术领域赶超西方。到处都在强调培养工程师和技术员,实用教学的有计划增长对于这种大学的唯意志论——它同先

---

① 参看 A. Prost,《教育、社会与政策——从 1945 到现今的法国教育史》(*Éducation, société et politiques. Une histoire de l'enseignement en France de 1945 à nos jours*), Paris, Le Seuil, 1992, 第五章。

前的自由政治决裂了——来说是重要的,在欧洲和在别处都是如此。社会中的限额或者向社会政治标准靠拢的考试都努力将大学生的来源"无产阶级化",这在1950年代获得了一点成功,但这种成功随后由于如下情况而愈发减少:体制内官员和知识界人士的子女,通过其教育策略使先前有利于平民阶级的立法变得无效。

世界的其余部分

在之前被殖民过的国家中(人们现在把它们叫作"发展中国家"或者"第三世界"),高等教育依然十分落后。在过渡时期,非洲大学的萌芽或者新的大学部分地取决于由此前的大都市派来的教师:这就是加纳、塞内加尔、科特迪瓦和北非的情况。每当某些非洲或亚洲国家想要同东方阵营合作或者追随它们,以便从旧有的殖民统治中解放出来的时候,为了补救大学基建面对人员快速增长时的不足,另一种解决办法就出现了,即派遣留学生去欧洲或者美国,甚至是去苏联或者社会主义国家。

表6 1960—1980年非洲主要国家的大学生数量以及女性比例(括号中的百分比)

国　家	1960	1970	1980	年增长率
阿尔及利亚	7 248(21%)	19 213(25%)	79 351(26%)	49.7%
安哥拉	531(1964)	2 349(39.8%)	1 918(?)	13%
贝　宁	?	311(7.4%)	3 390(18.7%)	99%
喀麦隆	213	2 011(7.8%)	10 422(?)	239%
刚果/扎伊尔	546(12.3%)	1 788(4.9%)	6 848(14.3%)	57.7%
科特迪瓦	307(?)	4 400(14%)	14 418(17.6%)	229%
埃　及	83 251(17%)	122 049(26.5%)	504 368(30.6%)	30.3%
加　纳	1 433(11.2%)	5 400(14.3%)	15 000(20.6%)	71%
肯尼亚	340(13.5%)	3 443(?)	8 765(?)	25.4%
利比里亚	743(24.3%)	1 011(21.5%)	3 820(27.7%)	25.7%

(续表)

国 家	1960	1970	1980	年增长率
利比亚	571(?)	5 222(10.7%)	15 809(24.4%)	133%
马达加斯加	1 130(21.4%)	5 700(31.8%)	22 857(?)	159%
马 里	164	731(10.5%)	5 281(11.4%)	156%
摩洛哥	4 665(14.4%)	16 000(16.6%)	93 900(23.8%)	95.6%
尼日利亚	2 207(7.3%)	9 695(?)	57 742(28%?)	43%
乌干达	912(4%)	4 232(17.6%)	5 856(22.6%)	27.1%
塞内加尔	1 069(16.7%)	4 285(16.7%)	12 373(18.7%)	52.8%
苏 丹	2 704(4.7%)	14 308(12%)	27 139(26.4%)	45.1%
坦桑尼亚	47	2 027(16.5%)	4 031(17.1%)	423%
突尼斯	2 588(23.1%)	10 129(20.6%)	31 827(21%)	56.4%
南 非	38 265(21.9%)	82 909(?)	152 346(?)	19.9%
赞比亚	312(1966)	1 433(14.9%)	7 340(23.3%)	112.6%

来源:《非洲高等教育的未来》,关于非洲高等教育之未来的会议报道(Tananarive, 1962 年 9 月 3—12 日),Paris,Unesco,1963;B. R. Clark 和 G. R. Neave(版),《高等教育百科全书》,op. cit. ;D. Teferra 和 G. Altbach 博士(版),《非洲的高等教育:一份国际化的参考手册》(*African Higher Education*: *an International Reference Handbook*), Bloomington, Indianapolis, Indiana UP, 2003;P. Vermeren,《摩洛哥与突尼斯精英的培养》(*La Formation des élites marocaines et tunisiennes*),Paris, La Découverte, 2002, p. 491。

表 7 拉美主要国家的大学生数量(1960—1980),1966 年年龄段的比例以及女性入学比例(括号中的百分比)

国 家	1960	1966 年 20 到 24 岁年龄段的比例	1970	1980
阿根廷	115 005(?)	14%	274 634(43.7%)	491 473(50.4%)
玻利维亚	12 756(?)	?	35 250(?)	44 948(1978)
巴 西	86 868(?)	2%	430 000(37.7%)	1 377 286(48.3%)
智 利	24 703(33.0%)	6%	76 795(38.4%)	118 978(43.2%)
哥伦比亚	23 013(19.7%)	3%	85 560(26.8%)	271 630(44.6%)

(续表)

国家	1960	1966年20到24岁年龄段的比例	1970	1980
古巴	19 500(50.7%)	?	35 100(39.4%)	146 240(46.4%)
厄瓜多尔	6 605(15.3%)	3%	20 396(30.1%)	122 645(35.9%)
墨西哥	82 627(16.5%)	4%	218 637(20.1%)	827 881(31.9%)
巴拉圭	2 982(?)	3%	8 200(42.1%)	27 000(?)
秘鲁	30 247(10.6%)	7%	109 230(34.3%)	257 220(35.2%)
波多黎各	33 645(44.4%)	19%	64 449(?)	135 159(?)
乌拉圭	14 853(?)	7%	27 157(?)	39 000(53%)
委内瑞拉	21 292(?)	7%	101 000(?)	282 000(?)

来源:《教育国际年鉴》(*Annuaire international de l'éducation*),卷22,1960,Paris,Unesco,1960,p.543—545;B. R. Clark 和 G. R. Neave(版),《高等教育百科全书》,op. cit.,对于1970年代和1980年代而言:网络数据表:stats. uis. unesco. org/unesco/Report Folders. aspx;D. dos Santos Tinôco,"巴西的高等教育:大众化、私有化和驱逐"(*L'enseignement supérieur au Brésil: massification, privatisation et exclusion*),《教育的科学研究的国际法语组织期刊》(*Revue de l'Association francophone internationale de recherche scientifique en éducation*),www. la-recherche-en-education. org 第二号(2009),p. 21—39;A. Liebman、K. N. Walker、M. Glazer,《拉美大学生:一份六国研究》(*Latin American University Students: A Six Nation Study*),Cambridge(Mass.),Havard UP,1972,p. 36;D. C. Levy,《拉美的高等教育与国家:公共领域的私有挑战》(*Higher Education and the State in Latin America: Private Challenges in Public Dominance*),Chicago,The University of Chicago Press,1986,表1。

表8 大洋洲、亚洲主要国家和地区的大学生数量(1960—1980)以及女性比例(括号中的百分比)

国家	1960	1970	1980
沙特阿拉伯	21	8 492(8.1%)	52 610(24.8%)
孟加拉国	无大学	11 453(9.7%)	240 181(13.9%)
缅甸	12 673(26.9%)	?	?
柬埔寨	696(12.5%)	9 200	700
锡兰/斯里兰卡	5 279(16.4%)	12 325(43.3%)	43 000(42.7%)

(续表)

国　　家	1960	1970	1980
中　国	961 000	48 000	994 000(23.7%)
韩　国	101 041	201 436(26.9%)	538 726(22.9%)
印　度	557 000(16.2%)	1 953 700(22.2%)	2 752 437(27.2%)
印　尼	30 498(16.4%)	大约 100 000	457 633(28.1%)
伊拉克	12 115	42 431(22.2%)	100 462(30.8%)
伊　朗	18 085(16.0%)	74 708(25.5%)	174 217(29.8%)
以色列	11 500	55 486(44.3%)	97 624(47.7%)
日　本	626 421(15.9%)	1 406 521	1 835 312(32.7%)
黎巴嫩	11 265	42 578(23.5%)	85 087(36.2%)
马来西亚	4 139(18.1%)	7 677	57 650(38.5%)
巴基斯坦	126 047(10.3%)	114 980(21.3%)	156 558(26.9%)
菲律宾	211 901(40.0%)	651 000(55.6%)	1 182 103(53%)
叙利亚	10 116	42 667(19.8%)	115 402(28.9%)
泰　国	48 109(27.3%)	105 200(?)	472 995(42%?)
越　南	?	80 323(1976)(39.5%)	114 701(23.6%)
澳大利亚	53 400	179 664(32.7%)	323 716(45.3%)
新西兰	27 512	39 816(39.2%)	76 643(40.6%)

包含的人员数量:根据联合国教科文组织的定义,整个"第三产业"层面上的东西就是宽泛意义上的高等教育。

来源:同先前的表格一样的来源。中国:R. Hayhoe,"中国的大学与西方的学院模式"(China's universities and Western academic models),《高等教育》,卷18,第一号,1989,p. 70 和72;《联合国教科文组织数据年鉴》,1965 和1993。

在其他大陆(表6-8),人员数量的增长同发达国家中的一样值得注意,尽管在经济形势或者特殊的政治方面存在着差距,例如在去殖民化时期或者对外战争时期,这些国家动荡不安。在非洲,人们几乎是白手起家,尽管伴随着强烈的内部不平等,以及在1960或1970年代不断变快的节奏,进步仍然是最大的。在亚洲,十年中的 5% 或者二十年中的 10%（或更多）这样一种倍增的增长率不再是罕见的：就像在孟加拉国（随着同巴基斯坦的分离而在 70 年代超过 20% 的增长）、马来西亚（20 年中将近 13% 的增长率）、伊朗、叙利亚以及中国台湾（二十年中增长了 10 倍）那样。在拉美，只有墨西哥、巴西、哥伦比亚和委内瑞拉出现了这样现象级的进步，其他国家的高等教育体制以非常接近欧洲和北美的增长率吸收了许多新的入学者，然而这不是说各处都没有问题，就像人们因为资源有限、缺少政治共识而更细致更有远见地看到的那样。

变革的先驱国家

美国：朝向"多元大学"（multiversité）

这一时期占主导地位的政治、经济强国是美国，美国也是最早在最大范围内大规模进行大学改革的国家。这就是为什么那些规模较大的美国大学会不断地被其他国家的改革者引作榜样。在 1963 年 4 月 23 日到 25 日哈佛举办的会议中，加利福尼亚大学校长克拉克·凯尔（Clark Kerr）提议将改革过后的新大学命名为"多元大学"（multiversité）[1]。教育与教学内容的多元化、大学日益参与到地方或联邦在经济、社会、政治方面的重要事务中、为更多先前的美国大学充当基础的参考模式，这些因素都不再能适应人员数量（教师和大学生）的增长。根据凯尔的说法，"多元大学"是对一种新经济和一个新社会之未来的表达：

---

[1] 以英文名出版，《大学的用途》（*The Uses of University*），法文标题为《大学的化身》（*Métamorphose de l'université*），Paris, Editions Economie et humanisme, Les Editions ouvrières, 1967.

只有现在我们才意识到大学那不可见的产物——知识——也许仅仅对于它自己而言才是我们文化最有力的元素,它决定了职业甚至是社会阶级,决定了地区或者甚至是国家的飞一般的提升与下落。①

加州大学——凯尔非常了解这所大学——拥有 5 亿美元的预算和 4 万个雇员,比同时期的 IBM 还多,全州有 100 栋大学建筑,同 50 个国家有联系,开了 1 万种不同的课程,同"所有的工业、所有等级的政府部门、该地区的所有人都具有实践上的"联系,这说明学校在本质上发生了变化②。加州大学也许是一个极端的例子,但是甚至连更老一点的,或者更传统一点的大学都由于外在压力而被迫进入这种新的逻辑。

联邦的干预

首先是由联邦政府投票通过 G. I. 提案③(随后是一个支持朝鲜战争退伍老兵的类似法案)而批准的慷慨措施。一整代的青壮年,其年龄比传统意义上的大学生要大,彼此间的社会出身与籍贯非常不同,但多亏了这一公共援助他们才得以开始一种前景与先前几代人完全不同的高等教育④。

第二个主要的影响是联邦政府在研究中的巨大投入,这首先和战争有关——其目的在于准备最先进的军火与技术,以此服务于国防。随后联邦政府又处于冷战以及同苏联敌对的环境下——

---

① C. Kerr,《大学的化身》,op. cit. ,p. 8。
② 如上所引,p. 17。
③ 全名为"美国退伍军人权利法案"(Servicemen's Readjustment Act of 1944)。——译注
④ 3 400 000 位退伍军人就这样得以开始高等学业或者是大学培训(A. Touraine,《美国的大学与社会》[*Université et société aux États-Unis*], Paris, Le Seuil, 1972, p. 141)。

根据艾森豪威尔总统本人命名的"军事-工业联合体"(complexe militaro-industriel)的要求,其目的在于核武器的扩充、细菌战、太空争夺。这种财政上的投入,其中非常大的一部分就是用在物理学、化学、生物学、医学上,在最大的大学中建立研究机构和实验室,或者就是用来资助整体规划(大学为此而竞争)。1960年,美国的高等教育界从华盛顿政府那里拿到了总计15亿美元。这笔钱的三分之一流向了大学研究中心,三分之一流向了由大学领导的研究,还有三分之一用于不同的社会援助。在这一时期,资助研究的10亿美金覆盖了大学75%的研究预算,以及总预算的15%。这些预算全都瞄准了优先的领域:国防(40%)、科技发展(20%)、健康(37%)。人们看到,最重要的那些大学的科学政策就这样广泛地取决于联邦当局,规模这么大的现象前所未有,这反驳了自治的神话与象牙塔的神话。仅仅6所大学就接受了57%的信贷,有20来所大学接受了79%的信贷[1]。

联邦州的这一干预还加强了学院或大学整体之间的等级制度。无需研究,这些学校保证了初中教育以及同知识社会最进步的发展以及国家的战略目标相符的顶尖机构,也产出本科毕业生和博士。大量公共资金的注入让大学的内外关系深深地失去了平衡:某些战略性专业(科学、医学、技术)以及某些教授都得到了特别的支持,其他的(对于赞助人来说没有直接的目的性)则被疏远或衰落了。从事研究且仅教授(或较多教授)最优秀学生的教授与献身于初等教育的教师,和普通的助教之间的划分(符号的、经济的)同学校间的划分一样都加深了。非教师人员不断提升的地位(由于研究或者机构的行政管理)完全改变了大学共同体的面貌,

---

[1] 由 C. Kerr 提供的数据,op. cit., p. 60—61。为了更细的历史资料,也可参看:R. L. Geiger,《研究与有意义的知识——二战以来的美国研究大学》(Research and Relevant Knowledge. American Research Universities since World War II),New York,Oxford UP,1993,第一二章。

并且制造了紧张与额外的敌意。一部分大学人员仅仅同其理论上的雇主维持着一种疏远的关系,他们的时间被商谈合同与计划,或者是由不同的政府代理机构所做的评估鉴定所占用①。

民主化的计划

类似地,且以一种明显矛盾的方式,这个阶段也有一些特点,尽管——通过这样的努力:在一个自愿变得民主的社会中,实施史无前例的社会开放,并减少由继承导致的最令人咋舌的不平等——研究都集中在某些规模巨大的中心之中(东海岸、加州、芝加哥地区);反对种族歧视(或者是反对性别偏见)的斗争、向经济上弱势或者社会上弱势的群体的开放。两年制专科大学(junior colleges)或者社区大学(community colleges)的增加(两年的高等教育代替了大学传统学院中的四年)旨在缓解中学教育(教学质量在区域之间非常不平衡)与高等教育之间的分裂。一些缺少支持的群体因而希望能够从大学毕业,尽管他们是根据学校的名声和历史地位,或其基础课程(或高级课程)的质量来选择的。在这种情况下,只有少数人能通过预选,并且,随着1970年代后半期雇佣市场的萎缩,两年制专科大学开始向职业学校转变,以便让毫无技能的大学生能转去长期学习。这一模式将在许多不同的国家中被再次采纳,如法国(通过大学工艺研究所[IUT]②)、南斯拉夫、加拿大、挪威和日本③。这种冷却功能(即温和的消除)保护了最具威望大学的筛选性,尽管这些大学还持有独属于"美国梦"的机会

---

① 美国1960年代的这张表预测了人们如今可以建成大部分规模巨大的国家的最先进的大学,强调这一点是多么的令人震惊。大部分政府(借助国际组织的建议,如经合组织)实际上都试着或多或少再生产由美国五十多年前所开始的政策。
② 技术型大学机构。——原注
③ S. Brint 和 J. Karabel,"美国社区大学和不平等的政治"(Les community colleges américains et la politique de l'inégalité),《社会科学研究备案》,第86—87号,1991年3月,p. 69—84,尤其是p. 79以及余下页数。

平等与民主制度的修辞。同欧洲大学相比,美国的高等教育的确将自己的机会给了更广大的弱势群体:在1966年,37%的大学生来自蓝领家庭、服务人员的家庭或者是农民家庭,这些群体占了美国劳动人口的55%①。

肯定性行动——反对不平等斗争的其他方法——在为了黑人民权而斗争、反抗种族隔离的时刻准备就绪。规模较大的大学长期以来被指责参与了黑人学院中对黑人的开除和惩罚,这一点在南方尤其如此②。但是,随着对高等教育的需求的推动,最好的大学不得不变得越来越具有筛选性,接纳能力却没有增加。单纯以学校为标准愈发不足。对于这些想要变得全国性的大学而言,它们需要去接纳各种各样潜在的人才,而不论其社会出身或种族来源,以便继续扮演一个整合者的角色,在苏联(它才通过于美国之前率先展开太空争夺战,而展示了自己的科学实力)的威胁下保护国家理想。从1963年起,三所大型大学(普林斯顿、哈佛和耶鲁)决定试着吸引全国范围内目前还没有勇气提交入学请求的黑人中学生。要不是此举是公共性的话,不同的程序就会使得他们中更重要的一部分人——如果人们将其选择同"普通"大学生的选择相比较的话——留下来。其他大学也这样做了,但是要更晚一点,例如康奈尔和哥伦比亚大学是从1966年开始的。在这些年都市的紧张局势中,如哈莱姆区③或者洛杉矶的贫民窟骚乱,以及在1964—1965年间纽华克和底特律的骚乱,反抗社会与种族不平等

---

① 美国统计局(US Bureau of the Census),《学生的特点及其学院:1966年10月》(*Characteristics of Students and their Colleges:October 1966*),Washington(DC) Governement Printing Office,1969,p. 2,由 A. Liebman、K. N. Walker、M. Glazer,《拉美大学生》(*Latin American University Students*),op. cit. ,p. 41。
② J. Thermes,《肯定性行动的发展与衰落:哈佛、耶鲁和普林斯顿的黑人大学生》(*Essor et Déclin de l'affirmative action:les étudiants noirs à Harvard,Yale et Princeton*),Paris,Editions du CNRS,1999。
③ Harlem,纽约的一个黑人贫民窟。——译注

的斗争建立在高强度的社会与政治斗争的基础上,这种肯定性的运动自愿为此做出贡献。面临大学生动乱(稍后会看到),以及保守势力领导权的复归,肯定性运动也在作为转折点的1970年代愈发受到质疑。

加拿大:联邦政府的倡导

和美国一样,加拿大政府通过帮助二战老兵来支持大学人员数量的扩张①。大学的人员数量于是从1944—1945年间注册的38516人增长到了1948—1949年的75807人,将近翻了一番。在1950年代末,一个新的因素促进了随后的扩张:延长中学学制(因为该年龄段的人数增加了),这在被战后婴儿潮的那几代人挤满的学校中尤其如此。为了满足经济上的需要,联邦政府统一了一些特殊的救助措施,但直到那时各省都还非常注重自己在教育政策方面的自主性。为了避免规模较大的大学吸收掉所有人员增长,小学院或附属院校理应逐渐升级为享有充分权利的大学。对高等教育的一部分额外要求包含了非全日制的教育和夜间课程,这尤其是在大城市中获得了巨大的成功。

日本:私立学校的大众化

尽管距离北美的大学十分遥远,日本的大学也发生了迅速的变化,这使它们接近了北美的大学。实际上,随着美国人的占领(1945—1952),他们很早就想要像改变教育系统的其余部分一样去深刻改变日本大学的体制了。他们打算就这样改变大众和精英的精神状态,因为出于对传统制度的遵从,他们自始至终都坚持着

---

① R. S. Harris,《加拿大高等教育史(1663—1960)》(*A History of Higher Education in Canada*), Toronto, Buffalo, University of Toronto Press, 1976, p. 457以及余下页数。

在1945年就失败了的尚武政制的帝国主义计划。改革受到了某种美国式原则的教育政策的启发：减弱政府的控制，扩大社会招生并向女性开放，课程向大众文化开放。越来越多元的大学的数量（在1942年有49所）在1955年增加了五倍之多。在1960年到1975年间，人们见证了中学之后的机构中人员数量的翻倍，而其中的注册人数增加了两倍，从71万达到了210万。1985年，有73％的大学生归属于各水平的私立机构。因此，大学机构——根据它是私立还是公立，位于首都以及某些大城市还是外省——之间强烈的等级制度反而没有受到质疑。

中产阶级的繁荣与富裕使数量不断增加的中学毕业生得以继续学业。但是，一个双重选择出现了，既可根据进入公立大学所需要的学校成绩，也根据家庭的经济收入。注册登记的费用越来越高，甚至在公共部门中也是如此，因为给高等教育的预算并不随着系统的扩张而增多，这些预算没有那些同类大国慷慨①。进入好大学非常受人赞扬，因为这保证了人们可以获得公职或大公司中的好职位（其中的规则是内部提拔）。同这一变多的选择性相对应，为了面对高等学业所无法满足的要求，日本成立了大量高等教育的短期学校（更加分散，学费更便宜），并尤其以私立为基础。学费的增加，对于应该勤俭节约防止地位下降的家庭、对于因为手头紧而应该去做一些"零工"的大学生而言，是一个沉重的负担。在这一时期，这些限制相对而言是可以容忍的，因为雇佣市场——无论其最终的资格如何——向所有毕业生（哪怕是来自最没名气的专业）保证了稳定的、有品质的工作以及升职的前景。

---

① 1962年，日本只将财政收入的0.6％投入到高等教育，而美国则投入了1.1％，联邦德国投入了0.9％，英国投入了0.7％（T. Fusé，"日本"，在 M. Scotford Archer（编）的书中：《学生、大学和社会——一种比较社会学的审视》(*Students, University and Society, A Comparative Sociological Review*)，Londres, Heinemann Educational Books, 1972, p. 235。

政府从1962年起就强调理工科,以便为公司提供技术员、高级技工和工程师,或者是具有高附加值的新型工业(汽车、电子产品、光学仪器)的扩张所必需的研究人员,正是这些构成了日本高增长时代的力量。科学与技术专业中的那部分大学生人数在1960年到1975年间从总数的18.2%涨到了23.2%,这个百分比由于大学的普遍扩张而对应了第二个时期中更多的人员数量①。大量处在即将中学毕业年龄段的学生在欧洲孕育了某些神话。某些欧洲的教育负责人将之归于1960—1970年代"日本奇迹"的源头之一,但他们却没有看到,真正的选择之所以产生,是为了进入大学,并且,这种选择由于学费增长(根据专业和地位)而加强了现存的社会等级。对考试体制的滥用是日本大学某些弱点的源头:极端的竞争推动了因循守旧和形式主义,这和为了建立真正的高等教育而必需的革新精神与研究精神并非完全相符。研究的确尤其要由专门的大型组织来保障,或者是由大公司来保证。1980—1990年代后来的改革试图在一个困难得多的社会和经济环境中弥补这些缺点:改善高中与大学的教育培养,教授和大学生开始国际化②。

欧洲内部的差距

主要的欧洲国家从1960年代起也踏上了高等教育大众化的道路,但这要取决于其模式,并且,这一进度会根据其历史遗产或

---

① E. R. Beauchamp、R. Rubinger,《日本的教育——原始资料集》(*Education in Japan. A Source Book*),New York,Garland,1989,p. 146。
② 参看 H. Teruhisa,《日本教育》(*L'Éducation au Japon*),Paris,Editions du CNRS,1993;J. -F. Sabouret(编写),《日本的状态》(L'État du Japon),Paris,La Découverte,1988 和 1995;B. K. Marshall,《学会成为现代的——日本关于教育的政治言论》(*Learning to Be Modern,Japanese Political Discourse on Education*),Boulder,Westview,1994。

者是各国不同的政治选择而变化。

西德:迟到的改革

在西德,由于其联邦制的结构、大学中教授占主导地位、纳粹时期专制独裁的阴影或者是东德的苏维埃化这个反例,学校机构的改革要相对迟缓:1960年科学委员会(Wissenschaftsrat)的创建,1970年高等专科院校(Fachhochschulen)的创建,联邦层面关于高等教育的法律总则的决议仅在1976年才有(在1985年被修订)。占领当局为了去纳粹化而提出的某些较早的倡导很好地率先做出了一些必要的改变①,但是转变尤其是在1970年代才产生,它是对于1960年代末大学生运动的延迟的回应。

德国的第二个特点:传统大学中合作机构的增加,高等教育学制变短,以及研究职务进一步的独立化(然而这在德国传统中被视作一种大学在本质上的特权)。在"蓝名单"(Blaue Liste)中的大型独立研究组织事实上吸收了比例不断上调的经费和全职研究人员②。相反,由于有越来越多的大学生而负荷过重的大学——其中某些大学的课程十分漫长(由于学习安排很自由,这和一些国家,如法国或英国不同)——发现留给大学研究员做研究的自由时间在不断减少。因此,它们应该获得一些额外的经济手段来为研究寻求暂时的帮助:呼吁基金会和德国科学研究协会(Deutsche

---

① 柏林自由大学在柏林的美国占领区通过分割位于苏联占领区的洪堡大学(1948)、分割法国占领区的美因茨大学(1946)以及分割由法国主管的萨尔区的萨尔大学(但有自治权)(1948)而被创建;参看 C. Charle,"大学人士的外国参照——试比教法国与德国(1870—1970)"(Les références étrangères des universitaires. Essai de comparaison entre la France et l'Allemagne),《社会科学研究备案》,第148号,2003年6月,p.8—19,此处是 p.18; C. Defrance,《西方盟友和德国的大学:(1945—1949)》(Les Alliés occidentaux et les universités allemandes),Paris,PUF,1962,p.135、139、140。
② 最著名的就是马克斯-普朗克学会(Max-Planck Gesellschaft),前身是1914年一战爆发前创立的凯塞尔-威廉学会(Kaiser-Wilhelm Gesellschaft)。

Forschungsgemeinschaft)的支持,以便补充被教育需求所消耗掉的大学预算资金。德国虽然在这一点上反对法国的二元结构,即法国很久以来都存在着独立于大学的基础研究部门,但在这一时期,它倾向于模仿法国的模式。

这些对 19 世纪传统模式的偏离导致了教授们的不安,他们的威望与相对的独立都减少了,而代际间的张力由于 1960 年代末大学生导致的麻烦(稍后会看到)而到来了。1970 年代初的改革最终降低了教授们在决策过程中的影响力,因为助手、助教和编外人员以及大学生现在在决策机构中都被代表,而大学行政机构、地方部门以及联邦组织都在经济的、一般的或科学的政策决策中承担了愈来愈多的职能。

大学生的增长比别处的人员数量的增长要更慢,尤其是短期高等教育的发展表明,大学的社会招生变化得很慢。在 1952—1967 年间,工人的孩子在大学中的百分比从总数的 4% 增加到了 6%,但是要到 1982 年才涨到了 16%,而在高等专科学校中,这一百分比则从 1970 年代初起就达到了 27% 的水平。这两个领域间的对比反映出了中学教育在社会中的选择性这个特征,工人的孩子更多地出现在技术领域中[1]。注册入学的学生的女性化比民主化快得多,1960 年 27% 的大学生是女性,到 1980 年有 41% 的大学生是女性,不过,依据学科不同而有很大的不同:女性在文科和人文科学中很强势,但在数学、自然科学以及工科中依然弱势。在教师团体的层面上,德国承认自己在同欧洲邻居的比较中依然处于明显的落后之中,在 1986 年德国的教授中只有 5% 是女性,是欧洲最低的之一[2]。

---

[1] U. Teichler《联邦德国的高等教育》(*Das Hochschulwesen in der Bundesrepublik Deutschland*),Weinheim,Deutscher Studien,1990,表 6,p. 34。

[2] Ibid.,p. 107。

英国:被控制的改变

在英国,要等到 1963 年以及来自皇家委员会的罗宾斯报告(le rapport Robbins)①,一项改革战略②才得以确定:尊重大学的政策——以便确定其目标及其入学选择的原则——在此得到了保障,而增加大学数量是为了应对好同婴儿潮与中学学制延长有关的人数猛增。1980 年确定了 56 万个职位的目标,这是 1962—1963 年间人员数量的两倍之多。人员精简的新大学应该将之吸收,避免出现难以管理的巨型学校,就像在法国或意大利的那样:仅仅四所大学(伦敦、牛津、剑桥、曼彻斯特)就集中了超过 1 万名大学生,而全国的平均水平则不足 6 000 人③。人们预见到了这一点:将给高等教育的预算从 1962—1963 年的 2.06 亿英镑增加到了 1980 年的 7.42 亿英镑④,这是另一种对国家未来的乐观主义的标志(1970 年代的金融危机与经济危机迫使人们看衰它)。在英国,多出来的大学生则主要被引向 1956 年创立的新高等技术学院(colleges of advanced technology)、教育学院(培养未来的教师),和理工专科学校(从 1966 年起准备就绪),要不然就是被公开大学(Open University,1966)所接纳,这种大学保障了远程教育,或者说,允许学生可以事后复习课程内容。在 1992 年,这些不同的学校汇聚了 64%的大学生,而大学则只有 36%的大学生。进入

---

① 全名为"罗宾斯爵士主持的关于高等教育的委员会的报告",由英国政府委托制作,并在 1963 年公布。——译注
② 在线可查:www.educationengland.org.uk/documents/robbins/robbins04.html。
③ W. Rüegg,《欧洲大学的历史》,如上所引,p.97。萨塞克斯大学可追溯到 1961 年,基尔大学是 1962 年,东盎格利亚的大学和约克的大学是 1963 年,埃塞克斯、兰卡斯特以及斯特拉斯克莱德的大学则是 1964 年,肯特和沃里克的大学则是 1965 年。1966 年,其所高等技术学院获得了大学的地位(M. Tight,《1945 年以来英国的高等教育之发展》,op. cit.,表 3.1)。
④ 《罗宾斯报告》,op. cit.,p.202。

大学的那部分 18 岁年龄段的人从 1962—1963 年的 7.2% 翻了一倍到了 1972—1973 年的 14.2%、1982—1983 年的 13.5%、1988—1989 年的 16.9%,因此超过了最初的预期,但是依然要明显低于欧洲其他可比较的国家中所观察到的比率①。

就像在欧洲大陆那样,由议会分配的公共资金所占的比例越来越大,这潜在地削弱了大学传统的独立性。如果最古老的大学如牛津和剑桥受益于继承来的巨额财富而很少被影响的话,那么更晚近一点的大学就会非常依赖于它们的保护。然而,在 1938—1939 年间,注册费以及捐助在大学的融资中几乎同国家给付的资金持平(前者是 29.8% + 2.6%,后者是 35.8%);在 1966—1967 年间,由议会批准的借贷达到了总数的 82.7%,而注册费或者捐赠则只占了资金的 7.5%②。随着金融危机在 1970 年代席卷英国,连续几届政府(先是工党,后是保守党)都不得不以严格预算的名义进一步削减这种资金上的意外好处,这同时也限制了大学进行操作的余地,尽管它在其他领域中仍然维持着明显的自治。

意大利:无力改革

同英国相比,对于一个深陷在法西斯主义改革遗留下来的组织结构中的大学体制而言,意大利的 1960 年代是一个关键时刻。1965 年,面对大学生人口的过剩,基督教民主党的部长路易吉·古伊(Luigi Gui)根据诸学科提出了一种限额措施。同其他党派的对

---

① A. H. Halsey,"大学和国家"(The Universities and State),《大学季刊》(*Universities Quarterly*),1969,p. 138,被 C. Crouch 引用于《学生反抗》(*The Student Revolt*),Londres,Sydney,Toronto,The Bodley Head,1970,p. 192。
② G. Neave,"一种例外的制度?英国玛格丽特一世统治下的高等教育(1979—1990)"(Un régime d'exception? L'enseignement supérieur sous le règne de Margaret Ire d'Angleterre),在 E. Friedberg 和 C. Musselin(编写的)书中:《大学的行政管理:比较的视角》(*Le Gouvernement des universités: perspectives comparatives*),Paris,L'Harmattan,1992,p. 283—313,此处是 p. 291。

立与大学生的动员都阻碍了这项计划①。在对应紧随着1968年这个阶段(五月的大学生,1969年秋天的社会狂热、1970年代期间极"右"和极"左"的袭击所标志的"沉重的年代"[années de plomb])的困难10年之后,要等到1980年代初,整体的改革才最终同19世纪的传统大学决裂。传统大学以面对行政管理和非正式教师时的权力为基础(但正式教授并不享有这一权力),其进步依赖于"大人物"(baroni),用法语说就是"学术权威"(mandarin)庇护下的赞助关系,它通过教席考试组织而达成。从一些因人数增长而人满为患的大学中爆发出剧烈的社会动荡,政府长期的不稳定,恐怖袭击,上述三个因素都让建立在不稳定联合之上的意大利议会系统陷入瘫痪。这一转变期的政治环境并不允许人们迅速地将变化强加给一个渗入政治精英自身内部的行会,由此就有了在其他面临相似问题、但却享有更大稳定性的欧洲国家中随着改革进度而来的差距。像在别处一样,一些受到美国启发的解决方法渐渐得到引介:人们分割了一些像是罗马大学这样的规模过大的大学,在学院上人们于1980—1984年间做了许多试验,以便让大学间的合作更加容易,但是机构与学院那古老的结构一直平行地存在着,这限制了这种重组的积极影响②。有一大部分在1960—1970年间被招进来以应对人口猛增的人员最终获得了正式职位。人们就这样寻求同收买人心作斗争,并将各个层面上的招聘程序正规化。如果教席拥有者的权力被减少了一点点,那么居间的教师的权力(他们加入工会的人最多)就会明显地增加。相反,研究人员(兼职教学的研究员)依旧边

---

① St. J. Hilwig,《意大利和1968:年轻人的不安和民主文化》(*Italy and 1968:Youthful Unrest and Democratic Culture*),Basingstoke,Palgrave Mac Millan,2009,p.14—15;G. Martinotti,"意大利",在M. Scotford Archer(编订)的书中:《学生、大学与社会》,op. cit.,p.167—195。
② M. Pitzalis,《意大利大学中的改革》(*Réformes et Continuités dans l'université italienne*),Paris,L'Harmattan,2002,p.233—234。

缘化,由于预算危机连同大学生人数相对下降(开始于 1980 年代),其职业发展的道路被堵死了。

苏联:从大学的无产阶级化到权贵阶层的再生产

众所周知,苏联的高等教育自建立以来就是从西方传统中分出来的,它在制度上有一种双重意愿,即通过提升工人和农民这些最服从于制度理想之人的社会地位,来让高等教育和技术教育变得"无产阶级化"①。然而,金钱造成的分隔从 1940 年起就在高等教育、中专业教育以及中学结业班的入学考试中开始了。"无产阶级科学"这个概念,即在高等教育领域、研究领域(李森科事件②)以及文化领域中对斯大林主义的最糟糕的愚昧暴行作辩护,随着斯大林死后的解冻期而逐渐被抛弃。学者与专家的自治——即使从来不是普遍的——在 1950 年代末和 1960 年代明显地增加了。

赫鲁晓夫——他本人的晋升来自高等技术教育的大力推动和 1920 年代末造福工农群体的区别对待——想要通过 1958 年的改革而迫使未来的大学生去参与生产性的劳动,用官方行话说叫"综合技术化"(polytechnisation)。因此这既涉及对年轻人的管理——他们在 1956 年表达了其抛弃政治束缚的想法,也涉及面对优质劳动力的匮乏这个问题(这是由战争的巨大损失导致的空心阶级的后果)③。超过一半的高等教育学校的学生去上夜校,或者通

---

① L. Coumel,《"对照学校与生活":苏联教育中的解冻期与改革(1953—1964)》(《Rapprocher l'école et la vie》:dégel et réformes dans l'enseignement soviétique),M.-P. Rey 指导的论文,巴黎第一大学,2010,卷一,p. 55 及余下几页;S. Fitzpatrick,《苏联的教育和社会运动(1979)》(Education and Social Mobility in the Soviet Union),第二版,Cambridge,Cambridge UP,2002。

② 李森科事件,作为苏联知识界中的一场闹剧,将苏联的分子生物学和遗传学引向了长期停滞的末路。其始作俑者李森科本人学识浅薄、无甚建树,却荣居苏联科学院、列宁全苏科学院和乌克兰科学院的三科院士。——译注

③ L. Coumel,op. cit.,p. 156 及余下几页。

过函授教育,来调和继续教育与生产劳动之间的矛盾。①

但是,由于过高的失败率和退学率,这种体制马上就被抛弃了。此外,大部分年轻人都希望延长学制,以逃避生产劳动,他们也希望在正常条件下学习。体制中特权阶层的成员支持对这一体制的拒绝,他们想要通过延长的学制来确保自己孩子的相同地位。在1970年代初,大学准确地说还保留着精英主义的特征,它只重新组合了高等教育总注册入学人数的11.1%②(50万人,少于同期的法国大学人数,但其总人数却要多得多!)。绝大部分注册人在同职业院校相关的学校里选的是工科方向,而在严格来说算是大学的学校里,他们则会选择理工科的方向。这种分布完全不同于人们在西欧大学中碰到的。然而,专业课程在社会中的差异化,以及知识圈成员的孩子们和最具声誉的学校中苏联干部的孩子们潜在的增加,这些都越来越违背了一直宣称的机会平等和所有人进入进阶教育的平等(无论其社会出身如何)的原则。

在社会学的迟钝之外还存在着一个策略性的因素:冷战意味着同西方在科技上的竞赛,这刺激领导人在某些领域放弃大学招生与教师招聘中意识形态与政治的标准,以利于效率和能力原则。人们设立了一些精英课程,以检测出在最具战略重要性的学科中的早熟天才(专门学校、奥林匹克数学以及物理学竞赛等等)。这种由国家的科学精英所支持的量才录用的领导体制——其声誉由于空间与军事领域中取得的成功而增加了——尤其有利于制度中特权阶层的子女,此外还有两个首都(老的那个是列宁格勒,新的

---

① E. Mühle,《俄罗斯大学的"去磁化":1985年以来俄罗斯高等教育改革的历史要求、关注点和历程》(*Die «Entsowjetisierung» der russischen Hochschule: Historische Voraussetzungen, Anliegen und Verlauf der Hochschulreform in Russland seit 1985*),Bonn,Hochschulrektorenkonferenz,1995,p. 21;1960年是51.7%,1965年是59%。

② T. Revenko,《苏联的高等教育》(*L'Enseignement supérieur en Union soviétique*),Paris,OCDE,1973,p. 57。

是莫斯科)的居民们。这一预选在转向长学制与研究——它的三驾马车是莫斯科大学、列宁格勒大学和新建的新西伯利亚大学(创办于 1958 年),它们为制度的战略性规划提供了科学精英——的高等教育中继续进行着。同样地,人民友谊大学(l'Université de l'amitié des peuples)(1960)(后来被改名为"帕特里斯·卢蒙巴"[Patrice Lumumba]①大学)也是为了吸引在旧殖民帝国崩塌之时具有马克思主义以及反帝国主义视野的、热情的第三世界的大学生而建立:到 1974 年,这所大学自其成立起,已经培养了 4 924 名毕业生,其中四分之三都来自第三世界②。

从 1964 年起,即赫鲁晓夫下台之后,回归传统的速度随着勃列日涅夫时期的到来而加快了,在这一时期里,为了赶超竞争对手美国而制定的技术专家治国的目标(效率、技术发展、现代化)战胜了制度源头处的平等主义意识形态的残余。入学人口压力的下降也鼓励了保守主义。教学人员(包括少量博士,在 1969—1970 年间只有 3.5%)的重新定性和研究、对有明确目标的大型研究机构的投资,都重新得到了强调。但是,学校和人员缺乏自由和自治的状况和这些目标相冲突,因为目标预设的是去中心化,是根据越来越不适应复杂经济的经济计划而对高层和中央决策进行质疑和评估。从 1985 年起,当局就愈发意识到在重建背景下进行改革的必要性,并尝试在大学课程中引入弹性制度,在决策过程中引入对局部现实的适应(从而使这个过程简化),在学校中引入行政与财政上的自治管理。1989 年学校的新规章制度畏手畏脚地将这些新

---

① 1958 年领导建立刚果(金)民族运动党,任主席。领导并参加了 1959 年 1 月爆发的刚果人民反对比利时统治的民族独立斗争,后被捕入狱。——译注
② L. Coumel,"莫斯科,1960:人民友谊大学的建立"(Moscou, 1960: la fondation de l'Université de l'Amitié des Peuples),《皮埃尔·勒努万研究院公告》(*Bulletin de l'Institut Pierre Renouvin*),第 12 号,2001 秋(ipr. univparis1. fr/spip. php? article 52)。

原则引入实践,但这却同大学中的保守主义相冲突,并且立刻遇到了体制内的经济危机,随后则是政治危机。伴随着向市场经济和高等教育的部分私有化的过渡,这一制度最终接受了一种更加激进的改革。

表9 苏联高等教育每五年的人数增长率

时期	1946—1950	1950—1955	1955—1960	1960—1965	1965—1970	1970—1975	1975—1980	1980—1985
增长率	43.1%	49.7%	28.3%	61.1%	18.6%	5.9%	7.8%	−1.6%

来源:根据 E. Mühle(如上所引,表1)的数据计算得出的增长率。

东欧:控制下的大学

根据受到俄罗斯"老大哥"启发的原则,大部分东欧国家都改革了继承自过去的高等教育。然而,专门化、碎片化的程度以及留给大学制度的份额都会因为不同的东欧阵营国家与不同的历史遗产而不同。在捷克斯洛伐克——1948年的时候,那里的大学生根本不信共产主义——诸专业经历着一种严厉的清洗过程:将近三分之一的注册入学者被遣散了,在法学专业中(这是最可疑的专业,因为它是最资产阶级式的专业),将近一半的大学生受到了清洗过程的波及[①]。到处都在向实际的经济目标看齐,到处都是削弱旧有经济等级制度的想法,这些现象解释了应用型研究与技术部门日益增长的重要性。事关政治利害的领域在意识形态上得到了严格的管理。马列主义成为所有大学生必修课程的内容。入学时的严格筛选部分地以非学院式的标准为基础,以便建立一种有

---

① A. Marès,"还有一种断裂? 捷克精英的共产主义化"(Une rupture de plus? La communisation des élites tchèques),在 N. Bauquet 和 F. Bocholier(编写)的书中:《中欧的共产主义与精英》(Le Communisme et les Élites en Europe centrale),Paris,Editions rue d'Ulm/Puf,2006,p. 149。

利于平民出身的大学生的正面区分,从他们中产生的精英将一切都归功于这一筛选制度。人们还创立了一些类似的高等教育机构,以便给劳动者第二次机会,在民主德国尤其是这样①。由于高等教育要有经济计划,短期课程就在很大范围中统治了通常的大学领域,而这原先的领域则出于意识形态与政治的理由而被推到极边缘的地位,这也是因为它更不"实用"。人们按苏联模式创办了科学研究院,目的在于保障研究职能,调整科学政策,协调国际合作,但这仍然削弱了大学的角色。高等委员会隶属于部长理事会,且被政治上可靠的干部所控制,而人事任命与科学的推进则都受到高等委员会的控制。对大学生活动的监视与管控都十分严格,这些活动包括学业或者其他领域。财政取决于经济计划,目的在于根据高层确定的优先性来调控毕业生的劳动市场,因此,对学业的选择会预先受到不同程度障碍的导向,而这些障碍又由那些优先性所规定。这些过程无论如何效率都不高,在决策过程中有很多人提出了诉讼,其目标与实现之间也一直存在着差距。然而,发生在大部分人民民主专政国家的大学中的大量抗议(1956年的波兰和匈牙利,1968年的捷克斯洛伐克和波兰)都突出了这种专断独行的脆弱,人们也在南欧的大部分地方发现了这种现象。

南欧:独裁的倒退影响与长存的旧习

专制、独裁甚至是法西斯特有的制度在很长一段时期中存在于西班牙、葡萄牙和希腊,对大学十分不利。这些大学被领导人看作颠覆性观念的中心,即左派与极左的反抗运动中领导人物的摇篮、反抗既有制度的动荡时期或困难时期一贯源头。这些国家的大学虽然在内战中及内战后遭到严厉清洗,并在随后又受到严格控制,但到了1960年代和1970年代,它们还是遇到了某种增长。

---

① W. Rüegg(编订),《欧洲大学的历史》,op. cit. ,p. 38—40。

但是，智识上的传统主义在此比在欧洲其他地方持续得更久。在1960年代大学生人口增长的影响下，在向国外开放的影响下，以及在当权精英的技术专家治国派那致力于现代化的意愿（受到主业会①的启发）的影响下，在西班牙，大学课程的演变和智识氛围的解放在弗朗哥死前（1975）开始了②。在葡萄牙，这种变化产生于萨拉查（Salazar）③下台之后（1974），或者是随着希腊的殖民体制的终结（1974）而出现，并且，尤其是当上述三个国家被纳入欧洲经济共同体（1985）的时候而出现。因此，主要的变化尤其要在1980年之后才产生，而这要留待之后的章节了。

其他大陆

拉美：不同的经历

次大陆的高等教育在人员数量上和学校网的发展上不断增强：在19世纪末有36所大学，而在20世纪上半叶又增加了69所新大学。拉美的某些大国，由于革命的制度，或者它们自己本身就想要这样（墨西哥是因为1911年的革命，瓦加斯④时期的巴西则是从1931年开始，贝隆时期的阿根廷、古巴则是在1959年之后），试着从西班牙大学的传统中挣脱出来，同时又试着从不同国家在这些方面的领袖那里自由地获得启发（根据不同的结合）：新大学机构或科学机构的创建再次受到法国、苏联和美国

---

① Opus Dei，拉丁语，直译为"上帝的作品"。它是罗马天主教教会的机构。——译注
② S. Giner，"西班牙"，在Scotford Archer（编订）的书中：《学生、大学与社会》，如上所引，p. 103—126。
③ 安东尼奥·德奥利维拉·萨拉查，是1932年—1968年的葡萄牙总理。——译注
④ 瓦加斯(1883—1954)，原巴西总统(1930—1945, 1951—1954)，他最终在总统职位上自杀身亡。——译注

的影响。从 1950 年到 1966 年,还有另外 116 所机构补充进来。在这一时期,整个拉美的大学、用来培养老师的师范学校、技术专科学校和初中总计超过 1 000 所①。某些过时的东西却依然存在,如自由职业的导向、由教授保障的严肃的理论教学(这些教授尤其关注学生的校外活动)。然而,有一些国家却较早地开始寻求同这些传统决裂。

墨西哥:中央权力的失败

在 1910 年 9 月的墨西哥,墨西哥国立大学(UNAM)就这样成立了,它统合了不同的高等院校。

这一大型机构既包含高等教育院校,也包含精英中学。由于集中于联邦区②和首都,它还包含了许多分校或者分散的私立和公立学校(它们被这所大学认可)。墨西哥国立大学大部分资助来自 1950 年代初的财政收入,这所大学越来越依赖国家预算,以应对迅速增长的人员数量。墨西哥国立大学的诸专业和高等学校在 1950 年只接纳了 16 000 名注册入学的学生,而实际上在 1964 年不得不接纳了 47 000 人,这是 1961 年国家大学生总人数的一半③。在国立大学之外,墨西哥的每个组成联邦的州都建立了公立大学,这常常同地方的经济政治利益相关,但是它们在财政上受到的支持要少得多,也很少有研究。

为了阻止规模过于庞大,并让对这一系统的管理更加容易(在墨西哥,从 1966 年起出现,并随着 1968 年的流血冲突而达

---

① A. Liebman, K. N. Walker, M. Glazer,《拉美大学生:六国研究》,Cambridge (Mass.), Havard UP, 1972, p. 5.
② 墨西哥特有的行政区划,分为 1 个联邦区和 31 个州,联邦区即首都墨西哥城。——译注
③ A. Lempérière,《二十世纪墨西哥的知识分子、国家与社会:国家的学者(1910—1968)》(Intellectuels, État et Société au Mexique au XXe siècle : les clercs de la nation), Paris, L'Harmattan, 1992, p. 189—194。

致顶峰的大学生动乱就是证明),人们从 1974 年起制定了一些筛选程序:每年入学成为学士的人数的定额是 35 000 人,进入中学的则是 40 000 人。接任的政府也对发展一种高等技术教育以及专门的研究学校而感到担忧。另外,将高等教育从首都中分散出去以疏导联邦区中的学校,政府也对此感到担忧①。另一个不可避免的事情来自人数的快速增长(墨西哥大学生的数量在十年里[1960—1970]增加了将近两倍,而在 1960—1980 年间增加了九倍,见表 7),它曾导致了资金源的多元化。实际上,自 1980 年代起,墨西哥就受到了金融危机的影响,这阻碍了国家在高等教育上维持自己的投入。高等教育的私立部门因而快速地发展。在 1960 年这里只有 8 所私立大学,而在 1993—1994 年则有 49 所,公立学校则是 39 所。从其注册费来看,这些学校面向的是某些手头更加宽裕的社会阶层或者被公立学校的筛选程序拒绝了的大学生。一般来说,它们注重的是最有利可图的职业教育。然而,面对公共领域的教育条件的恶化,最富有的那些家庭也会选择让自己的孩子去国外深造,尤其是去美国,这个现象在其他拉美国家也存在,而在巴西、智利或者阿根廷尤为如此②。

尽管存在强制性的扩张,南美的高等教育还是遇到了长期的公共投资的不足,而这和紧缩政策有关。这个政策是由国际货币基金组织或去通胀的新自由主义模式的应用(旨在解决金融危机或波及大部分国家的通胀危机)所强加的。此外,大学还在人文和思想方面忍受着独裁制度压迫性(极受美国影响)的毒害,这些政

---

① 《教育的国家政治的考验——墨西哥:高等教育》(*Examen des politiques nationales d'éducation. Mexique: enseignement supérieur*),Paris,OCDE,1997,p. 58—59。
② 在 2008 年,67240 名来自拉美的大学生在美国继续高等学业(联合国教科文组织,联合国教科文组织统计研究所[ISU],《教育方面的世界范围内的数据收集》[*Recueil de données mondiales sur l'éducation*],2008,p. 119)。

策尤其对大学环境、大学生和知识分子抱有敌意,这些事物被它们视为从中会诞生出极端主义团体的颠覆性力量,而这些规章制度则在智利的国家政变(1973)之后、在阿根廷或巴西军政府统治期间(1964—1985)毫不怜悯地对其进行了打击。

巴西:过早选择私有化

在巴西,相对于邻国而言,高等教育的发展显得落后。最初的学院或者专门学校要到19世纪才建立,当时大部分巴西的精英依然会去葡萄牙科英布拉那令人肃然起敬的大学。里约的现代大学要追溯到1920年,米纳斯吉拉斯州(Minas Gerais)大学则要追溯到1927年,南里奥格兰德州(Rio Grande do Sul)技术大学在1934年才获得大学的身份,而圣保罗的大学也于同年建成。这一切都受到了法国模式或德国模式的启发,但是它们并不拥有相对于国家的真正自治。在里约和圣保罗,最早的教授们都来自欧洲的大学:法国的、德国的、意大利的、葡萄牙的、西班牙的。

在随后的几十年里,联邦或者各州公立大学的增加,并不足以弥补起初的落后,私立学校为了接纳越来越多的大学生而被建立(他们被公立学校的筛选程序所排除)。在肃清了大学教师群体,将大学生置于按照意识形态与政治标准开展的教育的控制之下后,军政府在此进行得特别顺利。这是控制社会的额外方法,是减少教育预算、遣散大学生团体的额外方法,这些大学生团体比大城市那规模巨大的校园里的要更容易控制。在阿根廷和墨西哥,大众化被公立机构视为关键,而在巴西,私立高等教育稍后会通过增加——在一个经济与入学上已经十分不平等的社会中——一种文化的不平等而保证大众化。作为正面回应的是,公立的、筛选性的大学维持了较高的学术水平,即一种真正的研究职能。它们宁愿培养来自特权地位的孩子,这些孩子在私立中学为入学考试做了更好的学术上的准备①。在1961年,公立大学培养了56 300名大学生,私立机构则培养了42 600名大学生,自从1970年代起,部分私立大学的专业就占了主要的部分(55%),在1980年代,私立大学占据了主导地位(超过三分之二)②。

智利:大学新自由主义的实验室

在智利,类似的演变在1973年9月推翻阿连德总统的人民团结政府的军事政变之后更猛烈地产生了。而这些国家从19世纪以来就被公立大学体制统治着,它们只有很少的私立大学(天主教的)。在1970年,8所私立和公立的大学80%的资金都来自国家,独裁者的反革命行为同其美国顾问完全颠覆局势。实际上,一切都随着军队夺取权力而改变了。在对教师与大学生的肃清之后,以及在军队控制了学院的行政系统之后,军事独裁不仅将新的教育领域私有化(因为这一领域符合社会制度的新自由主义式的经济目标),相对于私人资金而言,它还建立了

---

① 参看 Maria Vasconcellos 和 Dominique Vidal(编写),《巴西的高等教育:挑战与争论》(*L'Enseignement supérieur au Brésil : enjeux et débats*),Paris,IHEAL,Aix-en-Provence,COFECUB,2002,尤其是 Helgio Trindad 的贡献:"知识与权力:巴西大学的困境"(Savoir et pouvoir: les dilemmes de l'université brésilienne),p. 75—85;Luiz Antônio Cunha 的贡献:"巴西的大学观念的爆发"(L'éclatement du concept d'université au Brésil),p. 87—100;还有 Valdemar Sguissardi 的贡献:"高等教育、公共限制与私人的扩张——改革过程中引人注意的特点"(Éducation supérieure, restriction du public et expansion du privé, traits marquants d'une réforme en cours),p. 51—60。这一现象还是加重了,尽管已经回到了民主制度。在2005年,73.2%注册入高等教育的大学生属于私立学校(D. dos Santos Tinôco,"巴西的高等教育:大众化、私立化与社会排斥"[L'Enseignement supérieur au Brésil: massification, privatisation et exclusion],《教育研究》[*La Recherche en éducation*],第二号,2009,p. 23)。

② L. Antonio Cunha, art. cit. , p. 99;D. C. Levy,《拉美的高等教育与国家:公立领域中的私立挑战》(*Higher Education and the State in Latin America : Private Challenges in Public Dominance*),Chicago,The University of Chicago Press,1986,表1。

公立大学不断增加的从属性，这首先是通过注册费的大规模上涨做到的。只要毕业生进入劳动力市场，这种从属性就会小部分地得到奖金的补偿，尤其是小部分地得到需偿还的借款的补偿。政府还逐渐减少了拨给高等教育的资金，并将其在公立和私立的部门之间重新分配，以便挑起它们之间的竞争（根据其表现）：从1981年起，在传统的大学中还加入了职业技校和技术培养中心。处于竞争中的大学的总数在1980年代末变成了23所[1]。而属于私立部门的大学生人数在1970年是少数（30%），他们在这一时期明显地占据了主流（1994年是63%，2006年是74%）[2]。尽管大众化还在继续（1989年，40%的适龄人口开始接受高等教育），这一政策还是产生了间接后果：加剧高等教育的录取中的社会不平等，加强学校的等级制度，并增加家庭的开销（远超过了那些同类国家的家庭开销）。最终，70%的大学生来自中高等收入的社会地位，因为他们从中学（其中部分是私立中学）起就为通过筛选性考试而做了更好的准备，为的是进入最好的大学[3]。

哪怕从1990年起就回归了更为民主的社会制度，情况也没什么变化：其家庭属于收入最高的那五分之一的大学生享有四倍于家庭收入最低的那五分之一的大学生的入学率；来自最富有家庭的大学生占据私立大学中70.2%的名额（占来自最富有家庭大学生的34%），占据公立大学中53.2%的名额（占来自最富有家庭大学生的34%），占据职业学校中51.3%的名额（占来自最富有家庭大学生的20%），占据技术教育中心里45.5%的名额（占来自最富有家庭大学生的12%）；而占总人口20%的最穷家庭的大学生在

---

[1] E. Schiefelbein,"智利",《高等教育百科全书》,op. cit.,卷一,p. 130—132。
[2] 《智利的大学教育》(Tertiary Education in Chile),Paris,OCDE,2009,p. 231。
[3] E. Schiefelbein,art. cit.,p. 134。

各处都是少数。①。

寻找新模式的亚洲

二战过后,大部分亚非国家——无论是否被殖民过——似乎都在高等教育方面远远落后于西方。人们会加快步伐弥补这一落后,但根据各国之间的情况也会有所不同,就像印度、中国和伊朗的例子将要表明的那样,这三个文明古国与西方模式的冲突特别激烈。

印度:沉重的英国遗产

例如,1950—1951年,在印度,17—23岁年龄段的人中只有0.8%会去上大学。随后的计划使得这个比例在十年之后翻了一倍(1.8%),之后又使这个比例增至原来的三倍(在1968—1969年间是2.9%),在1980年代中期还又翻了一倍(1986年是6.1%)。这些大学生中的大部分被招进了专科学校,以进行初中阶段的学习或者职业学习,而完整的大学在1966—1967年则被限制在了69所,它们面对的是超过5 900所初等院校②。某些大学是遍布印度的院校网络的总部,而其他的则模仿了美国或者牛津的那种更加精英化的寄宿大学,它们统一接收本科生和研究生。前一种

---

① 《智利的大学教育》,OCDE,2009,p.76—79。在2011年的7、8、9、10月,许多大学生、中学生的罢工运动与抗议——由工会和大学支持——发生在了大部分大城市中,以反对过高的大学学费(《世界报》,2011年7月16日的p.4和2011年8月12日的p.7,《外交世界》[Le Monde diplomatique],691号,2011年10月,p.1,p.12—13)。这次运动宣布了由皮诺切特政府建立的新自由主义模式的终结,且导致了教育部长的辞职以及开放与共和国总统的直接协商(《世界报》,2011年9月6日,p.7),但是,在写下这些句子时,这次运动一直都在抵抗着这些要求。

② 这是从《印度,一份参考年鉴(1971—1972)》(India, a reference annual)中得来的数据:New Delhi, Publication Division Ministry of Information and Broadcasting Government,1971,p.64,68,70—71。

大学从1960年起就可能有超过十万人注册，后一种大学则只招收了几千人①。

根据经济发展与工业化这两个目标，印度联邦自1950年起就建有高等技术学校（印度技术学院［Indian Institutes of Technology］）。某些学校由发达大国所支持（美国、英国、联邦德国）。它们很快获得了成功，从1960年代末起，为了避免毕业生失业人数的增加，筛选限额被引入到入学考试，空闲位置减少了30%。为了提高其他机构的水平，并发展高等教育的研究职能，印度政府逐渐引入了一些受英国或美国影响的机构组织：大学教育资助委员会（和它的英国原型是同等的）负责确定学业和研究的标准，还负责在经济上援助更完善的大学；印度高等研究所（Indian Institute of Advanced Study）接纳了一些地方与外国的大学人员常驻，以便发展研究计划，开展一些研讨会和讨论会，并以那些在和普林斯顿同等分量的研究院中的实践为榜样。

但是，印度的高等教育自1970年代起就开始遭遇金融危机，大学生群体在就业方面的分配情况不容乐观：上文科与人文科学课程的人数几乎维持在大多数（1960—1961年间是44.9%，1975—1976年间是44.5%），而学习科学的人数则在同期从30%降到了19.1%，在这个到处都农村化程度很高的国家，农学仅仅吸引了很少的大学生（1960—1961年间是1.3%，1975—1976年间是1.2%），工程科学与技术只是稍微增加了一点分量（同期观察是从3.6%增长到了4%）②。

---

① 举两个极端的例子，昌迪加尔的旁普遮大学成立于1947年，包含157个附属学院，在1966—1967年间招收了101 498名大学生，这相当于同一时期的巴黎大学的水平，而班加罗尔的农学大学在那时只接纳了1 411名大学生。
② S. C. Behar,"印度",表7,在B. R. Clark和G. R. Neaves（编订）的书中：《高等教育百科全书》,op. cit. ,卷一, p. 316,根据UGC,《1989—1990的报告》和M. Raza（编订）《印度高等教育的回溯与展望》（Higher education in India Retrospect and Prospect）, New Delhi, Association of Indian Universities, 1991。

中国:持续的革命

中国在共产党于 1949 年建立政权后走上了一条完全不同于印度的道路,来建设自己的新的大学体制。共产党的新政权从 1952 年起就跟随苏联模式,清除了国家内部本来就少的西方式现代大学,因为它们是按照 20 世纪初西方的例子创建的①。苏联的顾问和教授参与了从一个体制到另一个体制的转变过程,而 7 500 名中国大学生则在苏联得到了培养。86 所私立高校在 1949—1952 年间实行了国有化,公立高等学校则根据新的制度目标而被改造。如果说这项改造行动不像东欧那样莽撞,那么,服务于计划目标的学校就在这种情况下遭受了大转变的余波的影响——先是大反弹,给短期、职业的成人教育以特权,随后又回到了政策更加温和的稳定局面。大学生数量迅速增长,但是他们的分布变得有利于工程、教育和医学的学习了,而法学还有最学术性的学科都被削减到了"适当的"比例,大纲与课本都直接译自苏联。这种人为的嫁接,一定程度上影响了"百花齐放"政策以及 1966 年开始的文化大革命,在"文革"中,秉持苏联式马克思主义(以"修正主义"之名)的知识分子被揭发。

文化大革命很大程度上中止了中学与大学教育机构的运转。年轻人被吸收进红卫兵小队,以便反对官僚和特权,在坚持平等主义的毛主义——这被概括在了著名的"红宝书"②中——看来,他们都是传统的反叛者。所有在 1970—1971 年间被录取的大学生都在工厂或农田里进行了数年的劳动,他们的积极表现会被作为

---

① R. Hayhoe,"中国的大学与西方学术模式"(China's universities and Western academic models),《高等教育》,卷 18,1 号,1989,p. 49—85;Ruiqing Du,《中国高等教育:改革与发展的十年(1978—1988)》,Houndmills, Basingstoke, Mac Millan,1992,p. 7—11。

② 指《毛泽东选集》。——译注

录取的主要标准。"文革"中大部分受害者都是旧文人,或者被指控为温和派的教师,他们被强制通过手工劳动或者农活进行再教育,或者就是被关在营房里。创建接收劳动者的人民大学,部分地弥补了大学人员数量的锐减,在那里,学术标准是高强度的思想教育。人们估计,这段激进的反学术时期使中国损失了150万名本可能被培养出来的专家,如果先前的体制还运转的话①。"四人帮"倒台后,此前的学校恢复运作,随后是职业学校和短期培训学校的快速扩张。这为加速工业扩张和市场的到来,以及由邓小平开启的新时期所奠基的改革开放提供了必要的专家。20—24岁年龄段受教育者从1964年的2.22%涨到了1987年的3.24%②。生于1960—1970年代的那几代人充分利用了高等教育的这一新增长,即使录取依然基于学校表现和道德与意识形态标准的严格筛选。许多大学生被送到国外,合作协议增加,世界银行的援助都促使1978年开始的大学体制发生新的转变,我们会在随后的章节中更加详细地对此予以考察。

伊朗:学院式的革命

由于20年间高等教育的注册入学人数增加了9倍,伊朗乃是大学扩张规模最大的亚洲国家之一③。大学在此打上了发展中国家的典型烙印:大学生过度集中于首都德黑兰的大学或学校之中(1970—1971年间该国68%的大学生都在这里),进入最有利可图的专业的筛选性愈发提高,一个失去社会地位的知识阶层逐渐形成,这些情况的出现要么是因为学生们无法进入大学学习(由于过高的注册费和/或准入机制的筛选),要么是因为他们一毕业就无

---

① Ruiqing Du,《中国高等教育》,op. cit. ,p. 16。
② 《高等教育百科全书》,Oxford, New York, Pergamon,1992,op. cit. ,卷一,p. 142。
③ Rouhollah Abbassi(编写),《伊朗的高等教育(1900—1975)》(L'Enseignement supérieur en Iran),Montreuil,《阿巴西社会百科全书》,卷四十,ACAFI,2000。

法找到符合其期望的工作。外来移民不断大幅增加，以弥补地方体制的缺点，或者是为了找到一个同其所持有的资格相符的职位（在1970年代初每年至少2 000名伊朗大学生就这样朝着[主要是]欧洲、美国而去）。在1970年代初有44％的大学生攻读人文社科专业，这个状况是就业市场中各种困难的另一个来源。

然而，一种再平衡产生了，它有利于工程师、医学或科学的学业（这三个专业平分了44％的资金），其目的在于配合伊朗国王的现代化政策。况且，海外的伊朗大学生也会优先回到这些现代领域就业，因为它们保障了最佳的职业前途。

非洲：一个拥有大学的大陆在缓慢浮现

如果不算开罗的爱兹哈尔大学（Al-Azhar）的话（这是中世纪伊斯兰创办的学校[975年]），那么，非洲高等教育的几乎全部组织结构就要追溯到20世纪，且主要是追溯到本章要处理的那个时候。二战之前创立的为数不多的学校之一是开罗大学（1908），现在是非洲最大的大学，还有开罗美国大学（1919）。在说英语的西非，第一所学校是位于自由城（Freetown）（塞拉利昂）的弗拉湾学院（Fourah Bay College），可追溯到1826年，是用来培养传教士的学校，而苏丹的戈顿纪念学院（Gordon Memorial College）则出现于1898年。最终，大学的学院则较早地于1829—1873年间出现在南非，但它们是给白人移民准备的①。

在1945年，阿斯奎斯（Asquith）委员会主张在贫困的英国殖民地配备一些具有大学资质的学院，并且让它们重新同伦敦大学形成联系，以便颁发文凭：加纳（莱冈，1948年）、塞拉利昂（弗拉

---

① D. Teferra 和 G. Altbach 博士（编订），《非洲高等教育：一份国际参考手册》（*Arican Higher Education: an International Reference Handbook*），Bloomington, Indianapolis, Indiana UP, 2003, p. 18。

湾学院在1960年改变了其地位)、尼日利亚(伊巴丹,1947年)、苏丹(喀土穆,1949年,通过合并先前的学校)、乌干达(马凯雷雷,1949年)、肯尼亚(内罗毕,1951年)、津巴布韦(1953年),这些国家利用了这一更加开明的新政策。但是甚至在这部分非洲中,人们依旧无法谈论真正自治的大学,因为它们还十分依赖于大都市。

实际上,非洲与其他大陆的差距既由于其殖民地的境况(大部分地区直到1960年代初都受殖民统治,在某些例子中则要更晚,例如葡萄牙的殖民地),也在于非洲大陆经济与文化上的欠发达:尤其是乡村人口识字率非常低,殖民者从种族主义和差别主义的视角出发,认为这些人是无法被教育的。更高水平的教育只从这样一个时刻开始才可能出现:一方面,殖民当局开始设想这样的情况,即一些地区能逐渐过渡到独立状态(这因此意味着要培养官员和地方精英);另一方面,随着殖民地种族主义的衰退,殖民地当局也开始像世界上的其他地方一样传播这样的观念,即教育在各层面上都是走出依赖状态和不发达状态的必要工具。然而,在某些案例中,大学或者与大学类似的机构的建立,却侵害了这种经济与政治上的新前景,以至于这些从1950年代末以及1960年代初才被承认的新兴国家的某些萌芽期的大学如此直接地照抄了宗主国的模式(主要是英国和法国),或者是强烈地依赖宗主国(许多英国和法国的教授在此教书,一些享有奖学金的非洲学生被送去大都市,以填补缺少某些课程的不足,或者让那些学生得以完成培训)。

在1960年代初,非洲的大学设施与世界其他地方的差距依然很大。联合国教科文组织在当时的一场报告里估算,整个非洲接受高等教育的有大约148 000人(撒哈拉沙漠以南的非洲有25 700人,北非有122 600人),而相关年龄段的占比只有0.9%(在撒哈拉以南的非洲和北非之间的不平衡十分突出,前者占了0.2%,后者则是3.1%)①。例如在尼日利亚,大约每20 000个居民才有1个大学生,在加纳则是每9 000个居民有1个大学生②。在即将成为前法属殖民地的地方,境况依然不佳,即使在法国的非洲大学生自从两次世界大战之间起就部分地弥补了当地大学设施的不足。在法属西非,达喀尔的高等研究院(Institut des hautes études de Dakar)——这是未来同名大学的雏形——出现于1950年。在1958年这里有1 316名大学生,其中381人是法国籍,296人来自塞内加尔,129人来自苏丹,18人来自毛里塔尼亚,29人来自尼日尔,156人来自达荷美③,47人来自上沃尔特④,183人来自科特迪瓦,25人来自法属海外省,52人来自几内亚⑤。然而,这一地区的重要影响相反却伴随着性别上的极度不平衡,其中只有15%的年轻女性注册入学,这反映了这一时期非洲女性普遍的失学状态⑥。

在阿尔及利亚,诞生自独立战争(1962)的新政权第一时间选择了一种二元体制,它为传统专业(法学、医学、文科、教育)保留了某些殖民地遗产(阿尔及尔大学从法属时期起就建立了),而在这些专业中还有许多从法国来的援助人员在教书;这一体制也为其他领域保留了技术专家治国的模式,这让人想起了苏联。负责工业化的技术部长发展了一种以封闭学校(培养未来的工业人员,以

---

① 《非洲高等教育的未来》(L'Avenir de l'enseignement supérieur en Afrique),关于非洲高等教育的未来的会议报告(塔纳纳利佛,1962年9月3—12日),Paris, Unesco,1963,p. 254。
② A. M. Carr Saunders,《新的海外大学》(New Universities Overseas), Londres, George AllenetUnwin,1961,p. 217。
③ Dahomey,非洲国家贝宁的旧称。——译注
④ Haute Volta,非洲国家布基纳法索旧称。——译注
⑤ K. Leney,《西非高等教育的去殖民化、独立与政治》(Decolonisation, Independence and the Politics of Higher Education in West Africa), Lewiston(N. Y.), Lampeter, Queenston,2003,p. 202。
⑥ 关于为了在小学与中学培养第一个黑人女性精英毕业生(知识女性)的尝试,参见P. Barthélémy,《殖民地时期的非洲人与毕业生(1918—1957)》(Africanes et diplômées à l'époque coloniale), Rennes, PUR,2010。

便从旧殖民力量的托管中解放出来,并发掘国家丰富的石油与天然气的价值)为形式的技术高等教育。这个二元体制——让人想起了法国的工程师学校以及大学工艺研究所——从1965年持续到了1986年,这是高等教育得到重新整合的时期。这一双重体制却并没有满足需求:在1980年,40 190名毕业生离开了国立教育学校,超过四分之一的技术领域的学生(10 880人),即将近6 000人(超过总数的10%)依然在国外受教育。然而,从威望上来看,这都是些占据上风的传统专业,且随着1980年代人口增长和进入中学人数的增加,这些专业的分量越来越重①。

在比属刚果,对受过教育的当地精英的不信任要比在法属殖民地非洲的情况强烈得多。在1947年,非洲建立了4所拉丁语中学,其中最优秀的学生成了金沙萨(也就是利奥波德维尔②)的鲁瓦纽中心(Centre Lovanium)中最早的大学生(这是鲁汶天主教大学的耶稣会与非洲计划),他们也成了1954年的第一批同届校友。中心在1956年获得了大学的地位。1959—1960年间共计有264名刚果大学生,而非洲以外的大学生只有140人。还有一所由卢本巴希州在1956年建立的官方大学(在伊丽莎白维尔时期③),但是在那里的当地人只占少数④。

在葡萄牙殖民地,要等到1960年代甚至是1968年,罗安达大学(安哥拉)和洛伦索-马圭斯大学(莫桑比克)才出现。除了陷于

---

① H. Khelfaoui,"在政权与经济领域之间的阿尔及利亚大学领域"(Le champ universitaire algérien entre pouvoirs politiques et champ économique),《社会科学研究备案》,148号,2003年6月,p. 34—46,尤其是 p. 35,表1和 p. 36 表2。
② Léopoldville,刚果民主共和国的首都金沙萨(Kinshasa)在1966年前的名字。——译注
③ Élisabethville,即卢本巴希(Lubumbashi)的旧称,民主刚果(旧称扎伊尔)的城市。——译注
④ I. Ndaywel è Nziem(编写),《非洲形成中的大学:刚果-扎伊尔半个世纪的存在》(L'Université dans le devenir de l'Afrique: un demi-siècle de présent au Congo-Zaïre),Paris, L'Harmattan, Bruxelles, CUD, 2007, p. 30—31。

严重困难或者内战中的国家,所有在这一时期创办的大学都得到了极速增长:卢本巴希大学从 1963—1964 年间的 431 名大学生涨到了 1970—1971 年间的 3 341 名大学生,而在随后十年又从 4 000 人涨到了 6 000 人,最终在 21 世纪初超过了 21 000 人①。

为了从依附中解放出来,最初的解决办法之一就是创办这样一些学校:它们拥有一种地区性的职责,超越了走出殖民状态的国家所设下的专横限制。它的野心因此就在于实现一种规模经济,以确保多样化的、有质量的学校。这就是人们在东非做出的尝试,那里有一所东非联邦大学(université fédérale d'Afrique de l'Est),由三所校园联合而成:马凯雷雷、内罗毕和达累斯萨拉姆。但是,相对于联邦式的观点,民族主义精神渐渐地占了上风,每个新独立的国家都竭力建立自己的大学,这最终使得大部分机构的资源都不足以应付一个真正的大学的不同职能,或者不足以应对 1970—1990 年代的人口猛增。其他问题也需要解决:很大程度上由属于私人(基金)或公共(前宗主国的帮助、世界银行)的外部援助所保障的资金很快就不够了,因为人员数量在快速增长,捐赠者也因自己和老旧大都市关系的疏远而失去了丝毫的慷慨。在对地方发展而言最有用的课程(健康、农业、技术)之间进行权衡是困难的,因为这些专业课程花费更高。尤其是相对于首都而言的供给的去中心化,以及反抗人才流失的斗争,都事关继承而来的结构以及国际学术等级制度的影响:最优秀的那些人倾向于在发达国家的大城市定居,在那里,职业前景、工资前景都更好,在那些陷入内部竞争或再次发生经济危机的国家里情况尤其如此。

大众化带来的教育与制度的问题

许多人想到了这样一个时期:人员数量的机械增长确保了招

---

① op. cit. , p. 57。

生的民主化。其他人仅仅建议说，主要的问题是大量的大学生与其工作出路之间的不对等；到处几乎都是这样——除了在苏联式的社会里，那里实行计划入学，人们"制造"了太多的文科生和法学家，因为这种专业花费更少，其中女性占比也更大。但理科生或工程师则不够多，这有损于计划下的技术专家治国（对于技术专家治国而言，创新以及科学研究都是未来繁荣的关键）。许多人于是提出要践行一种选择/导向机制，以便重新平衡学生的流动。在法国，正是1966年福歇改革提出的挑战开始颠覆了专业课程中的传统等级制度，以利于科学类专业的发展，并且，也正是这一挑战部分构成了大学生动员的原因，后者导致了1968年5—6月的危机。在其他国家，人们在某些专业中设立了限额，在传统大学中另行开设了一些专业（综合工科学校、大学工艺研究所），或者是引入一些有区别的奖学金体制，以便指导大学生朝有空缺的领域流动。

战后，一些政党和进步导向的运动都希望让大学生数量的增长成为促进社会转型的方法。在法国，全法学生联合会（UNEF）——主要的大学生联合会——从1950年代起（格勒诺布尔宪章①）就要求大学生薪水。在英国，工党提出了一种慷慨的奖学金政策，并鼓励高等教育照顾积极分子（公开大学、夜间课程）。其他欧洲国家则为大学生准备了各种社会便利（食堂、大学宿舍、医疗系统、通勤费减免、社会安保），以便这些经济援助能减少未来大学生之间的不平等，人们相信这应该足以建立机会平等，因为大学体制原则上建立在量才录用的基础之上。

关于教育的社会学研究在法国和其他同样改变了大学模式的国家中都有所发展，事实上，这些研究工作在经过调查之后都揭示了这样一些幻觉。在这些错觉上建立着纯粹经济的或者体制的政

---

① 法文为 Charte de Grenoble，是法国大学生组织 UNEF 在1946年通过的宪章，将学生定义为知识工作者。——译注

策,但这些政策却不足以让社会招生向不占优势的阶层开放①。旧有的教育模式(教授主讲的课程完全压倒了小组工作),以及大部分在 20 世纪初的旧精英体制中培养出来的教师团体与大部分来自没有大学传统的中等阶层的新的几代大学生之间的鸿沟,最终导致某些课程,尤其是文科和法学在最初几年(在那段时间里,辅导率是最低的)里的高挂科率。

因此,挂科率会随着教育条件的降低而增加。除了这些维持着大学入学门槛的国家,大部分国家的政府实际上最终都没有建立新机构,也没有按照这一时期人员数量的增加率来给它们配备人员。例如在德国,初中毕业率从 1955—1956 年的 69.8% 下降到了 1970—1971 年的 55%;在比利时,初中毕业率从 75.5% 下降到了 64%;在荷兰,从 63.3% 下降到了 61%;在美国,从 74.4% 下降到了 68%②。在那些能更好地应对人员数量增长的国家里,下降并没有发生。在英国,尽管有一些轻微的下降(毕业率从 88.7% 降到了 85%),初中毕业率还是维持了很高的水平,这归功于它配备了大量的教育人员:在 1971 年,平均每八个大学生就配有一名教师。法国在这张总表中毋宁说显得苍白黯淡:毕业率似乎在某种程度上再次上升了,尽管人员数量正在猛增:1955—1956 年间平均有 40.4%,而 1971 年则是 46.4%。但是,从学习的课程来看,我们应该突出这些平均值所隐藏的巨大差异:我们注意到 1964—1965 年间,法学录取者占 43%,医学录取者占 53%,但是文理科只占 39%。甚至在 1971 年,境况在 1960 年代末的危机之后似乎有所好转之时,法国在我们掌握此类数据的所有国家中还是表现最差的那个。

---

① P. Bourdieu 和 J. -C. Passeron,《继承人》(*Les Héritiers*),Paris,Editions de Minuit,1964;A. Touraine,《美国的大学与社会》,op. cit.。

② M. Devèze,《大学的当代史》(*Histoire contemporaine de l'Université*),Paris,Sedes-CDU,1976,p. 444—445。

当然，在这些方面，这些材料能够得到不同的阐释。在最高层面上，某些人认为，某些国家（法国）表面上的改善来自评委会更大的宽容（根据1968年5月动乱之后的大学生压力）。其他人则强调在大学里最初几年的失败是不合适的中学教育带来的（诸多专业的等级制度——它在高等教育中提供了不平等的选择——带来的挫折产生了职业导向的问题，这种现象在法国尤其突出——理科课程的威望在中学里的提升）。这种机能紊乱将预科/大学校的班级（从大学中吸引走了最好的学生）归结为短期高等教育形式的录取通知不足，以及反对专业课程大众化的保护限制，这增加了大学领域中如此之多的失败，它在经济上、在配备管理人员的比例上没有优势。

世界上围绕"五月风暴"的大学危机

单纯根据法国人的说法被约定俗成叫作1968年五月"事件"的事情，在不同程度上，根据全球政治和社会语境的特殊性，表现了大部分国家中1950—1970年代大学迅速变革带来的严重后果。从相对平静的境况（被几个不重要的示威所突出［英国、瑞士］）直到真正的社会政治危机（大学生运动在其中乃是星星之火，鼓动了整个社会，而这个社会先前则在毫无远见或进行过度镇压的政权的统治下运转着），我们能够确定大学动乱的渐进规模：法国、日本、美国、墨西哥、德国、意大利、处于一种特殊的政治环境下的波兰、西班牙、捷克斯洛伐克、某些挣脱了殖民统治的亚非国家。事件发生的顺序也在很大范围内有所变动，根据大陆和环境的不同，"五月风暴"开始或者结束得要明显更早或更晚，并且，它还提出了某些政治、社会、教育或者道德方面的问题（它们具有不同程度的丰富性）。

在美国之前，许多南美国家的一些大学生运动从1950年代末就开始了。它们既抗议大学体制的保守,又抗议他们自己国家寡头式的社会政治结构:从1958年到1968年,这些抗议发生在加拉加斯、布宜诺斯艾利斯(在贝隆政府被推翻之前)、哥伦比亚、秘鲁、乌拉圭、巴西、智利。在这些国家中,政府都有十分激烈的反应,而部分最活跃的运动分子则受到了古巴革命模式的启发(其中某些负责人、领导人来自大学生圈子),而走向了恐怖主义或者是游击战。

在美国的抗议

在美国,在民权运动、反对种族隔离的斗争(在某些大学里也可看见人们冷酷无情地实施了这种种族隔离)、反对冷战气氛的运动(这种氛围在麦卡锡主义①的迫害之后强迫大多数知识分子和某些大学保持沉默)处在上升态势的氛围中,抗议活动从1964年的伯克利(言论自由运动[Free speech movement])开始②。动员的第二个因素就是反对越南战争的斗争以及反对同大学生直接相关的约翰逊③政府的军队扩征活动。实际上,部队中越来越多的人得到了动员,而五角大楼则倾向于资助有军事目的的大学研究,并给予其越来越大的信任,这向所有人揭露了科学与大学的"中性谎言",而这本来是美国学术整体中的传统信仰。抗议最激烈的地方是主张自由的大型大学(伯克利、斯坦福、哥伦比亚、哈佛),但它们也是最受军队信赖的大学,大一学生和转向研究的教授们(而非督导)之间的距离是最大的。在和平主义与绝对自由主义的主题——它们为此前激进的美国文化奠基,可以追溯至19世纪——之外还有独属于

---

① 麦卡锡主义是指1950年至1954年间美国参议员麦卡锡的反共产主义观点,恶意诽谤、肆意迫害疑似共产党和民主进步人士甚至有不同意见的人。——译注
② M. -C. Granjon,《抗议的美洲:美国的60年代》(*L'Amérique de la contestation : les années 60 aux États-Unis*),Paris, Presses de la FNSP, 1985; M. Devèze, op. cit., p. 81—86。
③ 美国第36任总统,肯尼迪遇刺身亡后以副总统的身份直接接任了总统一职。——译注

1960年代的主题：反对性别压迫的斗争、要求使用毒品的自由（这已经由垮掉一代的先锋作家带来了）、有时是要求一种取代了消费主义和因循守旧的美式生活（American way of life）的生活方式（嬉皮士运动）。"学生争取民主社会"（SDS）这个更加政治化的左翼潮流在1960年代末甚至设想了一些更加激进的改变，这受到了欧洲马克思主义（有时会受到精神分析和地下反文化的斥责）的启发[1]。但是，这个组织要比欧洲的同类组织小众得多，并且，在其策略和目标方面，这个组织一直都分成许多不同的倾向，这为地方团体留出了很大的自主性，也打开了通往通过极端主义、托洛茨基主义、或尤其是毛主义的小团体尝试夺取内部权力的道路。

根据一般的研究，大学生运动的主题长期以来都将外在的目标（独属每个国家的社会问题、反战）和内在的目标（改善生活条件、要求大学生的权力、抗议大学教学的内容和方式）混为了一起。在美国，在1968—1969年间受到事件波及的学校各种各样：私立学校（70.5％），公立学校（43％），无宗教信仰的四年制学院（42.6％）[2]。真正受到动员的，或者真正起来战斗的那部分大学生人口相反明显要更少。在1968—1970年间的抗议顶峰，根据测试调查以及对这类型研究的必要保留，支持极"左"的或者支持激进运动的大学生仅仅占了接受调查的大学生中的4％—11％。如果人们考虑实际运动的话，最大的游行聚集了10万到50万名参与者，"学生争取民主社会"在其巅峰时期聚集了30 000—70 000名成员[3]。在1968年春天，人们估计美国的大学生运动分子占了700万总人数中的数十万。另一面，无论是否被军事组织所领导，这个运动在公共空间

---

[1] 在此适合回想一下马尔库塞的作品《爱欲与文明》（1955）和《单向度的人——发达工业社会意识形态研究》（1964，法译本1968），尽管这些书的名气尤其是在大学生运动发展了反抗"压迫性的"、异化的资本主义社会的类似主题之后才得到了传播。

[2] A. Touraine,《美国的大学与社会》,op. cit. ,p.183—184。

[3] M. -C. Granjon,《抗议的美洲》,op. cit. ,p.418和520。

中都是十分显眼的,因为规模巨大的大学和大城市在此占据了主流,也因为媒体极大范围的关注。由此,在1968年秋天,随后是1969—1970这一学年中,就有了许多同警方的冲突,甚至还有一波袭击的浪潮。在某些校园里,学术权威超出了自己的职权范围,号召公共力量来对抗少数派暴力的激进化。许多人受伤了,有时有死亡和财物损失,在普遍对大学生抗议持有敌意的媒体所说的"美国方式"看来,这让对运动的谴责变得容易了。根据其反对越南战争,或者是根据它对以中国作为榜样的要求,或者是根据某些大学生团体对卡斯特罗主义制度的要求,这一大学生抗议被呈现为一种阴谋,即违犯祖国利益的、同国际共产主义有关的阴谋。尤其(例如法国1968年6月的选举,引起了戴高乐主义的大变革)是大部分选民并不理解这些被沉默的大多数视作特权者的反抗团体,因为他们经常来自好大学,甚至拥有"良好的出身"(bons milieux)。在国家层面滑向右翼的美国政府(1968年理查德·尼克松当选为总统,并在1972年再次成功当选),以及作为候选人的极右翼民族主义者华莱士(Wallace)所打开的缺口,二者都部分地把否决大学生抗议作为其开端,因为这些抗议对于国家利益而言被判定为纯粹消极的、危险的事情①。

日本的行动主义

在日本,大学生的不安再次同反越战(这同时使得抗议美国战后在日本的霸权得以可能)的国际环境相关,也同对严厉的大学体制(它是精英的、不平等的、专制的,且对于诸多家庭与大学生来说越来越昂贵)的再次质疑相关。大学生组织"全学联"②受到了其

---

① op. cit., p. 316—322。
② 全称为"全日本学生自治会总联合",是日本全国大学生的统一联合组织,在1960年的反安保条约斗争中起到了巨大的作用。——译注

不同成员中的极"左"特点的强烈影响,而日本政治舞台则被十分明显的右翼亲美政府所霸占①。大学生联合会在1967年声称自己有70万成员,但尽管它有着左派的导向,其领导还是由于不同的倾向而分裂了(从共产主义左派到极"左")。由于缺少政治观点,对抗性团体那激烈的激进化表现为同警方的十分剧烈的冲突:运动的分歧可以是反对注册费上涨的斗争(1968年1月的"Chou大学"②),可以是揭露腐败(东京的日本大学),或者是对东京大学中的医学系的住院实习考试改革的抗议。这项抗议延伸到了其他专业,并导致了罢课、占领场所和应当局要求而来的警方的粗暴干涉。其他大学也由于蔓延导致的相似动机而开始罢工罢课。但是,最极端的少数派也在围绕着国际政治的赌注而反抗,尤其是围绕日美的保守政府之间紧密维系着的关系而反抗,同时还伴随着反越战游行。这场游行由1968年10月警方围绕新宿站和东京防卫省,或者根据地方政治局势——支援为了建设新东京机场而被征用土地的农民③——而组织的战斗所终结。

德国:五月之前的五月

在德国也是如此,麻烦的开始经常同外部的事件有关,如伊朗国王1967年6月2日到访柏林,被极左翼大学生揭露为美帝国主义的同盟。一个大学生在同警方的冲突中丧生了;1967年11月,

---

① T. Fusé,"日本学生的激进主义:一次'文化革命'?"(Student radicalism in Japan: A "Cultural Revolution"?),《比较教育评论》(*Comparative Education Review*),卷13,1969年10月,p. 325—342。(在线可查:jstor. org. stable/1186545)

② Chou并不是惯常的日文的罗马音写法,无法查到到底是指哪所大学,故此处保留作者的法文写法。此外,根据可靠史料,与反对入学费上涨相关且时间较为贴近的学运只有1965年1月的庆应义塾大学和1966年1月的早稻田大学,但此二者的日文发音均同Chou相去甚远,只有日本中央大学的简称"中大"的罗马音"chuo"最为接近,此处疑为作者的疏忽,似乎是指中大。——译注

③ 指1962年反对修建成田机场的三里塚斗争。——译注

在法兰克福,出现了对政府公布的紧急措施(以应对大学制造的麻烦)的抗议。抗议者要求一个民主的、具有批判性的大学,反对国家权力或教授的权力,这些抗议者甚至揭露了那些政治经历和纳粹制度有关的教授。由于缺少立即的改革,运动发生了,而当时,巴黎的骚乱在五月爆发了。不同国家中的政治体制的去中心化,以及每个大学的相对自治,却让其得以避开像在法国那样的完全从正面袭来的危机。在1976年制定高等教育法律总则之前,人们在某些最动荡的地区尝试了局部改革。相反,最极端的大学生运动分子中的某些人则偏向了恐怖主义,就像在意大利那样,这是其缺少同联合组织运动的联系、缺少传统的选举框架内的政治前景导致的。

法国:何种革命?

法国是这样的国家之一:大学生反抗运动中互相割裂的不同方面都集中了起来,以至于导致一种系统性的危机(它不仅仅是高等教育的,还是不同部门中的社会关系的危机),导致了对一种制度的政治平衡的动摇(然而人们却在几个月之前把它当成稳定的、稳健的制度)。这近乎革命的行动通过参与人数众多的总罢工和某些战略要地的暴动(如电视行业和传媒界的反抗)而使国家瘫痪,也扰乱了整个高等教育和部分中学教育(部分是大型高中的某些班级中的罢工)。这造成了一些国民议会选举的提前以及政治倾向的激进化,在当时也引起了——由于其复杂性——许多阐释,就像在几十年间的每个周年纪念所发生的那样。在一个不可控的空间里试图整合那些不同的政治倾向与阐释是徒劳的。从我们在此最看重的那种观点来看,即从高等教育的观点来看,五月风暴无论如何都是所有法国"大学模式"之弱点的一次残酷曝光,它面对着一次异常暴烈的改变,而这被统治团体普遍地误解了,就像它也被许多利益相关者误解了那样(大学生、父母、大学当局、不同层级的大学人员)①。

根据"代际冲突"的观点,占主导的阐释以这种稍有一点万金油式的表述方式说明了结构间的鸿沟(这些结构在一个精英主义式的量才录用的社会看来,就像19世纪末的社会一样),以及对从中产阶级中浮现的一个新社会(由20世纪下半叶经济与文化的发展所支撑)的期待。总是将大学视作理想的批判空间的事实和大学新功能那被隐约察觉到的现实(诞生自大众化、中产阶级的扩大再生产及其对于经济现代化的戴高乐版本的必要适应)之间存在矛盾,大学生和最年轻的那些教师对乔治·蓬皮杜政府的技术专家治国计划的揭露以另一种方式表达了这一矛盾。实际上,在法国,有着欧洲乃至全世界所罕有的情况,即培养领导者的精英身份依然重要,甚至是越来越重要。这种培养被大学校、大型学校机构以及研究组织所垄断,这是人们从两次大战之间起,以及在解放时期就不断现代化的、发展着的唯一的教育机构,但他们却忽视了对大学的改革②。

---

① 关于大学变化的分析的分歧、大学生的角色、有希望的改革,根据涉及的团体或者冲突中的政治抉择,参看 D. Dammame,"'大学生问题'",在 D. Dammame,B. Gobille,F. Matonti,B. Pudal(编写)的书中:《68年5月—6月》(*Mai-Juin 68*),Paris,Atelier,2008,p. 114—129。G. Antoine 和 J. -C. Passeron,《大学的改革》(*La Réforme de l'Université*),Paris,Calmann-Lévy,1966。关于目标的以及活跃的大学生运动的成员的二重性,参看 M. Scotford Archer,"法国",在 M. Scotford Archer(编订)的书中:《学生、大学和社会》,op. cit.,p. 127—153。关于大学改革的效果,参看 A. Prost,《教育、社会与政策》(*Éducation, société et politiques*),op. cit.,第六章。

② 见证了1939年 CNRS(国家科学研究中心)的创立、1945年 CEA(法国原子能委员会)和 ENA(国立行政学院)还有国立健康研究会(今天的 INSERM)或者政治科学自由学校的创设、1946年 INRA(国家农业研究院)以及 ONERA(国立航空航天研究学习机关)的创设,企业领导者的教育培养中商业和工程师学校不断增加的分量,等等。参看 L. Rouban,《国家与科学:科学与技术的公共政治》(*L'État et la Science: la politique publique de la science et de la technologie*),Paris,Editions du CNRS,1988,p. 93。R. Gilpin,《科学国家时代的法国》(*France in the Age of the Scientific State*),Princeton,Princeton UP,1968。

大学中或政治上的保守派一直拒绝放弃专业体制,并且特别是拒绝质疑教授权力,这就是由埃德加·弗赫(Edgar Faure)所开创的改革——1968年12月由国民议会一致投票通过——最终没有让他们满意的原因,这也是没有让抗议者(他们只在大学生和其他个人参与不同建议时才看到近乎虚伪的民主)满意的原因。这项改革没有改变这个根本上不平等的世界(它服务于社会秩序与既成的政治)。

结构变化最持久、最消极的影响事实上是对大学的削弱,而人们却想要以此让其自治。更严重的分裂(巴黎、里昂、列日、波尔多、埃克斯、格勒诺布尔、雷恩、图卢兹、克莱蒙费朗、蒙彼利埃)虽然原则上是为了造就更人性化的、更好管理的学校,但它最终又加强了监督部门的权力(国民教育和/或大学的协助),以及在关于收入津贴和职位津贴的委员会中展开竞争的各内部单位(教学及研究单位,随后是培训及研究单位、专业、研究团队)的权力。

然而,有两个群体从大学格局的重构中真正得到了利益:一方面,是科学工作者,他们为了形成一个全新的整体——即为他们所控制的,并且他们在其中可以实践一些受外国尤其是美国启发的运转模式(此外,这也以国家科学研究中心的合作实验室所提供的额外资金为支持)——而普遍达成了协议;另一方面是医生,他们同样和大学医疗中心先前的改革形成了联系,这个改革给予了医生们相对于旧专业体制而言极大的自主性。两个最脆弱的部门(一方面是文学与人文科学,另一方面是法学)在巴黎的某些学校中(巴黎一大、五大、七大)设法和其他对手展开了合作(这些对手主导着这两个部门,或仅限于清一色的同类型大学中)。这些部门实际上就是一些重建了的法学或文科专业,它们在支持68年运动或反对68年运动的政治或意识形态上的亲缘性的基础上被提升到了大学的行列中,而不依赖普遍的科学计划:巴黎三大(新索邦)和巴黎四大、里尔二大和里尔三大之间的分裂和稍晚一点的里昂三大和埃克斯-马赛三大的分裂。

因此,法国1968年的事件不仅仅是一次比其他事件都更加严重的危机,从法国大学的形象以及地位(无论是国内层面还是国际的层面)来看,它还有着持续的消极影响。一方面,是中学生根据其在校成绩所做出的选择(除非是对于法学和医学而言,这其中存在着实际的垄断,以至于读大学就意味着不可能去别处);另一边,是去法国大学就读的外国大学生的生源,二者都见证了这一消极影响。他们主要来自受法国影响的旧地区的国家(语言上的或者是殖民上的),而非来自拥有"真正"大学的国家。

在20世纪的最后30年里,人们能够在极大范围内将贯穿法国高等教育的不同政策或危机阐释为对揭露1960年代末伤疤的拒绝,或者是阐释为政府(观点有所分歧的右派和左派的政府)尝试通过强制引入其他国家的模式或强制引入在那些国家里被试验过的解决方法(但其所适应环境的生态条件实际上却没有完全地统一起来,由此就带来了新的困境和新的纠正性的改革)来减少危机的做法。此外,反复的大学生动员以及略少一点的教师-研究员的动员都阻碍人们做出真正激进的改变,就像在其他国家如英国中,在要求较少的大学生身上试验过的改变那样。

英国:最低程度的抗议

从这个角度来看,同英国的情况比较所得出的结果是尤为令人惊讶的。大学生运动在此尤其波及到了市郊的学校(艺术学院)、伦敦的学校(摄政街综合理工学校[Regent street Polytechnics]、霍尔本法律和商业学院[Holborn College of Law and Commerce]、伦敦政治经济学院[London School Economics])或者是一些新的大学(像是莱斯特、苏塞克斯,尤其是埃塞克斯,那里开办了一所自由大学)。最明显的抗议在政治上异常关键(反越战的和平运动、对受邀到某些大学中的右派报告人的抗议、揭露南非在种族主义制度方面的顺从),并且,它其次也关系到在校大学生权力的问题①。

东欧:被镇压的抗议

在波兰和捷克斯洛伐克,大学生的抗议让人想起了19世纪的自由与民族的运动,而不是西欧建设道路上的新消费社会的挑战。抗议涉及专制主义和智识自由的缺失,此二者统治着学院,但也在更大程度上统治着社会,因为国家服从于一党专政。布拉格之春就像是波兰1968年3月的游行一样,都表达了对政体的批判,但它最终没能让人得到解放,也依然没能动员那些想同西欧或民族历史(对苏俄霸权的服从抹去了这一历史)结合的大学生、教授或大学外的知识分子去反抗制度。通过镇压(波兰)或者通过华约力量的入侵(1968年8月的捷克斯洛伐克)所做出的回应标志着苏联式政体在自我改革方面(当这也许正是自我改革的时机之时)的无能②。

对变化的总结

仅仅将这第一次大众化视作紧张的时刻、困难的时刻、局部的或者所遭受的改革的时刻,是错误的。尽管有冲突,有时还有在东/西对立贯穿的世界中,由加速开放引起的历史悲剧,以及反殖

---

① A. Marwick,《六十年代文化革命在英国、法国、意大利和美国(1958—1974)》(*The Sixties, Cultural Revolution in Britain, France, Italy and the United States*),Oxford,Oxford UP,1998,p. 632—642;M. Scot,"英国有过'五月风暴'吗?"(Y eut-il un "Mai 1968" en Angleterre?),《历史@政治,政治、文化和社会》(*Histoire@Politique, Politique, culture et société*),第六号,1968年9月—12月(在线可查:www.histoire-politique. fr.)。

② M. Hanner,"捷克斯洛伐克",在 M. Scotford Archer(编订)的书中:《学生、大学和社会》,op. cit. ,p. 36—56 和 M. Vaughan,"波兰",op. cit. ,p. 57—59。

民的战争,1973年石油危机之后经济、社会和世界人口的重心从北半球向南半球转移的最初预兆,高等教育也将一些令人印象深刻的成功归为自己的功劳。

就像历史上的任何时代一样,高等教育在这个有大量毕业生集结的时期,在一个前所未有的范围内制造、酝酿一些大学中的变化。例如,一些第三世界国家开始朝北半球或发达国家的方向迈进。高等教育也将自己的研究和教学向全新的知识领域或者是直到那时还徘徊在学术圈外的边界上的知识领域敞开了。在北美就像在西欧那样,那是人文科学和社会科学的黄金时代①,这是整合大学课程中新的自然科学以及同国家战略利益、某些企业的战略利益建立紧密关联(借助吸收了大量优秀大学生或者大学老师的大型研究组织)的时刻。这是一个高度集中的建设新建筑或新校园(它们改变了城市或其周围的景观)的阶段。这也是对这样的观念的传播:高等教育会向更多的人,甚至是没有传统文凭的人敞开,或者会向这些重拾学业的人提供第二次机会。开放大学、远程教学、夜校、对广播或电视的使用,都提供了在传统的、面对面的阶梯教室式教育框架之外的新的可能性。如果1968年5月左右的"事件"表现了最有学识的一部分年轻人和依然保守的周遭社会之间的脱节,那么诞生自周边的多少有些乌托邦的观念的繁荣期(这一繁荣期和动荡的大学空间有关,或者说,它始自这一空间)就呈现出了这些场所的创生力,不过,它们直到那时都还有一点封闭,或者为少数精英保留了位置。公共领域和媒体中很大范围内都可

---

① 在英国,1960—1966年间纯科学中的初中生的数量增加了53%,而社会科学中的则增加了181%(M. Tight,《1945年以来英国高等教育的发展》,op. cit. , p. 65)。在西德,经济科学和社会科学在1950年重新集合了10.7%的大学生,而在1980年则是18.9%(P. Lundgreen、G. Schwibbe 和 J. Scheuneman,《德意志联邦的职业学校和大学(1949—2001)》(*Berufliche Schulen und Hochschulen in der Bundesrepublik Deutschland*),Vandenhoeck 和 Ruprecht 出版社,2008, p. 314)。这些学科也曾经是1960年代抗议运动时最为动乱的专业。

见的骚动，对于主要问题的追问（社会不平等、性别间的不平等、人种起源、社会中知识的功能、代议制民主的限度、对老前辈的权力的质疑），此二者迫使周遭的社会多少有些肉眼可见的进步，或者更经常的是通过对于无序的恐惧，而迫使人们去借助盲目的镇压（在某些国家中甚至是血腥的镇压）来搞一些开历史倒车的政治活动。

这也是一个随着短期高等教育①、高等技术教育、传统学科中的职业教育培养而来的制度形式的新分歧时期，这是在传统大学生模式中占据不同比例的各种大学生人口的混合。在年龄上、经历上、女性化程度上（女性通常被限制在某些学科上：文科、教育学、心理学、生物学、医学）、某些国家从国外招聘来的教师和研究者越来越明显的增多上，教师团体本身由于增长而变得更加异质。学院世界不断增加的异质性除了它所提出的关于组织的问题以外，还解释了大学管理的旧模式在很大范围内变得无效的原因。大学生们并不是唯一想要在明确的决策中拥有一席之地的群体，行政人员、非教授职位的教师同样被动员了起来，他们同样组成了工会组织。当然，在不同国家，对人们在法国嘲讽地叫作"官老爷"（mandarinat）的人重新讨论有所不同。在那里，最年轻的教师们在资历变老一点之前并不会获得固定且稳当的地位，教授们或者正式任职者则掌握着大量的劝阻手段，即打消关于助理之独立性的这样一种一时的想法，还有助教、副教授或讲师（lecturer）、编外教师等等的独立性。相反，在那些新团体获得了一个优越地位的国家之中，这些团体间的权力分配就没有那么不平衡。

1980年代伊始，高等教育因此在各处都成了一个关键的赌

---

① 它在1970年占了德国大学生数量的17.2%、西班牙的27.7%、芬兰和法国的13.9%、英国的58.6%、美国的15.9%、日本的16%（《短期高等教育——关于认同的研究》[*L'Enseignement supérieur court, recherche d'une identité*]，Paris, OCDE, 1973, p. 432）。

注，它不仅对周遭社会产生文化和社会上的影响，还有经济、政治和国际上的影响。面对着在第一次"石油休克"（choc pétrolier）之后波及大型发达国家的经济困境，高等教育在整个思想潮流中都呈现为对于经济放缓的可能解决方式（多亏了大学实验室中的创新和研究）、对非熟练工失业的补救措施（如继续教育或者是转行）、一种反抗低工资的欠发达国家之竞争的方式、对于社会内部和国际社会中的等级制度的补偿工具。这一功利主义的、经济的和管理的视角（尽管小众）渐渐在20世纪末的几十年里传播开来，从而成为21世纪初占主导地位的视角，这伴随着关于"社会和知识经济"的秩序以及国际化的秩序这样一种说法的出现。我们会在终章里看到这一肯定性的阶段。

第八章 第二次大众化：朝向知识社会与知识经济？（从1980年代起）

后30年被归入了前一章描绘的趋势的延续之中：大众化经历了新的发展，而现在这尤其同一些新的大陆有关，即使发达国家、新兴国家和欠发达国家之间的差距依然巨大。范围变化造成的大学结构的内在张力最终导致了一些新的局面，它使得每个国家继承的传统因为受占主导地位国家——英语国家——启发的"模式"的缘故而式微了，而这些模式也在"改革"——在1980年代变多了，尤其是1990—2000年——的过程中被国际组织所取代。由高等教育、研究和改革的现代化理论家所宣布的光彩未来以"知识社会"（knowledge society）的主题作为口号。就像任何具有规范性的现代性视野一样，这个视野在揭露的同时也同样遮蔽了正在进行的改变。人们将会通过更为分析性和批判性的方式来努力觉察出部分的真相，以及对于当代高等教育复杂性的不了解。知识社会这个一致主义的主题通常掩盖了知识经济（即是说，事实上，知识是完完全全服务于经济的），后者是一个多样的主题，即大量新的不平等，地区歧视、民族歧视和国际歧视。

关于"第二次"大众化的整体视野

发达世界

20世纪末的那几十年和21世纪头十年,欧洲、北美和大洋洲发达国家的增长率要明显低于1960年代和1970年代。尤其是,根据社会和经济的局势,以及大学的政策,从一个区域到另一个区域之间的分歧越来越多。尽管有地方上的波动,它们还是证实了高等教育的需求同之前是完全相反的,就像社会学家兰德尔·科林斯(Randall Collins)说的那样:他在1979年预言,先前的文凭通胀会导致学术抱负在入学率最高的区域迅速枯竭[1]。相反,一些新兴国家入学率大增,这是那些高入学率国家早先曾经遇到的情况,甚至像加拿大、美国或日本这样的大学体制已经十分大众化了的国家,也继续保持着上升势头,尽管其速度稍显缓慢。

大学生中女性的数量也在增加,1980年代初这些后备军对于高等学业的需求依然未满足,这是第一个征兆。除了某些国家(土耳其、瑞士、荷兰、爱尔兰、德国和奥地利),年轻女性在其他各处都成了高等教育中的大多数,而这个现象在1960年代还是不可设想的,甚至在那些最发达的国家中也是如此。面对工作歧视——在像1980年代或者1990年代那样的经济困难时期,尤其是年轻女性深受其苦——继续学业似乎是最好的武器。这也得益于推迟婚育年龄与拒绝传统家庭理想(家庭主妇)的——这在1960年代依然在大部分发达国家中占据主流——道德风尚的改变。

---

[1] R. Collins,《文凭社会》,New York, Academic Press, 1979。

第八章 第二次大众化：朝向知识社会与知识经济？

表10 欧洲、美国、大洋洲的高等教育人员数量（女性的百分比[括号中]）和1980—2006年间的增长率

国家	1980年高等教育中的大学生人数（单位:千）（女性%）	1990年高等教育中的大学生人数（单位:千）（女性%）	1980—1990年的增长率	排名（增长率）	2006年高等教育中的大学生人数（单位:千）（女性%）	1990—2006年的增长率	排名（增长率）
比利时	196.2(44%)	276.2(48%)	+40.7%	14	394(55%)	+42.7%	22
联邦德国	1 223.2(41%)	1 686.7(41%)	+37.9%	15	1 953(47.7%)	+6.7%	27
丹 麦	106.2(49%)	142.9(52%)	+34.5%	16	229(57%)	+61.2%	16
芬 兰	123.2(48%)	165.7(52%)	+34.5%	17	309(54%)	+87.2%	12
加拿大	627(50%)	841(56%)	+34.1%	18	1 327(56%)	+57.7%	17
意大利	1 117.7(41%)	1 452.2(48%)	+29.9%	19	2 029(57%)	+39.7%	23
荷 兰	360(40%)	434.1(45%)	+20.5%	20	580(51%)	+33.6%	24
美 国	12 097(51%)	13 819(54.3%)	+14.2%	21	17 487(57%)	+26.5%	26
瑞 典	171.4(?)	192.6(54%)	+12.3%	22	423(60%)	+120%	8
日 本	2 400(33%)	2 683(38.5%)	+11.8%	23	4 085(46%)	+52.2%	18
民主德国	400.8(58%)	438.9(52%)	+9.5%	24	—	缺	缺
罗马尼亚	192.8(43%)	192.8(51%)	0%	25	835(55%)	+334%	3
苏联/俄罗斯联邦	5 235.2(?)	5 253.0(50%)	0%	25	9 167(55%)	+74.5%	15

(续表)

国家	1980年高等教育中的大学生人数（单位：千）	1990年高等教育中的大学生人数（单位：千）	1980—1990年的增长率	排名（增长率）	2006年高等教育中的大学生人数（单位：千）	1990—2006年的增长率	排名（增长率）
波 兰	589.1(56%)	544.8(56%)	−7.5%	27	2 146(57%)	+294%	4
阿尔巴尼亚	25.2(50%)	22.0(52%)	−12.7%	28	53(62%)	+140%	7
南斯拉夫	412.0(45%)	327.1(51%)	−20.6%	29	缺	缺	缺
匈牙利	101.2(50%)	77.0(49%)	−23.9%	30	439(58%)	+470%	1
捷克斯洛伐克/捷克共和国/斯洛伐克	197.0(42%)	118.0	−40.0%	31	338(54%) 198(58%)	+354%	2
奥地利	136.8(42%)	240.3(45%)	+75.6%	5	253(54%)	5.4%	28
保加利亚	101.4(56%)	188.4(51%)	+85.8%	3	243(53%)	29.2%	25
法 国	1 076.7(49%)	1 698.9(53%)	+57.7%	10	2 201(55%)	29.6%	24
西班牙	697.8(44%)	1 222.0(51%)	+75.1%	6	1 789(54%)	46.3%	21
瑞 士	85.1(30%)	137.4(35%)	+61.4%	8	205(47%)	49.6%	20
挪 威	79.1(48%)	142.5(53%)	+80.1%	4	215(60%)	51.4%	19

(续表)

国家	1980年高等教育中的大学生人数（单位：千）	1990年高等教育中的大学生人数（单位：千）	1980—1990年的增长率	排名（增长率）	2006年高等教育中的大学生人数（单位：千）	1990—2006年的增长率	排名（增长率）
英国	827.1(37%)	1 258.2(48%)	+52.1%	12	2 336(57%)	85.9%	13
葡萄牙	92.2(48%)	185.7(56%)	+101.4%	2	367(55%)	98.3%	11
新西兰	76.6(41%)	120.8%(50.3%)	+57%	11	238(59%)	98.3%	11
爱尔兰	54.7(41%)	90.2(46%)	+64.9%	7	186(55%)	106%	10
澳大利亚	323.7(45%)	485.0(53%)	+50.1%	13	1 040(55%)	114.4%	9
希腊	121.1(41%)	195.2(50%)	+61.1%	9	653(51%)	234%	6
土耳其	246(25%)	685.5(33.6%)	+152%	1	2 343(42%)	242%	5

注意：高等教育：除了反相评价行以外，仅根据联合国教科文组织的定义来说的"作为第三产业"的学校整体。
来源：A. H. Halsey，"录取"，表 6.1，在 W. Ruegg（版）的《欧洲大学的历史》中（卷四，Cambridge，Cambridge UP，2011，p. 220），根据联合国教科文组织的《数据摘要》（Statistical digest）和《联合国教科文组织年册》（Unesco Yearbook）；B. R. Clark 和 G. R. Neave（版），《高等教育百科全书》，Oxford，New York，Pergamon，1992；联合国教科文组织数据研究所，《世界教育信息汇编》《Recueil de données mondiales sur l'education》，Paris，Unesco，2008（参考年份：2006年）。美国：《经济合作与发展组织成员国中的教育》——1988—1989，1989—1990；数据信息概略》《Education in OECD countries》，Paris，OCDE，1993，p. 63；S. Halimi，《英国的高等教育》《L'Enseignement supérieur au Royaume-Uni》，Paris，Ophrys，2004，p. 67（2001—2002，英国，根据英国高等教育统计局的信息，高等教育机构中的学生，高等教育机构的学生，联合国教科文组织数据年鉴》《Annuaire statistique de l'Unesco》，1993；爱尔兰：www.education.ie/servlet/blobservlet/stat_web_stats_09_10.pdf.

新的扩张实际上产生在比 1960—1970 年代的第一次扩张更加不确定的社会经济环境中,直到 1973 年石油危机为止,经济强力增长的环境加速和促进了这种扩张。随着增长在大部分欧洲国家和发达世界的其他地区放缓,继续学业对于结束了中学学习的高中生们来说就有了一种意义:推迟职业选择,并在面临对资质要求越来越多的政府部门与企业(它们会优先解雇最年轻的与文凭最差的)时留有自己的一手。

面对受失业、通货膨胀、经济不稳定威胁的未来,不安的家长与高中生做出了这种自发的行动。当政府意识到经济放缓,还有为了第三产业与高技能行业而产生的职业结构变化的时候,政府还会采取激励措施,以配合上述的自发行动。这是法国教育部部长让-皮埃尔·舍维内蒙(Jean-Pierre Chevènement)在 1984 年大力针对 80% 高中年龄段的人获得高中毕业文凭的著名口号①。相反,邻国英国在撒切尔夫人(1979—1989)的治理下则走向了同先前的扩张政策相决裂的反方向。进入高等教育所需的严格证明让英国重新陷入国家的资金困难,这意味着要牺牲直到那时都具有特权的那部分人的利益。这种刮骨疗毒伴随着对在新公共管理(new public management)方法启发下的国家介入模式的重新定位。这要求人们减少学术团体的团体主义,涉及为它强加一种竞争逻辑和收益逻辑。这在保守政府的普通经济政策中同样占上风:削减奖学金;提高向外国留学生收取的注册费;根据不同学科中人员数量的变化,或基于不同领域所具有的各种优先性而取消一些职位;根据一些由更加严格的评估程序所衡量的表现来拨款(上述的评估程序是由 1985 年的科研评估建立的)。这种对学校

---

① 参看 St. Beaud,《80%的人高中毕业……那之后呢? 入学民主化的孩子们》(80% au bac... et après? Les enfants de la démocratisation scolaire),Paris, La Découverte,2002;A. Prost,《教育、社会和政策——从 1945 年到现今的法国教育史》,Paris, Le Seuil,1992。

和教师行为表现的评估被用以论证对待大学和专业的不同方式的合理性,它远不是过去几十年给学术团体的自我管理留出位置的平均主义大学的福利国家观所能理解的①。

大部分政府都曾根据人口预测(1964年起大部分国家生育率降低),通过毕业生失业人数的增长(它不再使人们继续学业)而预见到了大学人员数量的减少。事实上,1990年代和2000年代的十多年违背了这些悲观的预测,就像法国和大部分国家那样,英国自己也遭遇了第二波大众化。相对于1990年而言,人们预估英国在2000年会有80万名大学生,这场运动在随后十年依然持续着,因为在2010年,59%的适龄人口都接受了高等教育②。

发达国家第二波大众化的第三个特征就是扩张动力的区域差异,这已经由英法之间的对照指出。过去,1970年代初,在高等教育方面非常落后的一些国家(由于其专制政体敌视高等教育),如土耳其、西班牙、葡萄牙和希腊利用向民主的回归来强调大学的现代化和扩张。它们达到的高等教育入学率甚至接近不久前比它们更加富裕的邻国的入学率。西班牙的大学生在1970年几乎只有法国的四分之一,而现在同其北面的邻国相比,大学生人数上的差距只有不到28%,并且,它的大学生人数在1980

---

① M. Tight,《1945年以来英国高等教育的发展》,Maidenhead(UK),New York,Open University Press,"高等教育研究社",2009,p. 76—78;官方报道将1970年代英国的经济衰退同大学由于一种敌视商业的大学观念形态与技术、工业应用之间联系的缺乏联系了起来,这组主题在随后的十年里又在法国重演了;也参see H. Silver,《20世纪英格兰的高等教育与观点制造》(*Higher Education and Opinion Making in Twentieth-Century England*),Londres,Portland(Or.),Woburn Press,2003,p. 212—213;C. Deer,《1980年代以来的英格兰与法国的高等教育》(*Higher Education in England and France since the 1980*),Oxford,研讨会书籍,2002;S. Halimi,《英国的高等教育》,op. cit. 。
② N. Rajani,"英国高等教育改革中的国家与市场(1980—2007)"(L'État et le marché dans la réforme de l'enseignement supérieur au Royaume-Uni),《国际批评》,2008/2,第39号,p. 47—65。

年代的十年中增长了75%,并在随后的十五年里又增长了46%。希腊的大学生人数在1970年比瑞典的要少将近6万人,但是,它在1990年的时候却比后者拥有了更多的注册入学人数,这是因为这里的注册人数增加了五倍之多。在世纪之交的几十年里,这些国家显出了更高的增长率,以至于最终导致毕业生过剩,并伴随着经济与金融危机。这从2007年起就打击着希腊,并造成许多人移居国外、失业、社会地位降低。葡萄牙的大学人数在1970—1990年间增长了3.7倍,在后15年中又新翻了一番,伴随着这一趋势,葡萄牙的大学扩张尤其迅速。甚至连一个在高等教育方面是马尔萨斯主义和精英主义的国家(如瑞士)也进入大众高等教育的阶段,因为在那里,人员数量在1980年代的十年中每年增加了6.1%,而在1990—2006年间每年增加了3%多一点[1]。

中西欧国家在相反的意义上经历了大规模的大学危机,而直到那时它们都还试图应对刻板预测带来的挑战。1980年代的经济危机和1990年代初苏联化的那部分欧洲(苏联、捷克斯洛伐克、匈牙利、南斯拉夫、阿尔巴尼亚、波兰)终结之后的政治危机甚至导致大学人员数量的绝对下降,而在别处则导致大学人员数量的停滞(例如前民主德国[2]),并且/或者导致新私立体制的出现,这些体制同由于经济改革而贫困化的公共系统相竞争。1980—1990年间人员数量的减少在前捷克斯洛伐克(−40%)、匈牙利(−23.9%)和波兰(−7.5%)特别明显。这同时也体现了旧体制

---

[1] 参看《瑞士作为第三产业的教育》(*L'Enseignement tertiaire en Suisse*),Paris,OCDE,2003;高等教育毕业生在总人口中所占的比例从1980年代起就翻倍了(p.60)。

[2] 大学生数量在体制的整个最后10年里停滞在了130 000左右(H. Köhler和Th. Rochow,《民主德国中的学校和学院(1949—1989)》,Göttingen,Vandenhoeck et Ruprecht,2008,p.284)。

的危机、公共财政的崩溃以及大部分人口生活水平的下降,但也体现了公共援助的终结和不可忽视的一部分年轻人向西欧或美国的逃离。而这要么是为了在那里完成学业,要么就是为了移民,因为只要经济没有好转,短期内可预见的未来就不存在。随后的十五年里,一旦危机被克服,加入欧盟的愿望得以实现,那么,相反,新的扩张(明显比西欧或北美的更加强劲)就会成为特征:匈牙利(＋470％)、罗马尼亚(＋334％)、波兰(＋234％)、两个出自已解体的捷克斯洛伐克的国家(＋354％)。

涌现出大学的国家

在世界的其他地方,人们也注意到了大量的变动,但是在大部分国家中——这些依然欠发达的、新兴的或者已经现代化了的国家也拥有了属于自己的大众高等教育,由于缺少足够的公共资源,教育带来了许多复杂的问题——1980年前开始的重新追赶的过程都在加快。绝对的人员数量在此并没有19—24岁年龄段的人的入学率重要,这些人在某些例子中(秘鲁、埃及、韩国)赶上甚至超过了欧洲国家或者是1970年代初的发达国家的入学率(参看表11)。

表11　1980—2009年世界上主要国家中19—24岁年龄段的高等教育入学率变化

年份 国家	1980	1990	2000	2009
美　国	56.3	76.2	71	86
加拿大	55.5	58.8	60	?
日　本	30.5	31.5	45	59
以色列	29.3	34.4	48	63
意大利	27.6	33.7	47	66(2005)
德　国	26.2	33.3	?	45.7(2007)

(续表)

年份\国家	1980	1990	2000	2009
法国	25.5	39.7	53	55
澳大利亚	25.4	39.6	65	82
西班牙	24.2	39.5	57	73
奥地利	23.2	31.9	54	59
英国	20.1	27.8	33	59
秘鲁	19.4	39.4	31	37
埃及	17.7	19.2	30.2	32.6(2003)
阿根廷	21.6	43.4	62	?
韩国	15.8	38.7	73	100
墨西哥	15.4	14.0	22	28
巴西	11.9	11.7	20	24(2005)
伊拉克	9.3	13.8	12	?
南非	7.3	13.9	?	?
沙特阿拉伯	7.3	13.7	20	33
阿尔及利亚	6.2	11.8	18	31
土耳其	6.1	14.8	22	?
伊朗	4.9	12.2	18	36
印度尼西亚	3.9	10.1	15	24
印度	4.7	6.0	10	11(2004)
越南	2.3	1.6	11	?
中国	1.3	1.6	7	25
尼日利亚	2.2	3.7	6	?
巴基斯坦	2.0	2.8	?	?

来源：《1996年的世界状况》(*L'État du monde* 1996), Paris, La Découverte; M. Tight,《1945年以来英国高等教育的发展》, op. cit., p.90;《联合国教科文组织的数据年鉴》(*Annuaire statistique de l'Unesco*), 1993; 联合国教科文组织的数据网站地址: stats.uis.unesco.org/unesco/TableViewer/; Pawan Agarwal,《印度高等教育: 预见未来》(*Indian Higher Education: Envisioning the Future*), New Delhi, Sage India, 2009, p.10。

在北非,高等教育的快速扩张与提供给毕业生的岗位不足之间形成落差,北非的三个主要国家尤其受到了影响:在 2007 年,摩洛哥的 3 100 万居民中有 30 万大学生,突尼斯仅仅 3 000 万的居民就有 32 万大学生,阿尔及利亚 3 200 万多一点的居民中有 110 万大学生①。为了自己的学业而出国的马格里布②大学生增加了 5%,这是全世界最高的增长率之一。在亚洲,其他国家和地区从精英式的、筛选性的教育猛地过渡到了大众教育:中国台湾、中国大陆(根据 1990 年代的数据)、菲律宾、印尼大概在 20 年或者不到 20 年的时间里在关于教育的讨论与井喷的经济收入的基础上建立了一种高等教育。

教育投资与金融限制

朝向一种新的公私调解

在一种比先前几十年对比更加强烈的经济环境中,这种新的人口增长迅速地提出了财政开销与不同角色间(国家、集体私有的资金、家庭、大学生自己)开支分配的问题。问题如此复杂,是因为政治情况完全不同了(民主国家和非民主国家或者是民主化过程中的国家),也因为国家财富水平及其经济活力明显地产生了分化。某些国家要比其他国家更多地受到经济困难(同石油危机、老工业部门的崩溃有关)的影响,而大学传统在之前或之后则强调公共资金在筹款中的作用,这多少使得公开的解约变容易了。尤其

---

① S. Mazzella(主编),《大学生的全球化:南北之间的马格里布》(*La Mondialisation étudiante : le Maghreb entre Nord et Sud*),Paris,Karthala(Tunis),IRMC,2009,p. 17。
② 马格里布,古代原指阿特拉斯山脉到地中海海岸之间的地区,后逐渐指代摩洛哥、阿尔及利亚和突尼斯三个北非国家。——译注

是,高等教育在社会中对于新群体的不同程度的开放使得经济上的牺牲得以被家庭或大学生所赞同(为了继续在不同程度上可以承受其开销的学业)。国际层面可以使用的指数仍是相对贫乏的。它们以经常是靠不住的货币等价物为基础,因为这些等价物根据对花费/利益的计算,将国家或企业的结算方式转移到了家庭和人层面上才被体验到的、被意识到的事实,而这些层面上的东西原本并不是以和国家结算原则相同的原则为基础的。不幸的是,这些指数就是国际间相对唯一可以使用并且一直被使用的东西,尽管它们的特征在越来越不同的大学体制中——在这些体制中,全球的平均值掩盖了不同领域间、区域间和群体间的巨大的内在差距(根据其储蓄率和社会融入的网络)——极大地被削减了。

表12 2007年国际经合组织主要国家的建立高等教育的花费

国 家	相对于国内生产总值的高等教育花费的百分比	公共来源的百分比	每个大学生的花费(美金)
德 国	1.1%	84.7%	8 534
奥地利	1.3%	85.4%	10 552
比利时	1.3%	90.3%	8 786
荷 兰	1.5%	72.4%	10 421
丹 麦	1.7%	96.5%	14 959(2005)
英 国	1.3%	35.8%	9 023
爱尔兰	1.2%	85.4%	8 907
法 国	1.4%	84.5%	9 001
意大利	0.9%	69.9%	5 447
西班牙	1.1%	79%	8 954
葡萄牙	1.6%	70%	7 428
波 兰	1.3%	71.5%	4 637
捷克共和国	1.2%	83.8%	6 824
芬 兰	1.6%	95.7%	8 178
瑞 典	1.6%	89.3%	9 402

第八章 第二次大众化:朝向知识社会与知识经济?

(续表)

国　　家	相对于国内生产总值的高等教育花费的百分比	公共来源的百分比	每个大学生的花费(美金)
挪　　威	1.3%	97%	10 071
美　　国	3.1%	31.6%	24 230
加 拿 大	2.6%	56.6%	14 731
韩　　国	2.4%	20.7%	7 796
日　　本	1.5%	32.5%	12 326(2005)
澳大利亚	1.5%	44.3%	9 214
经合组织平均值	1.5%	?	8 970

来源:国际经合组织,《凝视教育》(*Regards sur l'éducation*),2010;根据 A. Prost 和 J.-R. Cytermann,"法国的高等教育数据历史"(Une histoire en chiffres de l'enseignement supérieur en France),《社会运动》,2010 年 10—12 月,第 233 号,表 13,p. 46;日本和丹麦:联合国教科文组织,op. cit.,2008。

在这一时期的末尾,对于表 12 中引用过的经合组织国家来说,高等教育花费的占比(其占据国内生产总值的比例)浮动于最高的美国的 3% 与最低的意大利 1% 之间,其总体平均值则正好是国内生产总值的一半,即 1.5%。如果人们要把北美划出去,那么大部分发达国家就要聚集在占国内生产总值 1% 到 1.5% 这个狭小的区间内了,这个区间涵盖了表中 21 个国家里的 13 个。为高等教育花费最多的要么是小国家,就像斯堪的纳维亚半岛的国家和有深厚精英传统的国家:丹麦为在高等教育上的花费占国内生产总值的 1.7%,瑞典和芬兰是 1.6%,挪威则稍少一点[①];要么是新兴国家,如在韩国,高等教育的花费占了国内生产总值的 2.4%,但是在其中主要是私人资金。韩国这个国家寄希望于技术和高素质的劳动力,在面临更占优势的邻国(日本和中国)时,以此保证自己在亚洲新兴工业国家中的地位。

---

① 如果挪威的教育投入只占国内生产总值的 1.3% 的话,那么它给每个大学生的 10 071 美金就比经合组织国家的平均值多了 11% 不止。

大国则触到了努力的上限,这些限度同相关大学生人口所达到的规模(超过 150 万的注册人数)有关,也和大学生们在不同课程与花费上的分化有关。有一点值得注意:德国的大学自 19 世纪以来就在公共部门中占据了具有声望的中心位置,但德国在 2007 年就不再处于最佳水平上了,尽管(也许是因为)德国进行了一种包含大量补偿性投资的重新统一(在东部"新区"的大学中尤其如此)。其在欧洲的经济上的领导地位也依赖于一种严厉朴素的公共财政,以便帮助其企业以教育支出为代价实现国际化。同样,意大利在 20 世纪最后十年与 21 世纪初经历的深刻的政治危机与经济困难让人注意到其贫乏的高等教育一败涂地,其中大部分毕业生都面临失业或移居国外的境况。随着直到那时还不怎么发达的私立高等教育的扩张,温和左翼与温和右翼的政府过早地赞成了新自由主义的解决方法。在欧洲所有国家中,意大利是英国以外私人资金来源最高的国家:超过了 30%①。

私人资金的增长在其他地方是普遍的,甚至在那些拥有强烈国有化传统的国家中也是如此。高等教育花费的私有化在美国、日本、韩国非常主流(还有拉美、亚洲或非洲的某些国家②),且早已有之,这种私有化比同期的英国、澳大利亚、新西兰要更加特殊。私有化意

---

① 参看 M. Pitzalis,"市场、职业培训和政治权力之间的意大利大学"(L'Université italienne entre marché, formations professionnelles et pouvoir politique),在 C. Charle 和 C. Soulié(编写)的书中:《欧洲高等教育现代化的破坏》(Les Ravages de la modernisation de l'enseignement supérieur en Europe),Paris, Syllepse, 2007, p. 69—88 及其论文:《意大利大学中的改革与连续性》(Réformes et continuités dans l'université italienne),Paris,L'Harmattan,2002。

② 在跟随着英国足迹的澳大利亚,转变是渐进的:在 1974 年被废除的税费在 1987 年被重新引入了,并且随后又在 1989 年以一种更加引人注目的方式引入了;在新西兰,同样的改革在 1990 年开始了。M. Hayden 和 S. Parry,"澳大利亚和新西兰的高等教育研究"(Research on Higher Education in Australia and New Zealand),在 J. Sadlak 和 G. Altbach 博士(编订)的书中:《世纪之交的高等教育研究:结构、问题和趋势》(Higher Education Research at the Turn of the Century, Structures, Issues and Trends),Paris,Unesco,New York,Garland,1997,p. 163—164。

即建立一种新的教育的经济模式,在这种模式下,家庭、大学生、企业(通过捐助或者基金和见习期)把精力集中在获得文凭和昂贵的教育上,以便最终可以根据资助类型来维持或改善下一代的社会地位,获得更好的收入来偿还借款,预先使用一些由企业所支持的有利规则(延长毕业生实习期的制度),或者通过将公司同精英大学的声望联系起来,以确保品牌的良好形象。国家和拥有特权的社会力量鼓励扩张,以此增加资金投入,因为学生们支付得越来越多了,尤其是外国人,但是国家在财政上的放手,最终降低了教育的整体品质,这既是由于缺少了相应的方法,也是因为新的公共利益(入学筛选更不严格,因为他们付过钱)在一个不怎么有框架的体制中很少成功。

在这些政策得以实施的所有国家中,由于教学、研究之外附加任务的增加,也由于大学生群体及其纷繁杂多的期待的增加,教师同样也感到越来越不适。这让高等教育传统的教学关系变得复杂,而这本来只在教师们处于学习培养的阶段时才会遇到[1]。

大学里的新自由主义与新盎格鲁-撒克逊模式

这些大学与经济之间的新关联被国际上占主导的高等教育(英语国家的高等教育)和机构报告(如国际经合组织与世界银行:人力资本理论和生产出关于高等教育的国际市场——它以普遍化的自由贸易为基础,这种自由贸易的政策同时也被世贸组织这样的机构所实施——的意愿在这些组织里占据主导地位)呈现为一切大学制度的未来。

根据这些想法,对公共开销的限制政策(在加拿大尤其严格)最

---

[1] 关于这点,参看 J. Enders 和 U. Teichler 的调查,《大学教学专业的国际比较——13个国家的科学专业的调查结果》(*Der Hochschullehrerberuf im internationalen Vergleich, Ergebnisse einer Befragung über die wissenschaftliche Profession in 13 Ländern*), Bonn, BundesministeriumfürBildung, Wissenschaft, Forschung und Technologie,1995。

终削减了1992—1993年以及1999—2000年的高等教育中12%的省级资金(美金)①。像其他地方一样,为了弥补资金的缺口,注册费提高了,呼吁捐款的声音也加强了②。大学的公共收入在1978年占74.5%,20年后降到了总量的55.6%,而支出则在1981—1998年间上涨了224%,尤其是在1990年代的10年中。加拿大在1990年代大学生人数停滞,部分原因在于注册费迅速升高③。在美国,人们通过计算得出,大学生所承担的高等教育的花费在1978—1996年间增加了一倍,而同时期的国内生产总值和可征税的收入只涨了50%④。情况在2000年持续地恶化了(参看表13)。

表13 美国大学的平均注册费和平均食宿费
(根据大学机构的类型和层级划分)

大学和课程的类型	2000—2001	2003—2004	2006—2007	2009—2012	2000—2009的增长
"本科生"4年制公立大学课程,本国学生	3 476美元	5 292美元	5 848美元	6 393美元	46.1%
外国学生	11 223美元	13 137美元	13 974美元	15 078美元	34.3%

---

① P. Axelrod,《价值冲突:大学、市场和通识教育的实验》(*Values in Conflict, The University, the Marketplace and the Trials of Liberal Education*),Montréal,Mac Gill-Queens'University Press,2002,p. 93。
② N. M. Fortin,"提高学费和供应限制:解释加拿大-美国在大学注册率上的差异"(Rising Tuition and Supply Constraints:Explaining Canada-US Differences in University Enrolment Rates),在 C. M. Beach、R. W. Boadway、R. Marvin Mc Innis(编订)的书中:《加拿大的高等教育》(*Higher Education in Canada*),蒙特利尔,麦吉尔-女王大学出版社,2004,p. 370。真正的提高是美国从1973年的2 300美金增长到了2000年代初的3 100美金(公立学校),加拿大则是从2 100美金涨到了3 700美金。当下在魁北克的冲突则围绕省政府想要的提高注册费,这突出了问题的持续性。
③ P. Axelrod,《价值冲突》,op. cit.,p. 94。
④ R. L. Geiger,《知识与金钱——大学研究和市场的悖论》(*Knowledge and Money. Research Universities and the Paradox of the Marketplace*),Stanford,Stanford UP,2004,p. 33和余下页数。

(续表)

大学和课程的类型	2000—2001	2003—2004	2006—2007	2009—2012	2000—2009的增长
4年制私立大学的非营利目的课程	16 094美元	17 629美元	19 094美元	21 050美元	30.6%
4年制私立大学营利目的课程	13 100美元	14 027美元	15 176美元	15 715美元	20%
"研究生"4年制公立大学课程，本国大学生	4 943美元	6 203美元	7 012美元	7 943美元	60.7%
外国大学生	11 317美元	13 409美元	14 487美元	15 762美元	39.3%

来源：国家信息交流服务中心的教育数据，《美国的高等教育机构和入学费用》(*Postsecondary Institutions and Price of Attendance in the United States*)；2009年秋季。《学位和其他授予的奖项，2008—2009年和12个月的注册》(*Degrees and Other Awards conferred, 2008—2009 and 12-Month Enrollment*)；2008—2009年，《第一印象》(*First Look*)，2010年8月，美国教育部。

为了直面这些问题，美国大学生不得不收紧借款，在求学期间更多地工作，获得奖学金或资助，参加或多或少昂贵的学校间的竞赛，放弃课堂教学而转向远程的或非全日制教学的间接方式。不同专业和不同大学之间，由于其起始资本和所享有的捐赠（这些捐赠让它们得以授予奖学金、较为慷慨地承担支持费用），存在着越来越大的差距。不同联邦州之间的差距也由于地方经济的繁荣以及根据政治主流而践行的或多或少有利的大学政策而越来越大。处于危机中的，或其中主流意见对公共开支抱有敌意的联邦州实际上对依赖它们的大学施行了更为粗暴而严苛的政策。席卷整个加利福尼亚（它曾因野心勃勃的大学政策而成为典范）的金融危机通过如下情况表现了出来：1990年代初，公共补助金降低了15%，注册费则翻了一倍。政府越来越倾向于根据它们定义的标准（学术成绩、专业领域、社会上与人种上的不利条件）给出个人化的援助，而不是把公共资金的管理留给学校本身。这同样允许把援助给予公立和私立的学校,这种做法因而愈发扰乱了两个部门之间的区分。所有像美国私立大学那样的学校都十分依赖于外国留学生,后者挽救了这些学校的财政危机,公立学校则会让从非直属的联邦州来的大学生付更多钱。在某些极端的情况中,最有利可图的专业领域(商科、管理、法学、医学)大大提高了费用,这让它们在资金上得以自足,就像1995年的弗吉尼亚大学一样[①]。

这一严格的政策还伴随着新的公共资金分配模式(根据一些特殊的程序进行分配,即让大学、实验室、团队,甚至个体开始竞争)的创立,许多国家先后引入了这个程序[②],但是,由于不同的政府都依赖于竞争管理学的新自由主义式的建议,所以它们都是根据类似的模式而采纳这种程序的。这些竞争最后以学院权力为代价,给了政治和行政权力以决定权(评委因素决定了最终结果),尤其是这些竞争使人们能够优待某些对象,这些对象包括:战略性的知识领域(这通常是根据经济标准来评判的)、某些机构(即被评价为更服从上级指令的那些机构)、某些团体(共享了由竞争所灌输的看法或目标,或者说,这些团体能够接受游戏规则,无论它们对此赞同与否)。这些进程逐渐在整个学院等级体制之中得到回应,大学内部的权力越来越多地去到了向大学机构"汇报"得最多的专业,其中的大学生付的钱更多,因为他们的前途本身是"有利可图的";这种权力也越来越多地来到了这样的大学:其在企业创新与维系上的能力是最为明显的,等等。在那

---

① R. L. Geiger,《知识与金钱》,op. cit. ,p. 48。
② 负责这些任务或鼓励性的特别规划的机构数量增多,它们扩大了补充性的官僚阶层:法国的国家研究机构(ANR,2002年)和卓越计划(2009),德国的卓越计划(2005),加拿大的卓越计划国家中心(1988),爱尔兰的"开始行动"(2001),英国的基金委员会、高等教育创新基金和像惠康基金会(资助生物和健康领域的计划)那样的基金会,等等。

些政策最为激进的国家里,某些学科干脆就直接消失了,因为它们不适合学术市场的原理,或者是从其前景来看无法获得回报。在紧随2008年金融危机出现的财政紧缩的大环境下,一些澳大利亚的大学就这样放弃了整个人文学科,或者是一些社会科学。蒙特利尔大学从1999年起就取消了它关于比较文学、中世纪研究,甚至是地质学的课程①。

在美国,公立大学和私立大学之间的界线在这个领域中趋于模糊。为了增加资金来源,公立和私立大学都不得不求助于这些相同的程序。例如,在1994—1995年间,在上述两类大学的收支预算中,服务销售或专门收入实际上都具有类似特点:它们占公立大学收支预算的23.1%,占私立大学的22.2%②。

所有依然以国有化传统为特征的国家受到信奉这种自由主义观点的国际组织的劝说而支持这些解决方法,因为,随着费用的持续上涨(关于医学、技术或科学的高等教育所需的现代化基础设施包含了这些费用),以及市场中人事支出的增加(在这个市场里,某些学科像体育界和传媒领域一样,建立了一种以明星为中心的制度[star-system],而这个制度也迫使薪水上涨了),这些国家不再会去调和大众高等教育、平等的入学机会、有待创新和投入的课程。在美国,私立大学中的收入增长因而就比公立大学更快,二者之间的平均差距在2000年达到了15 000美元。考虑到美国或英语国家大学的校长或者副校长是根据其吸引资金的能力,或者获得私人和公共合同的能力,或者是接纳捐款的能力而得到任用的,

---

① M. Angenot,"魁北克大学的苦难"(The misery of Quebec's Universities),《自由城市》(Cité libre),卷27,第三号,1999,p. 67—72,由 P. Axelrod引用:《价值冲突》,op. cit.,p. 95。
② 《教育数据文摘》(Digest of Education Statistics),1997,联邦教育部数据中心,被引用于《中国高等教育当下的问题》(Current Issues in Chinese Higher Education),Paris,OCDE,2001,表2。

因此,薪资差距就会不断增加。这些源自私立部门的领导模式逻辑极大地扰乱了传统的学院等级制度和大学共同体的统一。它们也在将大学用作品牌(用市场化的术语来说就是"品牌化")的行为中发现自己制造了一些衍生物,这个过程在美国是高度发达的,而且,会由于同体育用品制造商签订合同(大学的体育运动队对此加以支持)而得到加强。

"模式"的传播

由于这几十年经济与政治上的困难,越来越多的国家(不仅仅是欧洲国家)不同程度地引入了这些新的财政模式和收益逻辑,旨在减轻公共资金的负担,让家庭与大学生负起责任,并改善屈服于市场法则的大学体制的竞争性。当刺激性措施(积极的或消极的)无法填补由公共政策打开的财政亏空的时候,就应该轮到大学从内部采取相同的方法:通过不稳定的就业政策(由此迫使最年轻的、没有头衔的教职工听话),通过薪水的差异化(根据社会与经济的需求标准),通过工时的增加(但却以大学工作的不可见功能的丧失为代价),通过大学生用来施加压力的组织(这由"顾客"至上的情况所正当化,因为大学生此后乃是一部分额外收入的提供者),来减少整体的薪水支出。① 人们于是将业绩指标置于本质上是量化的、功利的基础之上,因为这允许某些部门或某些阶层以其他部门或阶层为代价而得到发展。在奥地利——传统上是国家干

---

① 跟欧洲一样,美国实验室中基础教学的工作或研究工作实现了增长的那部分是由合同工承担的(在读博士、博士后、助教等等),这让降低薪水上的花费得以可能(参看"一次性学术"[The disposable academic],《经济学人》,2010年12月16日)。在法国,根据官方数据,有37 000人处于这种地位,而下文引用的作品则估计有5万人,这比法国国家科学研究中心(CNRS)的总人数还多(PÉCRES,《不可靠的研究、原子化的研究——不稳定时期知识的生产与传播》[Recherche précarisée, recherche atomisée. Production et transmission des savoirs à l'heure de la précarisation],Paris,Raisons d'agir,2011,p. 141)。

涉主义者的国家,一个新的委派组织从 1999 年起承认了私立大学和公立大学文凭的平等性。10 年之后,奥地利共有 13 所国家承认的私立大学,公立的则有 22 所①。在法国,私立学校的大学生在不断增加,在 2009 年的时候占据了总人数的 17.3%(即 401 300 个注册人,这相当于 1967 年全部大学人员数量!),从 1999 年起增长了 52.3%②。还有一些公立大学,它们采纳了类似正式私立学校的财政模式,或者说赞助费入学模式。

在一定程度上,这些同新自由主义意识形态一致的变化再次同 19 世纪大学的境况联系了起来,那时的收费教育实际上是自筹资金的,它也向毕业生保证了额外的收益(rente de situation),这在一些有阶级壁垒的社会中十分常见。尽管在 20 世纪国家对高等教育的干预日渐增加,但这个转折点首先出现在这样的国家里并非偶然,因为其自由模式依然具有最为稳固的基础,并且获得了特权团体的支持(这些团体资金充足):美国大型私立大学的毕业生(有一部分美国东海岸的主要精英来自这里)和这些大学的捐赠

---

① 安东·布鲁克纳私立大学(Anton Brückner Privat Universität);多瑙河私立大学(Danube Private University);欧洲和平大学(European Peace University)(私立大学);林茨天主教神学私立大学(Katholisch Theologische Privatuniversität Linz);维也纳音乐学院私立大学(Konservatorium Wien Privatuniversität);维也纳模都尔私立大学(MODUL University Vienna Privatuniversität);帕拉塞尔苏斯医科私立大学(Paracelsus Medizinische Privatuniversität);PEF 管理私立大学(PEF Privatuniversität für Management);健康科学、医学信息与技术私立大学(Privatuniversität für Gesundheitswissenschaften)(UMIT);创意产业私立大学(Privatuniversität der Kreativwirtschaft);塞堡宫私立大学(Privatuniversität Schloss Seeburg);西格蒙德·弗洛伊德私立大学(Sigmund Freud Privatuniversität);维也纳韦伯斯特私立大学(Webster University Vienna Privatuniversität)(参看网站:bmwf.gv.at/startseite/hochschulen/privatuniversitaeten)。我们会看到这些学校将所有最能盈利的部门都私有化了(管理类、医学类),或者让顾客在"现代的"活动和创意活动中(文化、信息、国际关系)寻找自己的位置。

② 《高等教育与研究的信息笔记》(Note d'information Enseignement supérieur et recherche),10.08,p.3,在高等教育部网站上可以下载。

人,公立学校的校友与牛津和剑桥的学院,这两个学校 19 世纪起就是英国统治团体的主要人才培养基地①。这一方向很快也被最受两个中心——它们对福利国家做出的反应带有敌意(由里根政府[1980]和撒切尔政府[1979]倡导,受到了新保守主义和新自由主义智囊团的启发)——影响的国家所采纳②。首先,这关系到拉美国家,它们服从于右翼或极右翼的独裁,也服从于由芝加哥学派、由相关人员不断减少的命令所鼓吹的"稳定化"经济政策,这些拉美国家是智利、巴西、哥伦比亚、厄瓜多尔、多米尼加共和国、秘鲁、委内瑞拉、墨西哥、阿根廷(见表 14)。

表 14 拉美不同国家高等教育中私立教育的人员数量所占部分

国　家	1970 年代	1980 年代	2000 年代
阿根廷	17%	22%	22%
巴　西	55%	63%	72%

---

① R. Fantasia,"美国大学市场的内幕交易——精英的再生产机制"(Délits d'initiés sur le marché universitaire américain. Les mécanismes de la reproduction de l'élite),《文凭世界》(Le Monde diplomatique),第 608 号,2004 年 11 月,p. 4—5;F. -Ch. Mougel,《英国的精英与权力系统(1945—1987)》(Élites et système de pouvoir en Grand-Bretagne), Bordeaux, Publications de l'Universitéde Bordeaux, 1990; J. Karabel,《被选中的:哈佛、耶鲁和普林斯顿中录取与开除的隐藏历史》(The Chosen: The Hidden History of Admission and Exclusion at Harvard, Yale and Princeton), Boston, Houghton Mifflin Company, 2005。

② 关于这一针对美英两国先前的政策而做出的意识形态的、政治的反应,参看 J. Thermes,《肯定性行动的发展与衰落——哈佛、耶鲁和普林斯顿的黑人大学生》(Essor et déclin de l'affirmative action. Lesetudiants noirs à Harvard, Yale et Princeton), Editions du CNRS,1999,p. 258 和剩下页数;G. Neave,"一种例外的制度? 英国玛格丽特一世统治下的高等教育(1979—1990)"(Un régime d'exception? L'enseignement supérieur sous le règne de Margaret Ire d'Angleterre),在 E. Friedberg 和 C. Musselin (编写)的书中:《大学管理:比较观点》(Le Gouvernement des universités: perspectives comparatives), Paris, L'Harmattan, 1992, p. 283—313; C. Deer,《1980 年代起英法的高等教育》(Higher Education in England and France since the 1980s), op. cit.。关于这一保守反应的普遍的意识形态语境,参看 A. Hirschman,《两个世纪的反动修辞》(Deux siècles de rhétorique réactionnaire), Paris, Fayard, 1991。

(续表)

国　家	1970年代	1980年代	2000年代
智　利	34%	37%	74%
哥伦比亚	46%	59%	56%
多米尼加	23%	46%	52%
厄瓜多尔	21%	15%	55%
墨西哥	15%	15%	33%
秘　鲁	22%	27%	45%
委内瑞拉	11%	13%	42%

来源：D. C. Levy，《拉美的高等教育与国家：公共主导下的私人挑战》（*Higher Education and the State in Latin America：Private Challenges in Public Dominance*），Chicago，The University of Chicago Press，1986，表1；《智利的大学教育》（*Tertiary Education in Chile*），Paris，OCDE，2009，p. 232。

其次，这个过程还关涉到同英美紧密相关的太平洋国家（澳大利亚、新西兰、日本、新加坡），还有加拿大，正如人们在表12提供的2007年的真实写照中所看到的那样，随后是南欧最不稳定的国家（葡萄牙、意大利），或者是在经历了苏联模式的痛苦之后对国有化最具免疫力的国家（波兰、匈牙利）。

在中欧和西欧，私有化过程中却存在着极大的差异：斯洛伐克和克罗地亚的私有化程度很低，但在爱沙尼亚、波兰和罗马尼亚却很明显——2004—2005年有三分之一的大学生都就读于私立大学①。保加利亚、匈牙利和俄罗斯处在中途的岔路上（私立大学的大学生占了总人数的15%）。初期的这种迅速扩张随着政治与经济最终的稳定而大大放缓了速度。这首先回应了精英主义体制所产生的、被高层的技术目的（在苏联体制下占据优势）所统治的挫败感。总而言之，这些变化（尤其是俄罗斯的）并没有解决职业危

---

① S. Slantcheva 和 D. C. Levy（编订），《后共产主义欧洲的私立高等教育——寻找合法性》（*Private Higher Education in Post-communist Europe. In Search of Legitimacy*），New York，Macmillan Palgrave，2007，p. 3。

机,正如一部分年轻俄罗斯人向西边移民所证实的那样(有120万人在最后的3年中移民了),尤其是当这部分人毕业的时候,或者他们希望这样的时候,他们就会如此行事,就像最近的调查证实的那样①。

这些国家层面上的简要数据事实上低估了高等教育私有化模式的渗透力,在某些新领域中,这种模式越来越多地在拥有国有化传统的欧洲国家出现。如今,高昂的注册费成了以新自由主义模式为主的国家的特征(在那里,费用不断地上涨,就像最近由大卫·卡梅伦领导的英国的保守-自由-民主政府预见的改革所暗示的那样),但在某些公立高等教育占主流的国家里,这一现象也出现在越来越多的专业里。高昂的注册费一般和这样一些大学课程有关,这些课程保障了最具社会价值的文凭,或者其就业前景最为光明:②商科学校、医学院或者辅助医疗学院(补充性的且花费高昂的私立学校所制定的考试阻碍了这些学校的发展)、某些高回报领域的专门的法学院(商务律师)、艺术学校、新闻学校或者国际关系学校,成人继续教育等等。

在这些得到充分发展的、由私立(实施高额收费)或公立学校(其中某些大学教育收取了正常费用之外的入学费)所确保的国内专业之外还有一些国际化的专业。越来越多欧洲国家或者是新兴国家的毕业生在英语国家高等教育的中心命脉里,在著名且费用高昂的英美大学的硕士培养流程中花了额外的时间去完成他们的

---

① M. Jego,"1991—2011:乡愁与破灭之间徘徊的俄罗斯人"(1991—2011:les Russes partagés entre nostalgie et désillusion),《世界报》,2011年8月21—22日,p. 13。
② 参看 S. Collini 撰写的关于抽取英国注册费的新原则的批判性分析:"从罗宾斯到麦肯锡"(From Robbins to McKinsey),《伦敦书评》(London Review of Books),2011年8月25日,p. 9—14;关于过高费用的有偿借贷新系统最终会花费比先前更多的钱,因此,它远未能达到官方宣布的节约目的。然而,从短期来看,这说服了大学生不去深造,如果那没有增加他们成功的机会或者让他们获得有报酬的工作的话。它因此并不像体制的拥护者所承认的那样在社会上是中性的存在。

学业①。越来越多的人不得已接受了私立或公立大学认证的在线学习(e-learning),因为这无论如何也比通勤和住宿要便宜。如此之多的专门程序允许将这些人同部分的或完整的专业活动调和起来。

于是,一切就这样发生了,面对着第二轮大众化(伴随着关于学业贬值和文凭通胀的新话语),私立的或被私有化的部门批准重建国内第二所精英大学,这针对的是拥有最多文化经济资源但却走下坡路的家庭,或者是来自新兴国家的新中产阶级家庭。做第一次大众化研究的社会学家、"再生产"论题的辩护者(尽管是有一些"民主化"和"大众化")在国家层面上通过突出入学机会中的等级制度(根据出身或学业的最终成功或在体制内的地位)——尽管这些机会都是公共的、国家的、均等的——而能够理解的东西,现在应该根据毕业生(他们毕业于遵从这些精英主义式私立模式的专业)的国际经历,以超越国界的方式得到研究。开始这一研究工作,是为了理解当代高等教育的跨国现实,人们通过全球化了的精英的传记,或者是关于某些学校或专业的专著而得以瞥见这一现实,但是关于国际高等教育过于宽泛的数据——它还加上了贫困大学生(或来自贫困国家)和富有大学生的流动——还是妨碍了一门根据阶层出身,就这些跨国教育战略进行研究的真正优良的社会学②。

---

① 参看希腊的先例:N. Panayotopoulos,"小国家的'大学校'——海外留学:希腊的例子"(Les "Grandes Écoles" d'un petit pays, les études à l'étranger: le cas de la Grèce),《社会科学研究备案》,1998,第 121—122 号,p. 77—91。
② 关于跨国精英之现实的讨论分化了当代社会学家,但是教育国际化和"隐形的"私立大学的诞生的增加是不可置疑的;除了国际大学生的"物理"流动,还有通过"在线学习"或某些美国的大型私立大学分散各地的分校(它们以此来以对于地方的上层阶级花费较少的方式来授予有信誉的文凭)而来的远程教学的有偿且隐形的流动(由此就在海湾石油国家,或者在购买了一些"大学品牌"以便加快开发高等教育潜力的新加坡建立了"教育枢纽"。参看 B. Floc'h,"这些阻碍了大学星球的校园"(Ces campus qui bousculent la planète universitaire),《世界报》,2011 年 11 月 9 日,p. 16。

尽管美国的大型私立大学具有名望（它们的一大部分资金事实上都是公共的，通过联邦或地方给大学生的援助，或者是同政府部门签订的研究合同①），但还是只有很少的国家，甚至是最接受新自由主义的国家能成功地运转起一些真正能盈利的私立大学（它们自筹资金、获得了可比肩传统大学的成果）②。于是，凤凰城的美国私立大学（为了利益）就建立了加拿大分校（不列颠-哥伦比亚省和安大略省）；它专注于管理类、商学类和技术类的专业。它的 6 万名自费大学生是一些工作了的成年人，它最大程度地削减了开销，只有 140 名教授和 5 100 名只有不稳定合同的，或者也在私立部门工作的兼职助理。多亏了电子资源的充足，基础设施得以最大程度地被限制（公共图书馆也补充了学校图书馆的空缺）。然而最终，初中文凭所需的花费甚至达到了加拿大公立大学费用的两倍。

高等教育、学校机构和知识领域的差异化

学校机构的分化

除了巴西、日本或智利这样的例外，国际范围内的私有化进程仅仅波及到由第二次大众化带来的少数新进大学生。这次大众化最终导致高等教育内部的第二次变革（在最自由的国家和最国家主义的国家中）：社区大学的增加，或者是符合特殊定义而不是高

---

① 所有人都可以获得由联邦政府授予大学生的经济援助，并广泛享有同联邦政府签订的研究合同的好处；他们中越来越多的人由其他国家因缺少空闲职位而移居国外的公立大学的毕业生组成。新自由主义意识形态想要越过的最后一个障碍就是对教育（尤其是高等教育，即水平最为国际化的教育）的国家调控。
② 参看 A. I. Morey,"追求利润的高等教育的全球化与兴起"(Globalization and the emergence of for-profit higher education),《高等教育》，第 48 卷，第 1 号，2004，p. 131—150。

等学业传统定义的大学的增加。这些学校根据语境的不同而拥有公立的、半公立的或者私立的地位。这种相对于古典大学模式的分化现象如人们所见也发生于其他时期，甚至在某些国家如法国，是一个回应高等教育扩张与膨胀所带来的新挑战的持续、甚至占主导地位的过程。1980—2000年间的新现象就是这种类型的普遍化及其加强（甚至在某些逃避了这一类型的国家中）。随着愈发重要和多样化的短期高等教育的出现，20世纪90年代和21世纪初的情况越来越多地扰乱了在先前章节中所描述的情况。在某些国家，一部分短期教育部门被吸收进了大学的领域，就像在英国那样，综合工科学校变成了大学，而针对某些落空的或者某些阶层的大学生群体的中介性的、且愈发专门化的新方式被发明了出来，以至于在同一个国家或者几个邻近国家中，许多名义上是大学的学校事实上履行着非常不同的职能。

在1990—2005年间的西欧，公立高等教育机构就这样从614所增长到了817所（增加了25%），在中欧和东欧则是从104所增加到了144所（增加了38.46%）；西欧的私立大学从89所增长到了125所（增加了40%），而东欧高校的编制人员几乎增加了6倍（其学校从8所增加到了63所）。但在公立或私立领域中有增长的并非同一批国家：在公立领域，随着从前属于短期教育领域的综合工科学校的合并，英国的学校从53所增加到了118所。随后是波兰（增加了22所）、意大利（增加了17所）、西班牙（增加了11所）、法国（增加了9所）、斯洛伐克（增加了7所）、捷克共和国（增加了6所）、爱沙尼亚和奥地利（增加了4所）。在私立领域，波兰排在首位（增加了37所），随后是葡萄牙（增加了16所）、西班牙（增加了14所）、意大利和奥地利（增加了6所）、爱沙尼亚（增加了4所）。

私立学校的猛增（尤其是在东欧）在人员数量上并未产生相应的效果，因为私立大学毋宁说还是规模太小，并且过分专注最有利可图的专业。其中一部分人员是从另外的公立领域中借来的,他们通过兼职弥补了公立领域相对于私立领域在薪水发放迟缓的不足。相反,在某些新的有待开发的项目中,人们招收了越来越多私立领域中的专业人员,他们拥有许多公立高校(这些学校为了这种虚假的大学身份而抗争,以便吸引一些新的被这种技能的不切实际的外表,或者国家的承认所诱惑的顾客)的临时工合同。这种临时教师体制在美国发明,在大多数国家普及,它增加了许多条款,也增加了参与大学生活的不平等程度。加强同外界的联系意味着对职业化的担忧,以及对于未来的毕业生被公司——它们资助各种专业,委派某些雇员进入教育行业,不无滥用地接纳大学生去实习(报酬有多有少)——提前录用的担忧。

随着有竞争力的替代形式的增加,古老的大学因此不再占据主导地位,而在 1970 年代,这个位置还是它们的。在欧盟,非大学机构现在在数量上要比大学机构多;这一现象在丹麦、芬兰、奥地利或德国(因为民主德国的技术学校的合并)尤其明显。在波兰,天主教学校的私有化和扩张表现了这一点。就算这个现象是跨国性质的,每个国家也都会因此有自己的独特理由来解释它①。

例如,在法国,人们同时见证了专业化、专门化、私有化和对于自建分支和分校——它们以美国的"多元大学"为榜样,能够满足非大学领域的需求——的公立大学本身的担忧。在由主要城市的商业部门资助的商科学校之外,人们因而还看到了一些行政机构,它们负责一些同大学合并的公司企业。除了隶属于中学的高级技术分科,还有依赖于大学的大学工艺研究所(IUT)和职业大学研究所(IUP)。相反,许多工程师学校——它们如今被视为"大"学校——都是一些由某些大学从 19 世纪末起建立、摆脱了束缚并获

---

① 根据 G. Neave,"样式"(patterns),在 W. Rüegg(编订)的书中:《欧洲大学的历史》,op. cit. ,卷四,p. 59—63。

得自治的老牌应用科学研究院。由教育部长莱昂内尔·若斯潘(Lionel Jospin)及其顾问克劳德·阿莱格(Claude Allègre)所发起的"大学2000"计划(1992年),目的在于应对1980年代下半叶与1990年代初的第二次大众化,其设想的大学景观消失之后,21世纪第一个10年与之相反,见证了右翼政府提出的高等教育与研究的领头点(PRES)中的重聚计划(2006年)和校园计划(2008)①。根据2007年第二次阿塔利报告(le second rapport Attali)引用的官方说法,人们应该让国家"冠军"涌现出来——它能够体现出政治精英和大学领导对国际排名的执念,以及自身对国内外大学生的号召力(外国留学生如今是学校官网站上的重中之重)。

在这些相对矛盾的机构形式之间徘徊对应着不同的目标:密切的联系、平等,一方面适应地区或地方在社会上和经济上的需求,另一方面适应筛选性和竞争性;一方面是形成基础与职业化,另一方面是向国家化和国际化推进;除了在"知识社会"、竞争"卓越"和竞争"出色成果"、对于品质和吸引力的研究方面十分具有欺骗性的国际化修辞之外,负责人在语义上的、组织上的变化都表现出了政府的模棱两可,但这一模棱两可却在政府的预测工作及其目标中被忽视了。此外,上述情况也表明,人们有必要对身处社会和文化等级制度中的不同大学生群体及其父母所拥有的相互冲突的期望作出回应。

"知识经济"与"学术企业"

面对日本与生机勃勃的亚洲经济,出现于美国1980年代的这一关于大学与学术研究的新视角回应了对于衰落的恐惧。它

---

① C. Musselin,《大学的漫长行进》(*La Longue Marche des universités*),Paris,PUF,2001;M. Lerou,《大学——对大骚乱的调查》(*Universités, enquête sur le grand chambardement*),Paris,Autrement,2011。

在1989年被欧洲的智囊团(欧洲工业圆桌会)重新提起,被1993年的欧盟委员会①白皮书和1996年的经济合作组织("基于知识的经济"报告)所正式化,由迈克尔·吉本斯(Michael Gibbons,英联邦大学协会秘书长)领衔编写的大获成功的合著所理论化,在世界银行的报告中被重提(1994年和1998年)。它通过1998年联合国关于高等教育的世界性会议而延伸至全世界,最终被纳入到2000年被采纳的欧盟的"里斯本战略"②和主要新兴国家的官方报告(巴西、印度、中国等等)之中③。大部分大学改革或者不同国家的研究体制从今往后都把对这个视角的追求当作正当的或客观的。它代表了一种"社会的"版本(通过进入延长时限的学业或者是"终生"教育而为每个人提供机会)和一种更加技术专家治国、更加经济主义的版本(加快毕业生的流动速度,同

---

① 全称欧洲联盟委员会(La Commission européenne),和欧盟理事会、欧洲议会、欧洲法院一起构成了欧盟的常设机构,是欧盟中唯一有权起草法令的机构。它不同于欧洲委员会(Conseil de l'Europe)。——译注

② 即为加快经济改革、促进就业,欧盟15国领导人2000年3月在葡萄牙首都里斯本举行特别首脑会议,达成并通过了一项关于欧盟10年经济发展的规划,其目标是希望通过鼓励创新、大力推动信息通信技术的应用与发展,探索面向知识经济的下一代创新,即创新2.0,其目标是使欧盟在2010年前成为"以知识为基础的、世界上最有竞争力的经济体"。——译注

③ 参看 P. Milot,"根据经合组织要求的大学重组"(La reconfiguration des universités selon l'OCDE),《社会科学研究备案》,第148号,2003年6月,p.68—73;将新的知识经济理论化的是迈克尔·吉本斯、卡米勒·利莫日(Camille Limoges)、赫尔加·诺沃特尼(Helga Nowotny)、西蒙·施瓦茨曼(Simon Schwartzman)、彼得·斯科特(Peter Scott)、马丁·特罗(Martin Trow)的书:《新的知识生产:当代社会中科学和研究的动力》(The New Production of Knowledge: The Dynamics of Science and Research in Contemporary Societies),Thousand Oaks, Californie, SagePublications, 1994;在吉本斯的报告中被重提的主题:《21世纪的高等教育》(L'Enseignement supérieur au XXIe siècle), Washington (DC), Banque Mondiale, 1998;对于这些理论的批判:参看 T. Shinn,"新的知识生产和三重螺旋——科学中既定思考的趋势"(Nouvelle production du savoir et triple hélice. Tendances du prêt-à-penser dans les sciences),《社会科学研究备案》,第141—142号,2002年3月,p.21—30。

第八章 第二次大众化:朝向知识社会与知识经济? 227

时也加快高等教育及研究机构的创新成果的流动速度,以改善投资资金的回流)。这就是具有对立政治导向的政府能够使之为其所用的原因,因为每一个政府都明白它要什么(个人利益、集体利益、私人利益)。

由于一些模式的加速传播和一些超国家组织提出的建议或"日程"的加速传播,不同国家的负责人都在不断推托(因为他们中的每一位都在使用同样的辞令,从定义上看,这些话对于所有人来说都是遥不可及的),经济的、社会的和国际政治的平衡却依然比远未实现的期待结果——这些教育计划和研究计划(也许)会产生它们——变动得更快。

在1990年代末,美国(第一批投身竞争的国家)在其他政府看来就是大学之现代性的守护神,是随着建基于新的信息传播技术、微电子技术或生物技术之上的"新经济"之飞跃——这要归功于大学研究中心和企业孵化基地之间的密切联系(著名的加州创业[start-up]或者东海岸创业)——而来的经济成功的守护神①。但是,这只是对美国高等教育非常局部、非常不公正的理解,就像这个国家的经济一样。同欧洲体制或其他大国体制相同,美国高等教育呈现出复杂、对比强烈、游移不定的图景。因此,每个国家都

---

① 1980年通过的拜度法案(la loi Bayh-Dole),使收回公共背景或大学背景研究的知识产权变得简单,这个法案回过头来出现在了世界上的其他国家之中,它是作为"新的知识经济"令人头晕的循环的源头而出现的,以至于一些类似的立法在许多国家得以通过。同加拿大的比较(这种比较长期以来都不具有相等的合法性)将这关系相对化了。投资大学研究的报偿事实上只涉及一些有限的部门,以及大学中非常少数的部分,甚至在美国也是如此:在1991—1999年间,美国125所学校机构或研究网宣布,它们每年通过机构而获得的此类平均收入为280万美元;在1999年,其中的21%垄断了知识财产85%的收入(参看 P. Malissard、Y. Gingras、B. Gemme,"研究的商业化"(La commercialisation de la recherche),《社会科学研究备案》,第148号,2003年6月,p.57—67,尤其是 p.64—65)。因此,相信这一点是虚幻的:所有大学和研究都能够完全参与这一"知识经济",更不必说能够像一些真正的企业一样以这一经济"为生"。

能在此找到赞同其论证的案例或者成功的名录,但却忘了大学生人口和学校机构的整个盘面,尽管有大量的拨款资金,其困难仍然周期性地重现。它们依赖同股市的风险一样不规则的现象(私立和公立大学的资金被放在了其中),或者依赖于国家的公共财政或联邦州的公共财政,其依据是财政政策和美国企业的相对繁荣①。

在其他时期,人们已经对类似的高等教育做了选择性考察,其目的在于让这样或那样的被表现为"紧急"或必不可少的改革正当化(参看第五、第六章)。然而,当某部分政治或政府精英和大学世界中的某些具有现代思想的人之间存在着联盟的时候,这些改革就一直都能成功。如果这类联盟能够解释 1960—1970 年代的改革的话(参看第七章),那么 20 世纪最后一阶段和 21 世纪头 10 年中的情况则明显不同。首先是因为相关人口(都是些大学生或家长)完全不同于先前那代人。面对越来越差异化,甚至由于中学教育(根据国家的不同,中学教育的封闭程度不同,这很大程度预先决定了大学生的最终命运)就预先差异化的大众,其差异化的机制包含了如下三点:对专业领域的选择、成功就业或改换方向的可能、中途放弃或转行的人数比例,人们因而很难找到统一的口号。

其次,因为大学人员越来越多,也愈发因各种差距而分化,因此这些差距如今已无法再被归结为康德于 18 世纪末所描述的著名的"系科冲突"。转向实践的学科(私立部门或半私立部门)和更加思辨的学科(其出路更多的是服务于公共服务)之间的对立在国家和国际层面上也许依然是结构性的。但是,随着第二次大众化和新的

---

① 关于一次对对照强烈的比较的尝试而言,可参看 A. Compagnon,"美国的教训"(Leçons américaines),《争论》(Le Débat),2009 年 9—10 月,第 156 号,p. 99—116;还有 P. Gervais,"大学与企业:误解的历史——关于研究经费的'美国模式'"(Université et entreprise: l'histoire d'un malentendu. À propos du "modèle américain" de financement de la recherche),在"观念生活"(La vie des idées)(2008 年 10 月 22 日)网站上可查:www. Laviedesidees. fr/Universite-et-entreprise-1. html。

大学政策出现,力量对比发生了激烈的变化。人文学科和自然科学或社会科学在其独特的大学理想中不再同"职业"——医生、经济学家、法学家或管理人——相对立,这和 1960、1970 年代一样。每个领域本身都细分为更小的部分,它们在新的主要课程中多少是可以感受到的,它们此外也面对着新型教育的竞争(近期才在大学中建立起来,并且遵循其他社会和文化逻辑)。根据智识传统或理论方法来看,旧有的区分上又重叠着一些关于研究领域的定义,这些研究的对象更具经验性(媒介、传播、旅游业、城市化、艺术、财富、体育等等),并且和变动不居的现实有关,但这些现象也易于吸引到新的大学生阶层,那些人因为其先前在传统领域中的失败而沮丧,或是因那些领域的抽象性,及其断绝了传媒文化之简易性的要求而灰心,尽管传媒文化已经在同学术文化或文科教育的竞争中胜出,但后者在上一代人的心目中依然是占主导地位的、合法的。根据职业的前景,或者是根据人们所担心的那种多多少少比较精确的表述来看,对教育的内容与形式、对智识模式的持久的现代化改革乃是近 30 年大学景观中新的决定性元素。社会学家夏尔·苏利耶(Charles Soulié)从对法国案例的研究(但它能够普遍用于大部分国家)出发,谈及了一种"对学院价值等级的颠覆"[①]。

新的大学生公众和新的大学

新的公众

不同于第一次大众化,人员的新扩张最终还深刻地改变了大

---

① Ch. Soulié 和 S. Faure,"经受了学校大众化的大学研究"(La recherche universitaire à l'épreuve de la massification scolaire),《社会科学研究备案》,第 164 号,2006 年 9 月,p. 61—74。

学生的招生情况和特征,即使人们通过专业课程、学校、筛选率和不同学业类型(或者是未来出路,甚至是最终所占据的位置)的女性化比例的等级化(甚至是在那些存在这种统计的国家中的种族身份的等级化),一直都在强调针对社会与地理的筛选机制的持续性,这一机制最终尊崇的乃是特定社会中普遍的等级制度:文化的、经济的和社会的。而令人震惊的是被热烈讨论的"再生产"问题——它在1960—1970年的10年中统治了教育社会学——让位给了关于高等教育对新公众适应与否,或是根据参与者不同的特权来看新公众对于高等教育的适应与否的争论。

我们不妨看一下加拿大(这是在中学教育之后,其高等教育招收了大部分适龄人口的国家之一)的例子,1994年的一份关于7所大学的一年级学生的调查揭示,将近一半人(48%)来自平均收入低于49 000美元的家庭,要知道,加拿大的家庭收入的中位数大概处于相同的水平,即48 091美元①。美国大学内部的争论——关于"少数群体"代表、限额录取的功效或不便,对于注册费用过高的不安(尤其是公立大学),奖学金与援助系统的不合适——以同样的方式被归于主流的社会变化。美国社会的普遍社会问题经过必要的更改之后在大部分大学中都被限制在较小的范围之内:不同族群之间的平衡;中产及以下阶级的收入的停滞(这迫使大学生收紧借贷或者越来越多地去半工半读);由于大学生成为许多部门中的多数群体,而教学主体在主导学科中依然主要是男性,因而有了性别之间的张力。

尽管高等教育的入学率在增长,但是社会群体和种族群体之间的差距仍然十分明显,因为,从关于中学生的社会学研究来看,这些差距首先是中学成绩上的巨大差距,而中学成绩又决定了根据大学的学术要求水平而被录取的机会。对那占四分之一的高收入家庭

---

① 引用自 P. Axelrod,《价值冲突》,op. cit.,p. 50。

里的大学生来说,在 24 岁获得学士学位的机会在 1970—1994 年间从 40%增长到了 80%;对占四分之一的第二高收入家庭里的大学生来说,机率从 15%增长到了 29%;对第三高的而言,则是从 10%增长到了 14%;对最不富裕的那些而言,是从 6%增长到了 9%。尽管有肯定性行动(affirmative action)的政策,在大学中获得成功依然同种族出身、家庭地位相关,就像进入不同类型,但多少具有筛选性质的学校这件事,和平均绩点有关①。然而,大学和学院的巨大差别与地方环境的特殊性导致这些在欧洲国家背景(其特征是统一的公共框架)下更加明显且持久的不平等被隐藏了起来②。

像在 1960 年代那样,高等教育机构还是保存了抵抗社会与文化之变化的能力。在诸多选择与学业领域之间的性别分配的主导因素因此一直都是学科趋向性,它几乎可以追溯到女性进入高等教育运动的初期。狭义的自然科学和实验科学(除了生物学、数学、哲学、工程科学、经济学、技术、法学),在几乎所有国家里,一直都是更加男性化或十分男性化的学习领域。根据联合国教科文组织的资料,在澳大利亚,人们发现有 35%的女性毕业生来自理科,而教育

---

① 如上所引,p. 281—282,根据 T. Mortenson,"通过家庭收入达到的教育成就(1970—1994)"(Educational attainment by family income),《高等教育的机会》(*Postsecondary Education Opportunity*),卷 41,p. 1—8。
② 关于法国高等教育诸部门的不同的社会学研究,和这些部门在职业上不相等的表现(根据专业和大学生的来源)都为人所知,并被记录了下来,这就是为什么我们更愿意引用更久远一点的例子的原因;关于这些要点,特别参看 Abélard,《灾难大学——大学改革黑皮书》(*Universitas calamitatum. Le Livre noir des réformes universitaires*),Bellecombe, éd. du Croquant, 2003, p. 14—30; B. Convert, "1987—2001 年法国的一些得以维持的等级、学科空间、关于学校录取函和专业方向选择的形态学"(Des hiérarchies maintenues, espace des disciplines, morphologie de l'offre scolaire et choix d'orientation en France 1987—2001),《社会科学研究备案》,第 149 号,2003 年 9 月,p. 61—73; M. Euriat 和 Cl. Thélot,"法国学术精英的社会招生——从 1950 年到 1990 年不平等的演变"(Le recrutement social de l'élite scolaire en France. Évolution des inégalités de 1950 à 1990),《法国社会学杂志》,第 36 卷,第 3 号,1995, p. 403—438。

部门中的则有73%(文学与艺术占了65%);在新西兰,它们各自占了39%和80%(文学与艺术占了63%);在日本,是26%和77%(文学与艺术占了70%);在韩国,是40%和76%(文学与艺术占了68%);在巴西,是39%和81%;在墨西哥,是43%和85%;在西班牙,是36%和83%;在美国,是41%和78%;在法国,是36%和73%;在英国,是37%和74%;在瑞士,是26%和72%,等等①。甚至在最为女性化的专业领域中(文学、语言、教育、心理学),根据性别而做出的区分性筛选也能让人到处都感受到它的影响(如支出水平,或获得由毕业生的学业所带来的高级职位的可能)。

对这一根据性别而实施的淘汰过程所做的最突出的预测就是,通过等级水平和学科来区分的学院职位的女性化程度。在最发达的国家中,女性在高级职称群体中一直是少数,她们大部分都位于教学或研究功能的中间等级,以及她们大学的时候就已经在其中占据优势的研究领域。如果某些大学系统中的现象在所有大陆都是普遍的,那么这种性别歧视就要比别处的更加明显,因为最初的筛选过程在此能更轻而易举地取消局外人进入学术世界的资格,而这些局外人是从国籍、性别或社会出身的意义上来说的。

在最近的30年里,新的大众化与国际经济的重新洗牌,伴随着同老牌国家(高等院校的重要因素直到那时都集中于此)展开竞争的新势力的涌现,都提出了许多问题,这些问题和学有所成有关,和就业安置有关。建基于有效性和经济学视角之上的主导话语,如在面对许多直到那时依然受到保护的专业中攀升的失业率时,大学生及其忧心忡忡的父母所怀有的期待,都孕育了关于这些主题的激烈争论,也引起了国内外的众多追问。这一切都突出了

---

① 某些例子引用自联合国教科文组织2006年的数据,《关于教育的世界范围内资料的数据汇编》(*Recueil statistique de données mondiales sur l'éducation*),2008,表11,op. cit.。

如下的状况:学制延长依然是对抗失业的相对保障,但同时,学科导向、一般形势、地理背景、个人和家庭的诀窍在成功的就业安置方面也有着越来越重的分量①。于1990年代被引入日本的大学改革以及在世纪末被引入欧洲的大学改革旨在回应这些新问题,从这方面来看,这些改革都是象征性的。

日本的改革

随着1990年代初房地产泡沫的破灭,日本列岛遇到的增长危机(这个危机由于越来越具有侵略性的亚洲"新老虎"②——韩国、中国台湾、新加坡——的竞争和作为廉价出口型经济的印度与中国潜在的增长而加重了)促使日本政府重新开启大学体制的改革。此外,人口的减少将许多私立学校置于危险之中,这些学校看到自己的生源在流失,财政因此也在崩溃。大学人员数量在1960—1980年间几乎增加了两倍③,但在1980年代仅仅增加了12%。因为18岁年龄的人口在1960—1980年间减少了50万,并在随后

---

① 在加拿大,根据一份关于1990年代大学毕业生失业率的调查,在1992年,人文学科毕业生的失业率是14%,社会科学的是12%,数学和物理学的是11%,健康专业的是5%,商科与管理是8%,等等。在1995年,随着情况的改善,它们各自的失业率降到了9%、6%、6%、3%、4%。各领域间的差距缩小了,但仍然很明显,甚至在繁荣时期也是如此(P. Axelrod,《价值冲突》,op. cit.,p. 71)。对于欧洲的类似调查,可参看U. Teichler(编订),《大学毕业生的职业生涯:比较视角下的观点与经验》(*Careers of University Graduates: Views and Experiences in Comparative Perspectives*)(Dordrecht,Springer,2007)和H. Schomburg和U. Teichler的书:《欧洲的高等教育和毕业生就业:十二国毕业生调查的结果》(*Higher Education and Graduate Employment in Europe: Results from Graduate Surveys from Twelve Countries*),Dordrecht,Springer,2006。
② 此为作者的法文说法,实际上就是指亚洲四小龙。——译注
③ 根据日本文部科学省的官方数据,在1960—1980年间,大学生的数量从626 421增加到了1 835 312;国立大学的人员数量则仅仅翻了一番(从194 227到406 644),而私立大学的则增加了两三倍,第二类的公立大学没有完全翻一番(从28 569到52 082)。(数据引自《高等教育百科全书》(op. cit.,卷3,p. 380)中的"日本"一文。)

的 10 年里又少了 30 万,高等教育未来的前景迅速地被蒙上了阴影,这意味着一种对于大学版图的重构与重组。另外,先前被吹嘘的教育方法也承受着这些人的批评:他们认为日本经济要把自己的相对停滞归于原创精神的缺失,而这与教育系统的因循守旧有关。同某些美国毕业生所体现的创造性(因为他们开始一种新经济的自主创业)的比较被企业负责人和决策者——他们想要阻止一种被判定为僵化且过于等级化的大学体制——所强调①。在被考试和持续的竞争(为了获得进入好大学的机会)所控制的中小学教育之后,已录取的大学生被认为失去了一切动力,因为大学的地位比获得学位以便得到好工作重要得多。

  改革因此旨在通过重建私立和公立之间的竞争,以及古老的大学或者第二类的大学同大型的国立大学之间的竞争,来重新开启这一层次上的竞赛,也旨在根据从英国及其追随者自 1980 年代起所引领的经验中借鉴而来的观念,以打破既定环境(包括教授的环境)。部长们希望与之斗争的另一个缺点是日本自身的锁闭:外语的使用受到了极大的限制,外国大学生的数量很少上升,被送到海外去的日本大学生也是如此,这一点同其他亚洲国家相比时尤其如此。在一个越来越国际化的经济体中,这对于日本企业的未来框架而言是一种障碍。随着就业市场愈发存在风险,对于阶级地位不高的工薪族而言,大学教育应该自我调整,允许人们转专业,或者接受继续教育以便改换领域。日本年轻一代的父母和祖

---

① P. Doyon,"日本的高等教育改革回顾"(A Review of Higher Education Reform in Japan),《高等教育》,卷 41,第 4 号,2001 年 6 月,p. 443—470;C. Galan,"日本高等教育的自由化"(La libéralisation de l'enseignement supérieur au Japon),在 C. Charle 和 C. Soulié 编写的书中:《欧洲大学"现代化"的灾难》(*Les Ravages de la "modernisation" universitaire en Europe*),Paris,Syllepse,2007,p. 231—249;Y. Sato,"日本",《联合国教科文组织的 2010 年科学报告——如今全世界范围内科学的地位》(*Unesco Science Report 2010, the Curent Status of Science around the World*),Paris,Unesco,2010,p. 401—413。

父母从匮乏突然进入了繁荣，因而产生了一种幻觉，认为日本所获得的力量不需要他们再额外付出，因此，这些年轻人在失去阶级地位的威胁下，面临着对他们个人表现的新要求。

1990年代的改革最终改变了经筛选而进入大学的（无论是公立还是私立）评估体制；这促使大学都去以更加自主的方式修订自己的课程、招生标准和教育方法。这种自由化突出了大学之间的竞争，并且导致对公立学校教授的公务员地位的质疑（1998）。这些人不再拥有终身合同，因而不得不遵从规则的制定者去继续改善自己、发展自己的能力以保留自己的职位，或者是根据美国学术市场的原则而获得一个更好的职位。在2004年，所有国立大学都成了半私立的，并且被纳入了一些具有特殊地位的协会：它们接受公共资金的赞助，但会根据内部审计的原则进行管理。校长在此扮演了一个核心的角色，并且参与理事会（这里有其他不同于大学成员的团体，以便增加同私立部门和行政部门的联系）。由于外在的评估、越来越外在的资金和缺少对员工地位的保障，所以就需要应用自治原则，涉及受益格鲁-撒克逊大学模式启发的灵活性。

坚持持久的教育培养也是为了通过让上了年纪的劳动者（他们不适应在1990—2000年间更加困难的劳动市场）继续学习来弥补年轻一代的减少。据官方数据，在1993年，544 101个人参加了452所大学针对工薪族的课程①。最不成功的改革是日本高等教育国际化的改革，这既是因为当地语言对外国留学生造成了障碍，反过来说也是因为大部分日本大学生外语水平平庸，他们在中学教育中缺少足够的学时。

鉴于2007年起日本的经济困局，这些受新自由主义启发的改革导致了没有私人资金补偿的公共资金的减少。私立大学也受到人口减少的影响，只有最大的大学才能够摆脱这种影响。这多亏

---

① 数据引自P. Doyon的文章, op. cit. , p. 456。

了从具有竞争力的规划中汲取的额外资金——这些规划针对的是某些公共的、产业化的研究中具有战略意义的未开发领域,如2006年制定的建设模范中心的规划,它旨在改善大学、工业和政府的三方合作,或者像2007年制定的关于全球模范中心的规划,其中的150个中心在五年间得到了专门支持。大学与产业的联合计划以及研究同私营企业的合同几乎在数量上增加了两倍,这一增加发生于2002—2007年间。

但是,在激烈的国际竞争的新背景下,这些受到国外启发的改革碰到了两个挑战日本的大学和研究之未来的难题:即将毕业的博士数量的下降和大学研究员数量相对于研究员整体而言的相对下降,这让基础研究变得脆弱。同样,日本列岛中外国留学生的比例同其他大型发达国家相比依然很低,在2007年是3.5%。尽管有奖学金和邀请计划,以增加日本的高等教育与研究的国际化,但依然收效甚微,并且远远落在了其他同等的发达国家的后面。

欧洲的改革

西欧、中欧和东欧的国家,如我们在这整本书中所见,建立了迥异于之前数世纪的大学体制。由于一些国家非常迷恋这些包含自己文化身份要素的传统(经常是以一种非理性的方式),根据辅助性原则①,这些逐渐在欧洲经济共同体、随后是欧盟中团结起来的国家断然决定不干涉大学的内部事务,即使如人们在先前一章中看到的那样,第一次大众化提出了一些同其他国家极其类似的问题。在第二次大众化的背景之下,尤其是在当下占据主导的关于"全球化"和知识经济的话语背景下,欧洲各国政府和欧盟委员会渐渐抛弃了集中于国家层面的方法。1990年代和21世纪初的一系列改革描画出了欧洲大学政策的轮廓,紧随而来的是欧盟不

---

① 欧盟法中的一个概念,即最受决策结果影响的有最大决定权。——译注

同成员国所拥有的不同程度的热情。

这种基调几乎不能算原创的,它们采取了受到新自由主义和自由贸易主义视角影响的大型机构的国际调停的方式:适应市场、毕业生流动、职业化、终身学习、经济竞争和在研究与技术方面的劳动力资格认证。毕业生的流动随着 ECTS 系统(欧洲共同体学分转换系统)的出现而曾是第一个被打开的领域,这是一种给教育单位打上标签的做法,其目的在于让大学生能够借助等价规则的同时,又不失去宝贵的数年,而得以在许多国家继续他的学业。鼓励流动也获得了旨在促进大学生流动的伊拉斯谟计划(1987),帮助学习外语的语言计划(1989),旨在让高等教育现代化、促进围绕欧盟的国家间合作的欧洲大学生流动计划(Tempus)(1990),旨在帮助世界其余地方的大学生流动的伊拉斯谟世界计划(Erasmus mundus)等等的帮助①。

因为有了人们现在一致同意叫作"博洛尼亚进程"(processus de Bologne)的东西,人们就碰到了一个更具野心的和谐化计划,因为这涉及创造一个文凭的共同名单(旧的文凭不会因此失效),它会在三个层面上得到定义(人们在其中承认了一种隐藏的盎格鲁-撒克逊模式):L(大学三年级水平,三年制,相当于英文的"bachelor"[学士])、M(硕士,五年制,相当于英美使用的同形词)、D(博士,三年制,相对于大陆传统的博士学位要短得多,它更接近英国的博士学制,而不是美国的,后者花的时间更长)。

这个改革的悖论引起了许多对于开启它的抵制,或者是当它在不同国家背景中开始被应用的时候引起了抵制,悖论在于它被当成"自然的",同时又是学者在大众化与精英主义之间妥协的产

---

① F. Massit-Folléa, F. Epinette,《大学的欧洲——变动中的高等教育》(L'*Europe des universités. L'enseignement supérieur en mutation*),Paris, La Documentation française,1992, p. 137 及剩余部分。还有欧盟网站:ec. europa. eu/education/external-relation-programmes/

物（因为它将筛选机制引入了它先前并不存在的国家中的第 2 和第 3 层面①）。事实上，它诞生自一个非常特殊的法国问题：如何让"大学校"（grandes écoles）适应国际大学体系？因为这个体系忽略了"大学校"，而"大学校"在这个体系中也无足轻重，因为明确来说，它们的人员数量有限，也缺少国际上的认同，并且，它们也没法发放传统的大学文凭。本身就来自大学校、综合工科学校和国立行政学校的雅克·阿塔利在题为《支持一种高等教育的欧洲模式》（Pour un modèle européen d'enseignement supérieur）的报告中提出了解决方法。这份提交于 1998 年五月初的报告是应克劳德·阿莱格（Claude Allègre）的要求草拟的，而后者也是发起 1998 年 5 月 25 日索邦宣言的那位部长，从那次宣言中诞生了 1999 年 6 月 18 和 19 日的博洛尼亚协议和 LMD 改革。② LMD 改革实际上允许大学校的学生在他们的学习期限内获得硕士的等价学位（两年的预科班，三四年的学习），甚至是允许他们直接准备大学的博士学位，而无需在法国或国外重新学习那些课程（根据先前较为严格的等价的课程）。

之所以其他国家曾采用这种文凭制度（有时，这种制度同那些国家自身的制度严重脱节，比如德国和意大利），是因为它成了各国政府以"国际"之名催促机关、大学和大学生的手段。这个主题总是比先前关于"经济"或"效用"的没完没了的观点更加理想化。

---

① 即指上文提到的 L 和 M 层面。——译注
② 《支持一种高等教育的欧洲模式》，由雅克·阿塔利主持的委员会报告；Pascal Brandys, Georges Charpak, Serge Feneuille, Axel Kahn 等人，巴黎，斯托克出版社（Stock），1998。至于欧洲视角下的这种转变的历史，可参看 S. Garcia,"反对银行欧洲的知识欧洲——欧洲高等教育空间的建造"（L'Europe du savoir contre l'Europe des banques. La construction de l'espace européen de l'enseignement supérieur），《社会科学研究备案》，2007 年 3 月，第 166—167 号，p. 80—93。还有 C. Charle,"面临博洛尼亚挑战的法国大学与欧洲大学"（Universités françaises et universités européennes face au défi de Bologne），在 C. Charle 和 C. Soulié 编写的书里：《欧洲大学"现代化"的灾难》，Paris, Syllepse, 2007, p. 9—31。

欧盟之外有越来越多的国家集合起来依附于体制,改革的多种实践模式随时间而展现出来,这些事实让限制抗议运动得以或为可能,更何况这些抗议者因为行动的推迟而常常遭受运动招致的直接后果。对于最脆弱的那部分大学生而言,进入硕士层面的筛选和他们并没有真正的关系,因为这些学生之前就被筛掉了。相反,在不到两年的时间就能获得学位的国家里(比如法国),要多一年才能获得"学士"学位意味着一种真正的劣势。这是对为了时长更短的非大学教育(保有其特殊的文凭)而放弃大学课程的刺激(在别处已被实现)。

对欧洲改革进行总结为时尚早,因为国家政策一直在干涉它们,此外毕业生就业市场局势多变。在德国,目标之一就是减少相比于其他国家过长的学制;在意大利则是提高毕业率(这多亏了在传统的四年学制完成之前的耗时更少的证书);在法国,着重削弱研究型硕士(旧有的大学第三阶段第一年结业证书[DEA]),以利于专业型硕士(从第一阶段起就具有筛选性),或在通常具有筛选性的大学专业之外的再转型。① 在国际层面,大学生流动的情况得到了改善,即使伊拉斯谟计划的资助对于出国留学所需的真实费用来说依然不足,但它创造了一种金钱上的社会性筛选,有利于富人和最优秀的大学生,他们更容易同时获得不同的奖学金或资助。

欧洲改革最大的弱点仍在于不同历史时期结构的重叠,欧洲大陆与受到盎格鲁-撒克逊模式影响的欧洲地区之间的分歧,以及多语种问题(这使得在人文学科、社会科学和法学这些语言和学科在其中有着紧密文化关联的领域中留学的效果不佳)。出于经济

---

① F. Vatin,"法国大学的危机:一种历史的和社会人口学的视角"(*La crise de l'université française : une perspective historique et socio-démographique*),《莫斯杂志》,第33号,2009,p. 47—68。

考量，它最终通过在最国际化的学科（自然科学、经济学、心理学、技术）和最符合"知识经济"中经济与投资者要求的学科中使用一种贫乏的英语而解决了。

在欧洲的国际化进程开始之时，英国的大学系统已经选择了一种"全球"战略。它没有转向欧洲，而是为了获得资金去试着吸引新兴富裕国家的大学生，并劝说那些来自一个"过于社会主义"和"人道主义"的欧洲、且得以减免部分费用的大学生打消念头。

大学生运动

根据这些新的背景，相对于先前时期而言，这30年里的大学生运动极大地改变了方向。也许，在陷入危机的国家，或是独裁或寡头统治的国家里，人们会发现以公民社会为方向的大学生抗议和动员的作用，这让人想起了1960年代的运动。在非洲，军事、独裁或总统的权力都不同程度地干预了大学的内部事务，割裂大学中的抗议与政治抗议是十分不切实际的；在最受这些运动影响的国家里，我们可以举出扎伊尔、刚果①、喀麦隆、尼日利亚（1986、1988、1989、1990）、赞比亚（1986）、贝宁、塞内加尔、马达加斯加（1986）、科特迪瓦、肯尼亚（1982、2000）的例子。在1990—1998年间，非洲大陆上所有那些状况不佳的大学里，总计爆发了110场抗议运动②。1980—1990年代许多非洲国家的经济、社会情况的恶化却增加了大学生动员与抗议的额外动机，另

---

① 扎伊尔为现在的刚果（金），刚果指现在的刚果（布）。——译注
② S. Federici 和 G. Caffentzis，"非洲大学生斗争编年史：1985—1998"(Chronology of African University students' struggles)，在 S. Fededrici, G. Caaffentzis 和 O. Alidou（编订）的书中：《一千朵花：非洲大学中反抗结构性调整的社会斗争》(A Thousand Flowers: Social Struggles Against Structural Adjustment in African Universities)，Trenton，Africa World Press，2000，p. 115—150。

一方面，在首都，大学生越来越多，他们面临着政府和国际机构强加的严苛政策①。某些南亚国家，还有更近一点的是阿拉伯国家，每隔一段时间，就成了这些首要目标在于政治，但深层上是受到新兴国家日益增长的经济与社会不平等刺激的大学生运动的剧场。

在大部分发达国家中，大学生运动以行业目标为重，它关系到有所憧憬的毕业生，直接或间接地对改革或根据新自由主义政治原则而改变游戏规则的不同政府的改革计划（筛选入学、提高注册费、减少资金或奖学金、更改专业课程、毕业生的职业前景）做出反应。在这些政策得到坚定贯彻的国家之中，大学生运动并非必然是最激烈的、最有效的，而恰恰是在法国、德国或意大利这些其政策远未被大众所接受的国家中才是如此，因为它们质疑了现成的、被看作是正常的境况。例如在法国，甚至在最主张自由的右派中，1986年反对达瓦凯（Devaquet）部长的筛选计划的运动，在很长时间里都打消了一时兴起的进行再次实验的念头②。

经合组织中不同成员国的高等教育在私有化的支出份额上的差距（见表12和13）清楚反映了防止直面时代新挑战的大学生运动爆发的不同能力。德国、英国、西班牙、希腊、韩国近期的抗议运动（2009、2010、2011）却表明，甚至是在被视作"冷静"的国家中，财政调整政策或严厉的措施都越来越无法以高等经济"理性"的名义而被接受。通过大学生的父母，有相当一部分人口从今往后都牵

---

① I. Munene，"非洲高等教育中的学生行动派"（Student Activism in African Higher Education），在D. Tefera和G. Altbach博士（编订）的书中：《非洲高等教育，一份国际参考手册》（African Higher Education, an International Reference Handbook），Bloomington et Indianapolis，Bloomington UP，2003，第11章，p. 117—127。
② 这一点很重要：在N. 萨科齐的五年任职一开始就迅速投票通过的"大学的责任与自由"（LRU）法案（2007年8月）抛弃了筛选以及提高注册费，以便抵消大学生工会的抗议，这项抗议很少涉及"新治理"以及新法案中大学更加自主的财政的技术性方面。

涉其中,这些明显"受限"且"行会主义的"问题因此日益在当代社会中产生社会和政治方面的共鸣。学费以及对公共或私人资助的仲裁乃是整个"南北"世界的重大挑战①。

南方国家和新兴国家的特殊性

阿拉伯和中东世界

尽管在 1975—1992 年间大学数量有普遍的增长(从 55 所增长到了 92 所),该区域的大学设施依然分布不均:埃及有 14 所,约旦有 12 所,沙特阿拉伯有 8 所,阿尔及利亚有 6 所,伊拉克有 6 所,利比亚有 6 所,摩洛哥有 6 所,黎巴嫩有 5 所(2002 年的时候是 8 所),苏丹有 5 所,叙利亚 4 所,突尼斯 3 所,巴林 2 所,也门 2 所;其他国家如吉布提、科威特、毛里塔尼亚、阿曼、卡塔尔、索马里和阿联酋只有唯一的一所学校②。后来的 20 年见证了新一轮学

---

① 关于大学生反抗韩国注册费减少不足(8 519 美元)的抗议(是仅次于美国的世界第二高注册费),参看 J. Morgan,"学生上街抗议韩国的学费"(Students take to streets over South Korea's fees),《泰晤士高等教育》(Times Higher Education),2011 年 6 月 22 日。西班牙的"愤怒者"在近期的运动,或依然是这些发生在以色列的反对昂贵生活的运动(尤其涉及作为实习、零工和高房租的受害者的年轻毕业生和大学生),它们另外说明了这些以大学生人口或当代社会年轻人为代价而造成的差距。

② Shafiqa E. Abbas,"关于多重体制中高等教育的研究——阿拉伯地区的案例"(Research on Higher Education in a multitude of systems. The case of the Arab Region),在 J. Sadlak 和 G. Altbach 博士(编订)的书中:《世纪之交的高等教育研究——结构、问题与趋势》(*Higher Education Research at the Turn of the Century, Structures, Issues, and Trends*),Paris, Unesco, New York, Garland Publishing Inc., 1997, p. 50—52。应该加上被占领的巴勒斯坦的 11 所大学(83 000 名大学生)和以色列的 7 所主要大学(接纳了来自以色列的阿拉伯人口的大学生)。就像以色列海法的理工学院,一所成立于 1912 年的尖端技术大学,在 2011 年,其中共计有 13.15% 的以色列籍阿拉伯人(略少于整个国家中的人口比例)(根据 L. Zecchini 的文章:"一座高科技伊甸园"[Un éden high-tech],《世界报》,2011 年 8 月 13 日,p. 16)。

校机构的繁荣（尤其是私立学校）以及人员数量的猛增（比其他在各学习阶段和专业领域之间极度不平衡的地方增长得更快）。例如，从1980年代起，埃及建立了31所高等研究院（学制为4或5年）和53所技术研究院（两年学制）——有的是私立的，有的是公立的，其目的在于引导中学毕业生选择在已经人满为患的大学之外的其他地方读书①。

内部的和国际的张力深深地扰乱了该区域许多的大学系统，甚至那些拥有不可忽视的良好历史基础与财政资金（多亏了石油红利）的大学体制也是如此：人们想到了黎巴嫩和阿尔及利亚的内战，想到了巴以冲突，想到了两伊战争，想到了科威特冲突，随后是美国入侵伊拉克（其对于这个国家曾经领先于邻国的高等教育的影响是灾难性的）。某些石油国家的财政资金一直在增长，它们切实引入了一些重要的机构，但这些机构有时同当地文化或广大阶层的真实需要没什么关系，就像阿联酋、卡塔尔、沙特的那样。其他国家要贫困得多，但在文化上却又较为先进，它们不得不利用十分有限的方式来实现一种真正的教育革命，而这引起了教学质量的下降，破坏了原本已经不容乐观的人员配备率，建立了一些不怎么合适的入学筛选程序，让专业课程在"阿拉伯化的"领域（其中的毕业生大部分都失业了）与国际（和/或私人）领域（让改行或获得更高职位得以可能）之间得到划分。

大部分专制主义政体并没有让这样的共识变得容易，即根据像世界银行那样的国际组织自上而下发布的命令而做出的改革（像在埃及、摩洛哥那样）。由此就有了循环往复的大学生抗议运动，甚至是社会危机，或者最近正在进行的革命或政治动乱（埃及、突尼斯、摩洛哥、阿尔及利亚、叙利亚、利比亚），它们部分是由越来

---

① M. H. Shann，"埃及高等教育的改革"（The Reform of Higher Education in Egypt），《高等教育》，卷24，第2号，1992年9月，p. 225—246，尤其是 p. 227。

越多的毕业生构成的青年所带来的,但这些毕业生是在一个被无所顾忌地依赖于压迫工具的寡头势力和黑手党所阻碍的社会中无法找到其位置的人①。

　　这几十年,在大部分时间里,独裁、君主制或专制制度的存在,还有对西方舶来品抱有敌意的宗教原教旨主义的迅猛发展都威胁到了作为自由与批判空间的高等教育的兴起,即使大学生与大学人员有时是这一压抑氛围中最后的抵抗阵地也没用。就这样,在伊朗,大部分大学生都参与了颠覆伊朗国王的运动,并且在最开始支持了伊斯兰共和国。但是,随着新制度变得愈发独裁,且受到专制的神权政治的影响,它随后就严厉地镇压了学术领域。再三出现的旨在动摇该制度的抗议运动一直都在高等教育的学校机构中拥有其部分基础。对相当一部分遭到这一制度威胁的受过教育的青年来说,流亡与移居国外曾是他们的命运。就像表15显示的那样,各国移居国外人数的比例非常不同,但这一比例之所以如此突出,是因为学习条件和政治氛围令人不满。胜利最终回到了摩洛哥的大学生中间,其中有41 000名大学生在2006年离开了自己的祖国(出国的人略多于国内学生人数的10%),其中大部分去了法国,4 784人去了德国,超过2 500人去了北美。

表15　阿拉伯与伊斯兰主要国家中出国留学生的比例、人员数量及其主要接纳国

国　家	出国留学生的比例	人员数量	主要接纳国
摩洛哥	11.3%	41 879	法国、德国、西班牙、美国
黎巴嫩	7.4%	12 363	法国、美国、加拿大

---

① 关于阿尔及利亚极其戏剧性的案例(鉴于当局的镇压政策,高等教育从1990年代末起就遇到了严重的危机),可参看 H. Khelfaoui,"政治权力与经济领域之间的阿尔及利亚大学领域"(Le champ universitaire algérien entre pouvoirs politiques et champ économique),《社会科学研究备案》,第148号,2003年6月,p.34—46。

(续表)

国　家	出国留学生的比例	人员数量	主要接纳国
突尼斯	5.2%	16 163	法国、德国、加拿大
叙利亚	5.2%(?)	13 211	法国、乌克兰、约旦
约旦	4.4%	8 783	美国、乌克兰、英国
阿尔及利亚	3.4%	23 680	法国、英国、德国
巴基斯坦	3.3%	23 795	英国、美国、马来西亚
伊朗	0.9%	19 720	美国、德国、英国
伊拉克	0.9%	4 702	约旦、德国、英国
埃及	0.3%	7 244	美国、德国、英国

来源：经济合作组织，《埃及的高等教育》(*Higher Education in Egypt*)，巴黎，经合组织出版社，2010，p.189(参考2004年)或者联合国教科文组织2008年的书，如上所引，表10(参考2006年)。

紧随其后的是突尼斯人、阿尔及利亚人，还有黎巴嫩人、叙利亚人和约旦人。在这些国家中，人满为患的大学服从于专制制度，有时也受制于私立学校间的不正当竞争，那些学校常常受到来自外部的支持，如美国的大学，或来自波斯湾的保守且极具宗教色彩的政权所提供的资金。相反，伊拉克和伊朗——它们遭受着类似的制度，甚至更糟——那微弱的比例在第一种情况中通过战乱国家的历史环境得到了解释，而在第二种情况中则在极端的政治-宗教控制下得到了解释。在官方数据之外应该还有大量的毕业生和有资质的专业人员，他们长期以来都因这两个国家30年前就开始的动乱而被驱逐或流亡。

在1990年代，最受西方影响的阿拉伯国家受到了和这些发达国家的改革相同的普遍原则的启发，开始进行大学改革，以期让自己的社会适应"全球化"。两块实验场分别是埃及和摩洛哥，它们都受到了美国的影响,其次,则部分地受到了法国的影响,在 90 年代的最后几年,公民社会并没有被动员起来,以反抗这些来自另一个时代的多少开明一点的"专制政治",在此之前,它们仍由依然强有力的专制力量所统治①。从 1992 年开始,埃及批准设立私立大学,而在 1990—2004 年间人员数量增加了三倍,这让支出的负担在一个原本被设想为无偿的系统中变得不可承受。但是,部分实现的私立化(提高某些专业领域中的费用)什么也没有解决,因为它无法吸收新的渴望教育、但却过于贫穷以至于无法注册进入这类学校的社会阶层②。从 21 世纪开始,在经合组织与世界银行的启发下,一项旨在使公共系统差异化的改善高等教育的计划开始了,它借助鼓励性的招标,为了未来而调动大学里的年轻一代,以及某些战略领域。在高层的现代化失败之后,这涉及一种"基层"(par en bas)的现代化。人们在此发现了新型公共管理之竞争中的政府模式。一个保障质量的代理机构(这直接受到了英国模式的启发)应该保障新计划在国内外层面上的认证(埃及接纳了许多伊斯兰世界的大学生),而改革则优先将新来者导向某些对于一个其工业基础依然薄弱的国家的经济未来来说,具有战略性意义的技术教育和畸形发展的服务领域,尤其是旅游业③。埃及正在进行的革命大概必然要同这些改革及其社会含义发生冲突。

---

① 参看 Fl. Kohstall,"一种竞争性的国际化——埃及与摩洛哥的高等教育改革"(Une internationalisation concurrentielle. Les réformes de l'enseignement supérieur en Égypte et au Maroc),在 S. Mazzella(编写)的书中:《大学生的全球化:南北之间的马格里布》(*Mondialisation étudiante*:*le Maghreb entre Nord et Sud*),Paris,Karthala, Tunis, IRMC 出版社,2009,p. 173—186;OCDE,《埃及的高等教育》,op. cit. , p. 173—186。
② M. H. Shann,"埃及高等教育的改革",art. cit. , p. 230、239。
③ 在 1995—1996 和 2005—2006 年间,各专业分支的发展显然都超过了平均人数,这十分重要:媒介与通信(+1343%)、技术(+757%)、建筑规划(+283%)、旅游业(+246%)、语言(+226%)、商业(+141%)、医学(牙科、药学)《埃及的高等教育》,如上所引,p. 180—181)。

第八章　第二次大众化:朝向知识社会与知识经济?

在北非,摩洛哥和埃及的官方教育突然转向了低层次的阿拉伯语,尽管现在在"现代"学科或高等教育中使用的是法语,而一些私有化部门则维持着没落帝国的语言(英语和/或法语),以便让未来的当地精英更容易融入发达世界所占据的主导一极,这提供了大量向着北方世界①移民的未来大学生②。一部分受过教育的年轻人由于没有工作而去到了欧洲或北美,他们知道,就在国内外拥有发挥自己能力的机会来说,掌握英语或法语是多么必要。人们在此也能够根据其能否因为掌握主导语言、能否通过最为筛选性的教育机构(地方精英学校或外国大学)的测验而进入国内外的高校谈及两种拥有不同社会地位的年轻人。学校的增加(在今天的摩洛哥有 14 所大学,而在独立期间只有 1 所)导致质量参差不齐,这一点是就学校的建设及其资历而言的。然而,为某些教育培训履行筛选职能的部门依然存在(比如法国),私立高等院校从 1985 年起就一直发展着,甚至有一所私立大学同美国有关。由哈桑二世③在 1998 年开启的改革在随后的 10 年中由其继任者默罕默德六世所继续,这是一位对于政治计划更加宽容的君主。这项改革旨在国际化的开放(多亏了对 LMD 方案和一种更大的教育与学校财政的自主性的采纳,这体现在提高注册费与寻求外部资金)。然而,当局却一直干涉某些具有战略意义的人事任命,例如大学校长的任命,尽管表面上有对候选人的初选。某些领域中(人文科学和法学集中了三分之二的人员数量),毕业生过剩的问题却因为整个专利管理在政治上所具有的起伏不定的特质而没有得到正视。

---

① 相对于南半球发展中国家而言的发达国家。——译注
② P. Vermeren,《摩洛哥和突尼斯精英的培养:从民族主义者到伊斯兰主义者(1920—2000)》(*La Formation des élites marocaines et tunisiennes : des nationalistes aux islamistes*),Paris, La Découverte, 2002。
③ 摩洛哥国王,毕业于法国的波尔多大学,生于 1929 年,死于 1999 年。——译注

表16　阿拉伯和中东国家高等教育中不同学习阶段所占的
比例、初中毕业生的比例和女性化的普遍比例

国　家	通识本科生（大学生的比例）	研究生（大学生比例）	技术与职业的本科生（大学生比例）	男性本科毕业生的粗算比例	女性本科毕业生的粗算比例	2006—2007年间女性的比例
阿尔及利亚	96	4	10	?	?	57
摩洛哥	69	8	24	10	22	48
突尼斯	?	?	?	9	13	58
约　旦	87	1	12	32	36	51.3
伊拉克	78	5	17	13	9	36
黎巴嫩	85	1	14	24	34	54
埃　及	79.9	?	20.1	24	24	?
沙特阿拉伯	83	2	15	10	22	57.9

来源：联合国教科文组织，2006年和经合组织，《埃及的高等教育》，Paris，OCDE，2010，p.65。

各学习阶段之间，以及本科阶段内部，在通识课程与更加专业的课程之间十分强烈的不平衡乃是所有相关国家中的普遍现象（参看表16）。演变尤为缓慢，尽管马什里克地区和马格里布地区的这些国家已经做出了改革的尝试。男女学生同样的低毕业率通过指导机制的欠缺和人员配备比例的不足而得到了解释。尽管如此，人们还是注意到，这些被看作很少向女性开放的社会还是在这领域中开始碰到了一种明显的变化，因为女大学生几乎在各处，甚至是沙特阿拉伯，都获得了比男同学在大学毕业方面更大的成功①。类似的紧张局势也存在于新的亚洲巨型大学中，即印度和中国的大学。

---

① 高等教育的女性比例在这些国家中显然获得了进步，这不再像1970或1980年代那样和社会在性别方面的过度筛选导致的唯一影响有关（关于同先前境况的比较可参看C. Baudelot和R. Establet的书：《前进吧女孩们！》(*Allez les filles!*)，Paris，Le Seuil，1992）。

印度：困难而不平等的变化

印度的高等教育自19世纪下半叶起就受到英国强烈影响，它曾大力发展这种教育，以便在被国大党①所主导的政府部分确定了社会主义的目标之时配合它进行现代化的努力（参看先前章节）。随着主张自由的转折以及对国大党作为主导政党的质疑，教育战略就转向了同国家的经济开放、不断增长的区域多样化相协调的更加实用的目标。

这就是为什么议会在1986年批准了一项希望最终将印度变成一个"能够在大多数领域同最先进国家竞争从而获得自己位置"的国家的声明②。学校机构的差异化与扩张伴随着这些新的野心：学院的数量和大学的数量一样，在1960—1990年代增加了两倍之多。在1990年，总计有146所大学，而1960年的时候只有45所；另外，1990年的时候有6 949所附属中学（负责中学教育），而30年前则只有1 542所。在1998年，共计有229所大学和超过9 000所的普通中学或职业学校；在2006年，则有371所大学和18 064所各种类型的中学，其中有超过1 100万的学生就读③。还要算上许多技术教育或科研（二级）方面的专门研究院（像是专业研究院那样），尤其是和颁发学士学位、硕士学位和博士学位的大学（印度理工学院[Indian Institutes of Technology]，专注于信息、电子、土木工程、材料科学、生物化学、生物技术等方面的工程

---

① 印度现存历史最长的政治组织，也是印度两大主要政党之一（另一个是印度人民党）。1885年12月在孟买成立。——译注
② 引自S. C. Behar,"印度",《高等教育百科全书》,op. cit., 卷1, p. 307。
③ 引自S. C. Behar,"印度",《高等教育百科全书》,op. cit., 卷1, p. 309；A. Vaugier-Chatterjee, F. Grare, J. Maccario,《印度的高等教育》(*L'Enseignement supérieur en Inde*), New Delhi, Centre sciences humainesde New Delhi, 2000, p. 67；P. Agarwal,《印度高等教育：构想未来》(*Indian Higher Education: Envisioning the Future*), New Delhi, Sage India, 2009, p. 17。

师培养)类似的过度筛选性的学校机构①。最著名的大学,如成立于1922年的德里大学或成立于1969年的贾瓦哈拉尔·尼赫鲁大学实行一种全国范围内的筛选。但是,大量的院校,尤其是私立的、却有良好资助的都不得不降低要求,以面对人口的猛增,并让地方需求得到满足。

尽管入学率在20世纪的最后20年里翻了一倍,它在1980—2005年间,适龄人口的入学率从4.7%涨到了超过10%,但还是低于许多同类亚洲国家的数据。这既有结构性的原因(大量的农村人口,多语言的环境,女孩从出生起就遭到歧视,依然存在大量的文盲,存在某些条件差且受到歧视的种姓和部族,印度联邦州之间强烈的财富不平等),也有政治的原因。某些技术领域中筛选机制的精英化模式同大众化是不相容的,此外分给不同类型学校的官方援助也是不一样的。尤其是,一部分高校在教育总开销中拖了后腿,而许多地方力量、国家力量、专业力量都阻碍了改革,或是试图改变其方向。这就是其他亚洲国家所没有的表达自由的副产品,它是被动民主和这个疆域广阔的国家的异质性的副产品②。因此只有部分的、某领域的、地方上的调整才能够让一个受控于许多来自内外的、联邦的和地方层面的要求的系统变得灵活。这增

---

① 在2005年,有15万申请人参加入学考试以竞争1 200个名额!只有1%最优秀者会被录取进入最终一轮的招生(N. M. Healey,"高等教育真的国际化了吗?"[Is higher education really "Internationalising"?],《高等教育》,卷55,第3号,2008年,p.349)。事情自从20年前录取率从10%降到了0.1%就开始恶化了。但是,越来越多的毕业生放弃了研究(工资太少),为了资助,他们更愿意去美国。印度在研究上做出的努力(2010年的贷款增长了70%)冒着无法找到足够的当地研究院的风险,因为这些人都被吸引去了西方(J. Bouissou,"金融业及其高收入比研究更让人梦想"(La finance et ses hauts salaires font plus rêver que la recherche),《世界报》,2011年8月14—15日,p.14)。
② 在1975—1976年间达到了最高的占国民生产总值的0.8%之后,高等教育开销就在1984—1985年间再次跌回了0.5%,随后又在2005年回到了0.8%(同上,p.313。还有联合国教科文组织的《关于教育的世界范围内资料的数据汇编》,op. cit.)。

加了学校之间的异质性,也增加了社会、文化、区域间已经十分巨大的不平等。尽管有一些有利于低种姓(表列种姓)和处境恶劣的部落(即表列部落)①的积极的反歧视政策,这些群体依然没有在进入高等教育时得到体现,而这些高等教育中的限额也受到了其他社会群体的强烈质疑,其援助相比于中产阶级及其孩子们的需求是不够的。虽然大学里有越来越多的年轻女孩入学,但她们却在很大程度上局限于某些领域(文科或教育),即使在 1990 年代,她们在其他专业领域中的存在感得到承认时情况依然如此。如果最富有的大学生无法进入设施最好的学校或者是最具筛选性的学校的话,那么他们就会努力到国外继续学业,尤其是去英语国家,因为英语在印度教育中十分普及,其目的在于解决印度国内多语言并存的问题,并让人得以接触到由这一语言带来的关于当代科技的信息。

由于没有像许多亚洲国家那样选择广泛的私立化②,也没有选择实质性地提高注册费,印度只能艰难地在质和量上资助其高等教育:某些对国际社会开放、在经济上具有战略意义的领域的精英化得以形成,是以牺牲对大学第一阶段基础教育的改善为代价的。在印度许多邦的教育预算中,高等教育所占据的分额相对于1960 年代的情况甚至有所下降,在 60 年代,人员数量更少,每个大学生身上的花费更多。由于传统经济和高精尖技术经济共存,社会、种族或宗教中不断增加的张力并没有让一种紧密一致的政

---

① 英国殖民当局在 1935 年的法律中将印度贱民称为表列种姓(scheduled castes)。——译注
② 财政部部长自从 1994 年起就提倡这种解决方法,但是他由于缺少政治上的多数支持而没有成功(A. Vaugier-Chatterjee, F. Grare, J. Maccario,《印度的高等教育》,op. cit.,p. 35—36)。在 2005—2006 年间,30.5% 的人员都属于私立部门;然而这数量猛烈地增长了,尤其是在专业领域中;此外,150 所外国大学建立了起来(在 2006—2007 年间有 12 000 名大学生)(P. Agarwal,《印度高等教育》,op. cit.,p. 112,表 3.9)。

治共识的诞生变得容易,因为同邻国巴基斯坦的潜在的宗教与军事冲突意味着它要维持较高的军事开销,这和用于教育的花费一样多。由于缺少整体的改革,学校试图拓宽其资金来源,但这一尝试由于某些部门和地方的做法,还是增加了不平等。

然而,最重要的是许多国家在发展中都存在一个现象,即受到良好教育的人移居国外寻求高薪,而这只能让当地的教育质量因为缺少学院中的接替者而变得糟糕:美国、英国或其他英语国家就这样吸引了不可忽视的一部分科技、医学,甚至是人文科学领域中的大学人员、研究者与印度的年轻毕业生。在1996年,人们估计有4万名印度大学生在外国留学,这个数量在2006年的时候增加了两倍:139 459人①。2005年,印度的留学生比例在经合组织成员国中仅次于中国,排名第二(5%)②。在1966—1975年间,有5 255名来自印度的博士候选人获得了理学的博士学位。在一所美国大学的工科中,其人员数量在1966—2005年间几乎翻了一番(9 520人)。对于印度来说更加重要的是,他们中85%的人在完成论文后都待在了北美③。第11次计划(2007—2012)和第12次计划(有待定义)确定了高等教育富有野心的目标,即修正上述的缺陷:接近亚洲同等国家的入学率(如中国的21%,这对于印度而

---

① P. Agarwal,《印度高等教育》(op. cit., p. 46)和联合国教科文组织的《关于教育的世界范围内资料的数据汇编》(op. cit., p. 123):美国有79 219人,澳大利亚有22 039人,英国有19 204人,德国有3 585人,加拿大有2 826人。

② St. Vincent-Lancrin,"跨国高等教育:一种新的战略性关键?"(L'enseignement supérieur transnational: un nouvel enjeu stratégique?),《国际批评》,第3号,2008年,4—6月,p. 72。

③ J. Bound 和 S. Turner,"来到美国——国际博士候选人在哪里学习?美国大学如何回应?"(Coming to America. Where do International Doctorate Students Study and How do US Universities Respond?),表3.1,在Ch. T. Clotfelter(编订)的书中:《全球市场中的美国大学》(*American Universities in a Global Market*), Chicago, The University of Chicago Press, 2010, p. 105。还有 Haizheng Li,"中国的高等教育——对美国大学的补充还是竞争?"(Higher Education in China. Complement or Competition to US Unviersities?), op. cit., p. 293。

言就是要翻一番);同时还要重新平衡那些亏空的部门,并维系某些大学在印度已经取得领先的领域中的精英地位;扩大私立领域的部分以补偿公共资金的不足;改善女性与弱势群体的入学状况等等①。在经历了加速变革之后,在另一个亚洲大国——中国那里也出现了一些类似的现象。

中国:转向西方

毛泽东去世后,开始于1977年的政治经济改革,以及邓小平重掌政权,带来了从1980年代直到今天的高等教育体制的激进变革,而这曾经几乎被文化大革命所中断。由于缺少有效运转的大学,即使人们从1977年起重新通过考试招生,也还是不得不送成千上万的年轻人去国外留学②。越来越快的经济扩张让人得以重新投资转向了实业工业的研究和教育,尤其是高等教育。在"文革"中被流放或审判的知识分子和干部得到了政治平反,这让大学体系的重组得以可能,并期待着海外留学的年轻毕业生从1990—2000年开始接他们的班。现代化运动和高等教育开始惊人扩张,为了向外国开放,政府制定了大量关于翻译和同越来越多的西方国家进行大学交流的政策。

在最近的30年里,中国不遗余力,以求像在其他领域中一样重新在这个领域迎头赶上:不仅进入高等教育的适龄人口增加了24倍(见表12),而且类似的学校也在努力提升年纪更大一点的人群的教育水平:广播电视大学③、职工大学、农业大学、函授大学等

---

① P. Agarwal,《印度高等教育》,op. cit.,p. 45—55。
② J.-Ph. Béja,《追寻中国的影子——中国追求民主的运动(1919—2004)》(À la recherche d'une ombre chinoise, le mouvement pour la démocratie en Chine), Paris, Le Seuil, 2004, p. 60 和余下部分。
③ 简称电大,是通过广播、电视、计算机网络等现代传媒技术实施高等教育的一种教学机构。其学生来源通常为高考落榜生,属于中国高等教育主要的5个层次之一。——译注

等。职业技术教育和继续教育同通识教育并存。在1988年,所有类型的学校中共有390万注册人数,其中37%的人接受普通高等教育,18.7%的人就读于短期高等教育的专门学校,27.9%的人接受成人高等教育,16.5%的人学习普通大学中的成人课程①。继承自苏联模式的一些国家实验室和科学协会补充了大学中仍然处于起步阶段的研究功能(主要由高等教育与中学教育所把控),而精英大学则努力同西方国家建立合作关系,不过这并没有阻止越来越多的中国大学生出国留学:根据联合国教科文组织2006年的数据,中国共有417 351名留学生,其中93 672人去了美国,86 378人去了日本,50 753人去了英国,40 316人去了澳大利亚,24 221人去了德国②。

从苏联的精英主义体制到大众教育的过渡提出了同其他地方一样的问题,因为学校的等级制度已经为人所知,力争进入好大学成了在一个越来越具有竞争性的社会中继续生存的关键,但是在这个社会中,新兴富裕中产阶级资金上的宽裕会扭曲择优录取的官方考试(为了获得某些学校中的名额而导致的腐败现象、求助于特殊照顾以便出国留学等等)。2005年,在867万报名高考的人中,一半多的人(54%)成功跨过了门槛,四分之一多的人(26%)进入四年制的学习,其他人则降到专科系列③。学校中的竞争开始得非常早,它让人想起了长久以来日本和韩国令人记忆犹新的竞争。为了绕过障碍,考前临时抱佛脚、求助于私教,或者是靠留学来绕远路——当人们有这些办法的时候——这些办法的发展非常迅速。在公立领域中提高学费(平均学费在1995—2006年间增加

---

① Wang Yongquan,"中华人民共和国",《高等教育百科全书》(op. cit.,根据表3计算所得,p. 142)。
② 联合国教科文组织,op. cit.,2008,表10,p. 120。
③ A. Merle 和 M. Sztanke,《中国大学生:谁是明天的精英?》(*Étudiants chinois : qui sont les élites de demain ?*),Paris,Autrement,2006,p. 15。

了9倍,这几乎占了高校资金来源的三分之一)①,放弃免费教育的社会主义原则,从1985年起提供的通过资助来购买入学机会的可能性,这些做法都相对减轻了代替官方系统的解决办法所需要的牺牲(2003年有超过100所私立大学存在),尤其是如果私立大学或外国大学的文凭让人能够获得报酬更高的职位的话。

尽管最近20年里经济增长十分迅速,同大学所授予的资格相关的职位仍然不是很多,人们看到,一种关于毕业即失业、雇员薪水相对降低的悲观主义论调在蔓延②。在国外留过学的优秀分子因此也和他们的印度或非洲同侪一样受到了移居国外的诱惑。

经济上的超常繁荣让高等教育拥有了更多可支配的资金,以便建造豪华的新大学,它们被这样的念头纠缠着:根据中国人自己发明的分类体系(著名的上海交通大学的分类体系③)来比肩西方

---

① 在2005年,年平均费用从5 000元涨到了6 000元,而农村居民年收入只有3 200元,城市居民年收入是10 500元;K. Ngok,"大众化、官僚化以及寻求'世界级'地位——1990年代中期以来的中国高等教育"(Massification, bureaucratization and questing for 'world-class' status, Higher education in China since the mid-1990s),在《教育管理国际期刊》(*International Journal of Educational Management*)中(卷22,第6号,2008,p. 547—564),引自T. Soulas,《一个中国大学中的卓越制造——广州中山大学的岭南学院》(*Fabrication d'excellence dans une faculté chinoise. L'Institut Lignan de l'Université Sun Ya Sen à Canton*),社会学硕士论文,指导老师C. Paradeise,巴黎东部马恩河谷大学,2010,p. 18。
② 在2001—2005年间,月收入从2 000降到了1 500元,甚至在上海这个竞争得如火如荼的城市中月薪也只有1 200元(op. cit. ,p. 48)。
③ 关于人们对于这个完全建立在自然科学研究的标准,以及英语国家衡量科学的分析工具的标准上的分类体系所作出的批评,可参看Y. Gingras,"评估研究的狂热——论错误指标的错误使用"(La fièvre de l'évaluation de la recherche. Du mauvais usage de faux indicateurs),关于评估巴黎高师的专题讨论会的通告(2008)(2008—2005研究笔记可在CIRST[UQAM]的网站上获取:www.cirst.uqam.ca/Portals/0/docs/note_rech/2008_05.pdf);C. Charle,"应该给欧洲的大学评分吗?"(Faut-il coter les facultés européenes?),《文凭世界》(*Le Monde diplomatique*),2007年9月,p. 8;I. Bruno,"准备……找到你的标志!里斯本的欧洲战略——朝向研究的市场"(À vos marques, prêts... cherchez! La stratégie européenne de Lisbonne, vers un marché de la recherche),Bellecombe,éd. du Croquant,(转下页注)

优秀大学(即美国)的体系。因此,1995年开启的"211计划"想要做的就是让100所杰出大学涌现出来,它们要在世界上具有竞争力,大概10所中才有这样的一所大学。有13亿美元在1996—2000年的5年中投给了这项计划,这一数额令人惊讶,但它最终只给相关大学每年260万美元,这同这些中国大学想要与之竞争的美国精英大学的预算比起来是微不足道的①。在2009年,有112所大学带有"211"的标签,而在2007年的时候只有95所。1999—2004年间以及2004—2008年间,985计划补充了前者的整体规划,它想要让30所世界级的大学通过合并、招募国际级别的教授、拥有特权的资金援助、开展研究和同外国企业与大学的联系而涌现出来,简言之,就是对1980—1990年间国际化口号的忠实复制②。

表17 中国国内生产总值贡献给高等教育的比例

	1975	1980	1985	1988	1999	2005
国内生产总值贡献给高等教育的比例	0.28%	0.65%	0.78%	0.84%	0.8%	0.5%

来源:Wang Yongquan,art. cit.,p. 143;www. bmbf. de/daten-portal/Tabelle-2. 1. 12. pdf.《联合国教科文组织全球教育摘要》,2007,引自 P. Agarwal,《印度高等教育》,op. cit.,p. 125 表 4.6。

(接上页注)2008;A. Fert(诺贝尔物理学奖获得者),"上海分类体系如何让我们的大学处于不利位置?"(Comment le classement de Shanghai désavantage nos universités),《世界报》,2008年8月27日,p. 18;M. Leroy,《大学:关于革命的调查》(Universités : enquête sur le grand chambardement),op. cit.,p. 98—100。

① A. Merle 和 M. Sztanke,op. cit.,p. 24。人们看到,中国政府并没有详细掌握先前提到的西方政府的"卓越计划"。后者反过来把中国式的分类体系当作它们固执的学术观点的坚定论据。

② 来源:"中华人民共和国政府机构档案"(Fiche Curie République populaire de Chine),可在法国驻中国大使馆网站上下载:www. diplomatie. gouv. fr/fr/IMG/pdf/CHINE_19—5—11. pdf)。

撒哈拉以南非洲

在1960—1980年才开始构建高等教育体系的非洲大陆在最近30年来到了一个更高的阶段,即使是那些最为贫困的地区,或者是被冲突或政治不稳定所撕裂的地区也都对这些尚且处于雏形阶段的大学感到满意。相反,非洲大陆中最为现代化的区域则开始以一种更快的方式经历了先前许多发达国家以慢得多的速度经历过的阶段。在这些依旧十分脆弱的国家中,这在经济、社会、政治和文化上导致了愈发强烈的冲突。这些社会过早地进行大众化,这里文盲依然普遍,或者在中小学教育的入学率上依然存在很大的不平等。同样,为了应对人口猛增,发达国家试图向其前殖民地关上大门,公共资源变得不够,或被浪费在其他目的上(奢侈的耗费、军事竞赛、收买人心的官僚主义、腐败),发展的资助者(世界银行、尤其是美国的基金会)试图鼓励私立教育形式,效仿的是受新自由主义影响的工业国家里所建立的那种形式[1]。例如,在非洲的英语区里,加纳在1999—2000年间共计有11所私立高等教育机构和5所公立大学(加上8所综合工科学校),肯尼亚有13所私立高等教育机构和19所公立大学,坦桑尼亚有10所私立高等教育机构和3所公立大学,乌干达有10所私立高等教育机构和4所公立大学,津巴布韦则各有4所;只有尼日利亚在抵抗私立化,它只有3所私立学校,而有35所国立大学[2]。非洲的法语区(更加贫穷,人口更少)——在那里,法国国家干涉主义式的大学模式的影响依然存在——走上这条道路的时候则更加畏手畏脚。然

---

[1] K. Banya 和 J. Elu,"世界银行与撒哈拉以南非洲高等教育中的资金筹措"(The World Bank and financing higher education in Sub-saharan Africa),《高等教育》,卷42,2001,p. 1—34。

[2] D. Teferra 和 G. Altbach 博士(编订),《非洲的高等教育:一份国际参考手册》,op. cit.,表5.2。

而,在多哥,有 18 所私立大学机构于 1998—2000 年间创办①。由于私立学校仅限于某些有利可图的专门教育,它们的规模要小于公立大学,以至于进入国立大学的大学生们在各处都依然是大多数。

然而,在 1970 年代共计只有不到三十万大学生,尽管人们预估在 21 世纪初,整个非洲会有三四百万的大学生,但是他们会极不均衡地分布在一百来所大学里(1990 年左右是 85 所学校)②。大学入学率最高的两个国家位于大陆的两端:北面是埃及,共有 150 万大学生,其中四分之一的半工半读学生占了适龄人口 22%的入学率,在 2000 年代末超过了 30%。在西面的是尼日利亚,它同样拥有一个真正的大学体制:45 所大学、63 所教育学院和 45 所综合工科学校(人们在此看到了英国的影响),它们培养了超过 90 万名大学生,但是入学率依然很低,即只占适龄人口的 6%多一点。在南面,南非拥有非洲规模第三大的高等教育,在 1994 年南非有 468 086 名大学生,在 2006 年有 741 000 名大学生③。1994 年种族隔离的终结和民主制度的到来迫使人们颠覆整个具有种族基础的学校等级制度,也迫使高等教育对外开放。在关于 1996 年高等教育的白皮书中选择盎格鲁-撒克逊口号(全球化、教育市场、求助于新技术)④相反只能加剧社会和文化上的不平等,这种不平等首先会让入学率更低,并使得长久以来都被打发到最差学校中的黑人陷入了不利地位。在其他所有国家里,甚至是这些人口相

---

① D. Teffera 和博士 G. Altbach,"非洲的高等教育:21 世纪的挑战"(African higher education: challenges for the 21st centruy),《高等教育》,2004,卷 47,p. 32。
② D. Teffera 和 G. Altbach 博士,art. cit.,p. 25;K. Banya 和 J. Elu,art. cit.,p. 2。
③ 《联合国教科文组织的教育年鉴》(Annuaire de l'éducation de l'Unesco),1999 和 2008。
④ R. Kishun,"南非的国际化"(Internationalization in South Africa),在 P. Scott(编订)的书中:《高等教育的全球化》(The Globalization of Higher Education), Buckingham, Open University Press, 1998, p. 58—69。

对较多的国家,高等教育的入学率都低于5%(整个非洲大陆的平均水平是3%)。女性依然远离高等教育。总体上来说,女性中有15%—30%的注册率,很少能超过40%①。某些像乌干达那样的国家则采取了有利于自己的肯定性行动的措施②。当她们跨越了障碍的时候,女大学生就会更多来自城市,并且更多来自比中产阶级更优越的高阶层的人,这些人集中在某些专业领域中,如文科、教育和相对次要的卫生保健专业。在某些国家如赞比亚或南非,她们同样经常承受着性骚扰或其男同学的大男子主义行为③。

缺少资金尤其困扰着非洲的高等教育,因为对发展的援助长期以来都首先重视扫盲和初等教育(或者严格来说是中学教育)。人们曾估计,非洲高等教育的全部资金要少于美国最高学术水平等级的一所大学所拥有的捐款! 在这些情况下,人们明白,为了学业而移民,甚至是明确的人才流失一直特别侵袭着这片大陆,从而破坏了如下两种可能性:大学的发展,以及相对于发达国家大都市的自主化。缺少教育或研究所需的设施、教师和资金,解释了辍学率升高的原因,这是因为那些被最有明确目标所激励的人,或者最宽裕的人,都很早就放弃了当地的教育而去享受国外的高质量教育。由于政府的不民主,以及对共同利益的漠视,辍

---

① 在2006年超过了40%,人们发现莱索托是55%,斯威士兰是50%,马达加斯加是47%,纳米比亚是47%,尼日利亚是41%(来源于联合国教科文组织的数据,op. cit.,2008)。

② 这个国家的中学毕业生从1990年起就得益于大学入学考试中1.5分的加分;这个方法让马凯雷雷的国立大学中的大学生率在整个1990年代期间从20%增加到了33%(J. C. Kwesiga,《女性进入非洲高等教育的机会:乌干达的经验》(*Women's Access to Higher Education in Africa: Uganda's Experience*),Kampala,Fountain Publishers,2002,p. 98)。

③ R. B. Gaidzanwa,《非洲大学中的管治问题》(*Governance Issues in African Universities*),Accra,Association of AfricanUniversities,1995,p. 27,引自K. Mwiria 的文章,"大学管治和大学-国家关系"(University Governance and University-State Relations),在D. Teferra 和 G. Altbach 博士(编订)的书中:《非洲高等教育》,op. cit.,p. 38。

学率保持着螺旋上升的态势。官僚主义的癌细胞实际上被引进了高等教育本身。校方(通常同政治权力有关)增加了行政岗位,而这是以牺牲教师或研究职位为代价的。大学职员收入很少,这解释了在同类型私立领域(只要它存在)中为何会经常出现一个人身兼数职(其中尤其存在着非全职工的现象)的情况。资金的欠缺、最优秀分子的离去,也解释了非洲大学里研究型职务的弱势。没有设备、藏书匮乏、随着最前沿科学中新技术而出现的国际需求水平的迅速提升,这一切都不利于一所真正大学中的这一特别功能的巩固与加强。这就是为什么学术研究中 70%—90% 的资金都来自官方以外或非政府的捐赠者。由内部政治、军事危机,也由世界经济的动荡引起的经济困难(原材料价格的变动、货币贬值、能源价格提高)尤其是在 1980—1990 年间影响了大部分非洲国家,并产生了它们对外部援助的需要,后者导致了关于结构性调整的政策。在新自由主义的意义上来说,这些政策正合国际货币基金组织(FMI)和世界银行的心意。专家们因而证实,高等教育对于处境最为艰难的那些国家来说,曾是浪费的源头(相对于平庸的结果,内部的花费却很高),也是预算积蓄的潜在来源①。某些国家,如坦桑尼亚、莱索托、乌干达或者加纳,听从了国际组织的"建议",增加了使用者的债务,并尝试发展私立教育。但是,这样一些让大学生付钱的计划普遍遇到了十分激烈的抗议活动。就像在尼日利亚那样,大学在 1990 年代初被关闭了数月,以回应大学生的动员。这些冲突表明,这样一些计划同其他大陆(如拉美和亚洲,如人们所见,在那里这些计划早已实施)相比依然是例外。

---

① K. Banya 和 J. Elu,前揭,p. 15 和余下部分;对于由世界银行本身建立的这些"改革"场地近期的状态而言,可参看世界银行的《非洲高等教育的资金筹措》(*Financing Higher Education in Africa*),Washington(DC),World Bank,2010。

大学财政危机是普遍的,它解释了一部分大学生或毕业生为什么移民(要么是去其他更加繁荣的非洲国家,要么是去美洲或欧洲的大学)。在1990年,7 000名肯尼亚的毕业生去了美国,加纳有将近一半的医学生在美国进行练习,而尼日利亚仍有三分之二的大学职位空缺着。相反,有1万名尼日利亚大学生在美国。莱索托和斯威士兰的大量毕业生都在邻国南非获得了工作,等等①。南非本身则失去了自己最优秀的学生,这一情况反倒有利于大型发达英语国家,这些国家为他们提供了优厚的薪水与极佳的工作条件(澳大利亚、加拿大、英国、美国)。因此,人们看到了大学生移民的国际市场在发展,在21世纪即将开始的时候,这个市场将大部分地区同世界上的大陆都重新联系了起来。

20世纪末大学生移民与求学的国际市场

整体观点

大学生在全球范围内的流动性不断增加,这一状况的复兴可以追溯到19世纪。从绝对数额来讲,相关的人员数量如今同他们在国外游学时期②的人数完全不一样了,或者说,中欧、东欧(包括俄罗斯)或者拉美国家得到帮助支持的一部分年轻人来西欧深造,随后是在1920年代到1950年代去美国深造。在国家容纳的学生的人口比例方面,外国留学生比例的增长只是近期才变得明显,并且还伴随着根据学业类型与来源地区的不同而十分明显的不平衡。在1960年代,人们估计外国留学生有238 000人,这个数量在1995年增加了5倍(150万人),在21世纪的头十年里要高于

---

① D. Teffera 和 G. Altbach 博士,art. cit.,p. 42—43。
② 指17世纪欧洲大学生出外游学的时期。——译注

212万人①。经合组织中最发达的那些国家占据着最具吸引力的位置:在21世纪初,超过93%的"国际大学生"在经合组织的成员国内学习。2005年,在这些国家里,4个主要的英语国家(美国、英国、澳大利亚和新西兰)总共有100多万名外国留学生,占了外国留学生在世界范围内总体数量的将近一半,然而这只占它们自己国家人员数量的4%—17%②。

在美国这个主要的接纳国里,外国留学生人数在8年里增加了1—2倍,其比例相对于当地大学生而言从1979年起就以如下的方式在变化(表18)。

表18 1979—2009年间美国的外国留学生人数变化

年 份	外国留学生	增长率(%)	人员总数	外国留学生比例(%)
1979—1980	286 343	8.5	11 570 000	2.5
1984—1985	342 113	0.9	12 242 000	2.8
1989—1990	386 851	5.6	13 539 000	2.9
1994—1995	452 635	0.6	14 279 000	3.2
1999—2000	514 723	4.8	14 791 000	3.5
2004—2005	565 039	−1.3	17 272 000	3.3

---

① Tse-Mei Chen 和 G. A. Barnett,"宏观视角下关于国际学生流动的研究:对1985、1989和1995年的网络分析"(Research on International Student Flows from a Macro Perspective: A Network Analysis of 1985, 1989 and 1995),《高等教育》,卷39,第4号,2000年6月,p. 435—453,尤其是p. 435;N. M. Healy,"高等教育真的国际化了吗?"(Is higher education really "internationalising"?), art. cit., p. 335,表1,根据经济合作组织的《教育一瞥》(Education at a Glance),巴黎,经济合作组织出版社,2005;M. Leclerc-Olive, G. Scarlo Ghellab, A. -C. Wagner(编写),《面对市场的大学世界——知识的流通与行动实践》(Les Mondes universitaires face au marché. Circulation des savoirs et pratiques des acteurs),Paris, Karthala, 2011。

② N. M. Healy, op. cit., p. 336:美国是565 039人(4%),英国是318 395人(13%),澳大利亚是163 930人(17.7%),新西兰是30 674人(14%)。让我们回想一下,在1920年代,法国和瑞士接纳了超过24%—25%的外国大学生,这个绝对人数上的比例没有可比性(法国有73 000名大学生,而今天有将近200万名大学生)。

(续表)

年　份	外国留学生	增长率(%)	人员总数	外国留学生比例(%)
2005—2006	564 766	−0.05	17 487 000	3.2
2006—2007	582 984	3.2	17 759 000	3.3
2007—2008	623 805	7.0	18 248 000	3.4
2008—2009	671 616	7.7	19 103 000	3.5
2009—2010	690 923	2.9	19 562 000	3.5

来源：教育数据国家中心。www.iie.org/Research-and-Publications/Open-Doors/Data/Fast-Facts

因此，尽管在911袭击之后小布什政府的安全与反恐政策带来了某些波动，但国际大学生数量在上述观察报告涉及的30年里还是增长了超过400 000人，其在美国大学生的整体中所占的比例从2.5%增长到了3.5%，尽管美国大学生人数也有类似的增长。人数比例上的这一微弱增长却被这份总体数据所低估了。它没有注意到这样的事实：来美国深造，或者是来此完成其学业的最后阶段的大学生，都进了最举足轻重、最具名望的大学（这些大学会颁发高等学位，开展研究培训），而不是接纳了大量美国高等教育的本科毕业生的无数小学院和没什么名气的大学。在这些最核心和最国际化的大学中，转向研究和高级职位的外国留学生变多了，在上述列表中的美国大学所发起的竞赛中，留学生的比例甚至成了有名望的论据，正如那些试着跟随它们道路的欧洲大学那样[1]。在2003年，美国有一半以上的博士毕业生出生在国外，而1973年只有27%，在物理科学专业里是50%，在工程专业中是

---

[1] 在2009—2010年间，国际大学生人数最多的地方是在南加州大学、厄巴纳的伊利诺伊大学、纽约大学、普渡大学和哥伦比亚大学。在2010年，纽约的哥伦比亚大学在其网站上宣布该校外国留学生的总占比是23%，而其国际与公共事务学院中则是40.7%，在工程与应用科学学院甚至高达58.7%（来源：www.columbia.edu/cu/opir/abstract/2010-enrollment_ethnicity.htm）。

67%,在经济学专业中是 68%①。在 2000 年,外国留学生带来的经济收益占了第三产业出口总额的 3.5%,即 102.8 亿美元②。一些类似的现象在其他主要的英语国家中也存在:在 2010 年,外国大学生大概占加拿大本科全日制学生总数的 8%,硕士占 18%,博士则占 23%。[……]在英国,外国留学生在高等教育中的比例达到了 55%③。

这些数据表明,出国留学有着不同的功能。

外国留学的不同功能

人员构成的国际化实际上会因背景不同而起到不同的作用。一个像法国这样的国家——法国的大学无论在国内还是国外都没有占据学术声望的金字塔尖——却依然是十分重要的留学生接纳地,法国从量上来说几乎和它的邻国(如英国和德国,它们的大学设施更好,也更能被看作国际化)平起平坐。但是,法国大学所吸引的大学生人群的类型在出生国、社会出身和学术出身以及职业规划上都和它位于更发达国家中的同类所吸引的大学生人群不同,那些国家重视的是富有大学生(他们会支付更高的学费)的留学,这有助于为其学校提供资金,而不用加重国家预算或其居民的负担,此外,这也有助于加强其在经济、文化和政治上对新兴国家或依赖于它的国家的支配④。在 2002 年,法国 53.6%的外国留学

---

① St. Vincent-Lancrin,文章如上所引,p. 75(J. Bound, S. Turner, P. Walsh, "美国博士教育的国际化"[Internationalization of U. S. Doctorate Education],国家经济研究部门[NBER],2006,油印品)。
② S. Slaughter 和 G. Rhoades,《学术资本主义和新经济》(*Academic Capitalism and the New Economy*),op. cit. ,p. 62。
③ www. aucc. ca/wp-content/uploads/2011/05/tendances-dans-le-milieu-universitaire-vol1-effectifs-2011-f. pdf. ,p. 16。
④ 法国政府试图通过建立法国教育署(l'agence EduFrance)来寻求对"第三世界主义者"的抵制,这注定它和邻国一样要去吸引新兴国家更加富裕的大学生。

生都来自非洲,只有 25.8% 来自欧洲(见表 19)。其中,来自摩洛哥和阿尔及利亚的留学生各占了总数的 14.5% 和 14%。突尼斯也一样,这是一个人口相对较少的国家,它给其前"保护国"送去的大学生(7 843 人)要比它给德国(比它具有优先权的欧洲同伴①人口要多)送去的多(5 876 人)。在英国的外国留学生,其地理出身的"帝国"特征在这张表里同样有所体现。

表 19　2002 年在法国、德国、英国的外国留学生来自的国家和地区

主要的地区来源	法　国	德　国	英　国
非　洲	88 137(53.6%) 阿尔及利亚:14 056 摩洛哥:29 504 突尼斯:7 843 塞内加尔:6 123 喀麦隆:3 563 科特迪瓦:3 036 马达加斯加:2 782	20 723(9.5%)	18 751(8.2%) 肯尼亚:2 454 津巴布韦:2 678 加纳:1 279 毛里求斯:1 457 尼日利亚:2 900 南非:1 038
亚　洲	23 053(14.0%) 黎巴嫩:3 219 越南:1 548	75 500(34.8%) 中国:14 070 韩国:5 153 日本:2 317	80 857(35.6%) 中国:17 483 马来西亚:9 011 中国香港:8 012 印度:6 016 日本:5 741 新加坡:3 870 泰国:2 420 韩国:2 322 巴基斯坦:2 161 斯里兰卡:1 491 阿曼:1 420 沙特阿拉伯:1 388 阿联酋:1 056 孟加拉:839

---

① 这里的欧洲同伴和之前的"保护国"指的都是法国。——译注

(续表)

主要的地区来源	法 国	德 国	英 国
欧 洲	42 415(25.8%)	110 621(51.0%)	103 085(45.4%)
欧洲部分欧盟国家的占比	26 631(16.2%) 德国:5 276 英国:2 545	47 215(21.7%)	91 784(40.4%) 爱尔兰:11 845
北 美	5 720(3.4%)	5 422(2.5%)	19 354(8.5%)
大洋洲	220(0.01%)	349(0.01%)	1 816(0.8%) 澳大利亚:1 293 新西兰:422
南 美	4 770(2.9%)	4 656(2.1%)	2 765(1.2%)
包括未回应地区在内的总数	164 315	216 821	226 628

来源:www.oecd.org/document/11/0,2340,en_2825_495609_33712011_1_1_1_1,00.html

英国的大学有吸引力的地方明显不同于法国,主要表现在两个因素上:首先,它以技术、科学或商务培训为基础,在这方面,非洲、北美的留学生较少,处在现代化进程中的亚洲国家的留学生较多。从这个角度来看,英国复制了美国式的经济占主导地位的一般模式,它通过英语和先进技术将其他国家的精英集中吸引到同经济世界的主导观点中的未来相似的发展模式之中。其次,在旧不列颠帝国中编织的仅存的文化联系被某些国家数量庞大的留学生揭示了出来:非洲的南非、尼日利亚;先前处于英国保护下的阿拉伯半岛的国家;马来西亚、巴基斯坦、泰国、先前属于不列颠帝国的加勒比岛国①。

尽管德国在 1945 年被分裂了,但由于 1914 年前德国大学与

---

① 关于旨在将外国留学生吸引到美国、英国、澳大利亚和新加坡去的市场政策,参看 R. K. Sidhu,《大学与全球化:去市场,去市场》(*Universities and globalization*:*To Market*,*To Market*),Mahwah(N. J.),Lawrence Erlbaum Associates,2006。

科学处于领先地位,联邦德国仍然在外国留学生不同的地理来源上保留了某种文化上的连续性:欧洲与亚洲是其海外生源的主要来源地,这和英国是一样的。但是,这些人并不来自相同的国家:在欧洲,他们更多来自中欧和东欧(波兰、捷克共和国、匈牙利和俄罗斯),那是德国在19世纪就具有传统的文化吸引力的地区;在亚洲,他们来自新兴工业国家,如韩国、中国和日本,后者从明治时代就启用了普鲁士式的学校。相反,非洲的留学生则很少,这是德国的殖民帝国早就消失的结果,而来自美国的则几乎没有,因为英语已经成为主导的国际语言,而在1914年以前,许多美国大学生都在德国学习。德语曾经是国际化的、在科学上通用的语言,许多大学生来自1840年起从德国移居到美国的移民家庭①。直到1980年代,德国大学依然受战争对于其国际形象及语言障碍(德语失去了自己的国际地位)的影响。在随后的几十年中,情况在德国统一之后发生了变化,因为德国大学可以更多地向中东欧的大学生开放。新的欧洲巨人的经济成功加强了其对于旧中欧(Mitteleuropa)地区未来毕业生的吸引力,这些学生希望掌握欧洲力量在技术上占据主导地位的秘密:国际留学生主要都注册进入了技术或商科专业。

自从1970—1980年代起,交流的地理路线就准备就绪了,而这在20世纪几乎没有变化。随着出现在欧洲的亚洲大学生人数的增加,以及韩国、中国和印度(作为越来越多的准毕业生的输出国)留学生的涌现,其流动扩展到了更远的地方,而附带的流动则在先前被统治的大陆内部出现了。拥有高品质大学的西北欧小国影响到了周边的欧洲国家如比利时、荷兰,而爱尔兰则是作为英国的附属:它自愿向那些希望优先改善自己英文能力、但又支付不起

---

① 在德国大学中鼓励建立一种英语教育的措施以试图抵抗在语言上对传播德国科技的约束。

英国学费的欧洲大陆的大学生开放。在爱尔兰岛,他们利用了高等教育依旧开放、但相对价廉的这个体制。

表20　1989—1990 经合组织国家的高等教育中的外国留学生及其地理来源

国家	外国留学生占比(1989—1990)	留学生的地理来源(%)					
		欧洲(经合组织)	北美(经合组织)	亚太(经合组织)	东欧和前苏联	亚洲	南美和非洲
瑞士	15.7	67.4	2.8	1.9	2.1	6.1	19.5
英国	10.3	28.2	9.3	3.5	0.2	41.3	17.6
比利时	12.3	46.1	1.3	2.4	0.7	6.9	42.6
法国	9.0	14.7	3.2	1.4	1.1	14.8	64.7
奥地利	8.7	57.8	2.5	6.9	3.8	1.9	12.1
澳大利亚	5.8	1.7	1.8	2.3	0.1	49.8	29.5
德国	5.7	32.8	4.6	15.0	3.8	28.8	15.1
爱尔兰	5.7	32.8	4.6	15.0	3.8	28.8	15.1
葡萄牙	3.2	9.5	3.8	0.2	—	?	85.9
新西兰	3.0	1.2	?	1.6	—	58.7	38.6
美国	2.9	11.0	4.6	9.2	0.6	54.8	19.7
加拿大	2.4	12.7	9.0	2.7	0.4	49.3	25.9
意大利	1.5	51.8	2.3	0.5	0.8	28.5	16.1
土耳其	1.2	10.2	0.5	0.1	0.5	81.2	7.4
西班牙	1.1	36.7	4.5	0.8	0.6	6.9	50.5
荷兰	1.1	42.7	4.4	7.7	2.0	0.4	22.6
瑞典	5.8	55.1	4.3	1.8	3.7	19.8	15.3
丹麦	5.1	31.7	3.3	2.7	1.5	0.2	43.9
芬兰	0.9	34.6	9.5	4.5	8.0	0.9	22.3
日本	0.9	2.4	4.3	0.7	0.3	88.7	3.8
希腊	0.7	8.7	3.1	2.3	3.2	64.6	18.1

来源:《经合组织国家中的教育——1988—1989,1989—1990:信息数据概要》,Paris,OCDE,1993,p.83—84。

在大学生生源国际化的巨人们面前,一些先前处在外国文化影响下的国家也成为次级中心:这就是在美国面前的加拿大的处境(留学生占学生总人数的 2.4%,其中将近有一半来自亚洲,这占了北美的四分之一),这也是瑞典的处境(留学生占学生总人数的 5.8%,其中将近 20% 来自亚洲),土耳其也是如此,它在 2006 年送了不止 34 000 名大学生去美国和欧洲,但也接纳了将近 20 000 名来自亚洲的留学生,这其中主要是中东、近东或中亚国家的留学生。

表21 2007—2009 年间在美国的外国留学生主要的学习领域

学习领域	2007—2008 留学生数量	2008—2009 留学生数量	2008—2009 留学生比例(%)	变化率(%)
商业、金融、管理	110 906	138 565	20.6	24.9
工程	96 133	118 980	17.7	23.8
数学与信息	46 313	56 367	8.4	21.7
艺术、装饰艺术	31 727	34 854	5.2	9.9
卫生健康	29 163	35 064	5.2	20.2
人文学科	17 460	19 179	2.9	9.8
社会科学	49 375	57 348	8.5	16.1
其他	61 304	73 011	10.9	19.1
英语强化	25 856	28 524	4.2	10.3
未回应	19 215	20 944	3.1	9.0
国际留学生总数	623 805	671 616	100	

来源:数据来源于国家教育数据中心。Opendoors.iienetwork.org/? p=150810

从对国际留学生的吸引力来看,美国呈现出了某些和英国、德国的共同特征。正如表 21 中所表明的那样,两个最为国际化的专业是管理与商务金融类专业和工程教育类专业。但是作为在国际上占据主导地位的顶尖国家,美国的高等教育把大学生们几乎是吸收到了其他所有类型的专业中。因此它不如英国和德国(没有同样的吸收能力,鉴于它们缩小了的学术市场)那样集中在某些专业教育中。在美国,人们最常读的两个专业领域仅仅接收了国际留学生总数的三分之一多一点。所有其他专业——从人文学科到语言、社会科学,还包括更加理论化的自然科学——则招收了数以万计渴望美国文凭的学生。也许,在入学人数超过 1200 万大学生的国家里,留学生微不足道,但是相对于其来源国而言(那些国家里最优秀的大学生都几乎很少),这些从美国归来的毕业生数量实在庞大(但并不总是如此,因为许多人都留在了那里),尤其是他们能够从 20 世纪末的超级学术权威颁发的荣誉中汲取到特殊的好处。

表 22　2005 年外国留学生去经合组织成员国地区的目的地及其生源地

来源	北美	欧洲	亚太
非洲	15%	82%	3%
北美	39%	47%	15%
南美	52%	45%	3%
亚洲	36%	33%	30%
欧洲	12%	84%	4%
大洋洲	28%	24%	49%

来源:St. Vincent-Lancrin,"跨国的高等教育:一种新的战略关键?",art. cit.,p. 73。

人们推断,在国家、大陆或世界范围内,国际化仍然是局部的,其特征由如下情况决定:某些历史遗产(旧政治或殖民关系),语言遗产(法语区、英语区、西语区等等),某些经济上的互补性,政治隔阂之间的妥协(在危机期间,外国留学生被等同于隐藏着的移民),经济需求(人口下降国家寻求"专家")、对侨民的不平等的支持,经常被留学效果所打破的幻觉。对于大学生而言,就像对留学生的输出国和接纳国而言一样,经济、社会、文化、政治上的成本依然居高不下,而随着占据主导地位的英语国家试图让这自愿的迁徙能够有所回报,以便资助自己的系统,事情变得尤其如此。对于输出国而言,贫乏的或不合适的高等教育体制、僵化的社会(它无法应对年轻人的期望)是驱走好动或不满的几代人的一种方式。但是,这也必定会导致高质量的、有干劲的优秀个体流失,这推迟了地方上的改变。

当代的矛盾:作为调节性神话的大学

同某个由大机构专家所传播的国际通行惯例所肯定的东西相反,当人们仔细审视实际情况时就会发现,世界上大学体制的趋同因此依然是一个调节性的理念,而不是什么事实。在高等教育中,人们越来越难以对其演变持有一种清晰的观念了,因为它们受到很多因素的影响:地方的、地区的、宗教的、社会的、智识的、行政的、经济的、政治的、国际的。也许,人们曾经能够找到对其他时期的相同干扰,就像本书的大部分章节所指出的那样。但是,在今天,由于庞大的赌注,相关社会群体的多样性(在许多发达国家将近有一半的适龄人口接受了高等教育),以及关于大学政策的不同选择的意识形态争论(它涉及全球的未来),相关的大学生数量、流动人员和大笔金钱是如此庞大,以至于它们直接同其他选择形成了竞争,那是些经济上和国内外政治上存在的大量选择①。

直到1970年代,人们都一直把高等教育看作先前另外两个年龄段层面(小学、中学)的最终加冕。社会地位的等级很少同这三个阶段的最终水平相符。从进入高等教育的适龄人群不再处于10%—20%的比例,而是在主要的发达国家里都成为多数的时刻起,从普遍进入高等教育继续学业成了新兴国家中可能的目标时

---

① 例如2008年的英国,高等教育中雇佣的工作人员占英国工薪阶层的1%,其预算占了国内生产总值的2.3%(Keith Thomas,"大学被用来做什么?"(À quoi servent les universités),《论争》(Le Débat),第162号,2010年11—12月,p.10—18)(文章最早出现在2010年5月7日的《泰晤士报文学副刊》中)。人们可以以相似的方式在某些城市的地方经济中突出大学的中心角色。

起,高等教育的不同专业间、它们的目的和模式间的内部斗争就成了社会地位等级化的关键因素。这些关键现在涉及一部分平民阶级、大部分中产阶级和所有的上层阶级。

所有的改革、所有关于学习的作用与目的的争论、大量的公共与私人的努力(学费免费与否、借贷、半工半读、公共或私立的专业领域、封闭还是开放)、留给通识教育或专业教育的位置、留给知识的再生产或革新的位置,这些都成为"社会的赌注",甚至文化战争,后者常常会激发出启蒙观点,并有助于描绘生成中的未来社会。它们在别处并没有被同等地认识或意识到,因为不同群体和高等教育(它作为人们的普遍期待,可能或的确可以起到改变下一代社会地位的作用)之间的距离是不同的。

过去可以比较的唯一重点和争论乃是围绕进入初等教育的权利、义务教育或免费教育有无必要性、是否融入带有宗教或中性色彩的框架而进行的斗争。比较尽管不甚完美,却因而突出了由当代社会造成的质的突变。如果高等教育因为其未来——初等教育的入学率对于19世纪西方社会而言就是如此——而变得具有战略性的话,那么它完全的差异化,及其类似而又经常矛盾的多样功能(通识教育、专业化、职业化、社会化、从事研究、科学和文化革新的源泉、公共的批判空间、二次机会)就会妨碍人们的取舍,而仅仅是这些取舍就会导致有关教育方面的争论,包括两个世纪以前关于初等教育的争论。实际上,类似的是,由于学制的延长,也由于学业随着新"材料"的整合而分化,政府的决策与其在社会与文化上的效果之间的持续的结构性差距表现了出来。尽管人们在国际化、分类、开启校际竞争方面做出了许多努力,但无数在国家层面上的检查与工作(和国际层面上的一样)、激烈的争论、国家传统间的碰撞还是强调了这一点:人们并不能清楚认识未来的社会与文化在其中得以酝酿的社会-知识空间,而启发其中的大学生、教师、行政人员、资助者(无论是私人还是公共的)乃是属于这个空间的最急迫的任务。

此外,这一点并不确定:这个空间想要自我认识或者改变其形象。因为,对于围绕这个社会空间而进行斗争的不同群体而言,这些分析可以充当它们的武器,人们既没有把这个社会空间等同于普通的市场①,没有把它等同于简单的行政机构和真正的企业②,也没有仅仅把它等同于公共教育的空间,或者是有明确目标的研究机构,更没有把它等同于平和的文化生活与交流的场所。事实上,高等教育同时是上述这些事物,只不过是会根据不同的组合(根据国家、地区、城市、学科领域,还有学校的战略安排)而在程度上有所不同。某些人将高等教育的学校同一些多功能城市相比,但是应该补充一下,还有一些这样的城市:在其中生活的人认为自己处在中世纪寡头制的共和国中(大学共和国、学人共同体),而其他人则认为自己处在一座雅典式的民主城邦中(1968 年的转型期的大学),还有一些人认为自己处在一座服从总统及其奉承者的任性的君主官邸之城中(来自 1990 年代改革的经理人的新大学)。某些学校(在短期技术高等教育中)把自己等同于依照旧的苏联模式的研究院,它被专家与专家出身的官员所统治,并根据不同的、多样的委员会的量化评估中得来的指数,以及经济"需求"来规划未来和投资。其他学校则依然像一支顶级足球队一样被动员起来,同其国内外的对手竞争,以便增强民族或当地人的自豪感,吸

---

① 参看 S. Slaughter 和 L. L. Leslie,《学术资本主义:政治、政策和企业化的大学》,op. cit. ;S. Marginson 和 M. Considine,《企业大学:澳大利亚的权力、管治和再发明》(*The Enterprise University*:*Power, Governance and Reinvention in Australia*),Cambridge,Cambridge UP,2000。
② R. Naidoo,文章如上所引;"学术企业"(Entreprises académiques),《社会科学研究备案》,第 148 号,2003 年 6 月;B. Lepori,"欧洲大学财政中选择与倾向"(Options et tendances dans le financement des universités en Europe),《国际批评》,第 39 号,2008/2,p. 25—46;尽管建立了竞争机制,近期撤销了某个公共资助,但在欧洲也只有英国真的把大学变成了企业实体,即最具竞争力的美国大学的同类。

引最好的选手(具有极高研究潜力的教授和研究员)、最好的赞助人(激进、资助团队的企业)和最好的拥趸(寻求"好看"文凭的大学生,最好是"有所继承的"那些)。于是,"上海排名"、泰晤士报高等教育增刊的排名和其他基准测试(benchmarking)①就都扮演了国家锦标赛、欧洲锦标赛或者大学世界锦标赛的角色,其目的在于搞清谁是"世界级的大学"②。

所有这些从其他地方借来的类比都包含了一部分关于当代高等教育的真相。但是,它们也表现出了自己的限度,并且尤其强调了大学的微观世界在许多不同的层面上同其他社会领域的宏观世界相互影响这个事实,但是,大学的微观世界也总是和大量从自身中衍生出来的效果产生相互作用,它从来不是对包罗万象的空间的复写或扫描。实际上,内部的张力依然要大于普遍的社会中的张力,因为在日常生活中,不得不生活在一起的不只一代人。权力关系实际上是工作关系、代际关系、个人等级的关系、性别或种族关系等等。我们坚持反对同世界上不同国家或地区的高等教育的不同类型相关的文化模式的变化。全球化的修辞,新的公共管理与知识经济的新自由主义模式的传播(用于大学之中),它们相反都试图让人承认,高校和大学系统必然会趋向同一套占统治地位的规范,它由国际排名"百所顶尖大学"(top 100)中的大学所体现。政策负责人或某些大学的负责人有兴趣传播的话语,尤其是

---

① 现代知识管理中追求竞争优势的管理方法,由美国施乐公司于 1979 年首创。——译注
② 对于一所参与了"世界"竞赛的作为范例的学校(在人文科学和社会科学方面)而言,可参看 M. Scot,《伦敦政治经济学院(1895—2010)——大学的国际化与知识的流通》(*La London School of Economics and Political Science. Internationalisation universitaire et circulation des savoirs*),Paris,PUF,2011,尤其是第四部分;在更小的范围内,巴黎政治学院则从 1990 年代开始投身于类似的战略,虽然其中不无矛盾和内在的紧张(A. Garrigou,《精英反对共和国——巴黎政治学院和巴黎高师》(*Les Élites contre la République. Sciences Po et l'ENA*),Paris,La Découverte,2001)。

当他们认为自己的国家或自己的大学有资格去参与这个"标杆管理"比赛以及学术企业创新比赛的时候,只会遮蔽这种以普世的法则建立起来的标准模式,它仅仅涉及极少数的学校,甚至在走在这条道路上的最富有的国家或最先进的国家中也是如此(在美国的2 000所学校中有30—50所,在欧洲的每个大国中的80—100所学校中有6—10所)。在某些体育项目中,在冠军和进入国际大赛或杯赛中的大型俱乐部之间,在大量俱乐部与普通的参与者之间都有着相同的差距。

对于绝大多数大学生和教授,或者是"作为第三产业的教育"中的行政人员而言,如联合国教科文组织所宣称的那样,其视野仍是地方的,或者不如说是区域性的,它扎根于周遭社会的需求之中,而这个周遭的社会环境要比国际化的大学知识精英所属于的神话般的社会更为重要。这些精英通过影响因子(impact factor)、引用率、奖状、名誉学位和科学成果的奖金来进行竞争,其目的在于确保自己的"优越",而这越来越独立于被当作损失与收益的教学任务,除非是为了注定要接替他们的最优秀的大学生,这些学生经常会去博士级别的研讨会和研究院。

很明显,这对于权力精英或者于冰山顶峰思考的大学精英而言,是更加令人得意、令人满足且简单的东西。事实上,由这个顶峰的兴趣所制定的政策同被埋没的、不怎么杰出的那部分人的期望与需求是部分矛盾的,这些政策的目的在于通过要求愈来愈高、透明度愈来愈低的劳动市场,来对年轻世代进行分类;它们要修正其中学教育或先前的技术教育的错误,并努力在一个对于年轻人而言越来越严酷的社会中给人们提供一种希望,即使它很渺茫。因为失业几乎在各处都首先波及这些年轻人,并且,在某些毕业生大量过剩的地区,如拉美、中东和近东、南欧、非洲的某些国家,这些毕业生同控制着最有利可图的领域的黑帮团体有所冲突(参看当下处在革命中的阿拉伯国家的例子)。

结论：一切皆教诲（Omnia docet）？

我们已经在导论中解释了我们为何要保留"大学的历史"作为这本书再版时的标题。不同的章节所揭示的景象，是概念相较于其中世纪核心而言的不同寻常的变动。用更抽象、更少注明日期或更具有包容性的术语（高等教育，甚至像联合国教科文组织做的那样，使用了"作为第三产业的教育"这个说法）难道不是更合理吗？同时，出现在大学概念中的不同年龄段的代表人群的力量直到今天还在不断制造出它的象征效果。还有国际排名——它如此流行，我们先前已经对它做出了批判，即"大学"的排名，即使它们将一些并不具有历史的"大学"，或者是属于人们在法国叫作"大学校"（grands écoles）或"大机构"（grands établissements）的高等教育模式的学校列入了它们的名单，情况也依旧如此①。在相反的意义上，新的教育机构则专门致力于某些未开发的领域或层面，或者仅仅受"利润"的驱动，它们想要成为真正的大学，即是说，它们不仅仅是传授技术性、专业性知识的场所，还是生产这些知识的场所，甚至是要能够革新，并回应周遭社会的智识需求

---

① 巴黎综合理工学校和巴黎高师因而在此就可以被比作苏黎世联邦综合理工学校或者是洛桑的综合理工学校，它们事实上都是高等职业与研究学校，而不是综合性大学。

的场所①。

"大学"这个词所仅剩的名声,及其于历史过程中在世界范围内的传播解释了我们的选择,即解释了为何要将它作为我们长期以来的历史探究事业的旗帜。相反,关于大学之变化的历史得到了展现,这让人得以拒绝一切想要以大学的"本质"或跨历史的(理想的)"理念"——它们明确地总结了这种类型的智识与教育空间的形式与功能——的名义来谈论大学的非历史的话语。国家、地方与国际上的模式的多样性,持续的改革(从最早的时期开始),"专业"、"学科"、"知识领域"、"构成因素"之间持续的争论,几代的教师与大学生之间的争论,学术权力与非学术权力之间的争论,大学人员是教授还是研究员的争论等等(这是其长久延续与成功的原因),都证明了高等教育规划的目的不在于原封不动地严格传授一种固定的或普遍的知识,那只是教育金字塔最底层的功能,而高等教育的规划就其本质而言,应该根据不过分落后于社会、文化,以及周遭世界的节奏不断前进,并且它也要自发为这一改变做出努力。

大学与社会

这一持续的变化是一切张力的源头,是一切斗争的源头,甚至是一切冲突的源头,无论这些冲突是古代的、现代的还是当代的。社会的与特殊智识领域中的参与者所感受到的一切不安与苦恼也来自上述情况。这首先就关系到大学生的不安,因为他们不得不适应一种服从外来规则(同时也是随意的、主张自由的)的新世界,

---

① 例如菲尼克斯私立大学(为了利润而运作)的高等研究院院长的信:"欢迎来到菲尼克斯私立大学高等研究院。我们的目标是向大学生传授以研究、领导观念为基础的原创学习经验。我们在如下学科中可颁发博士学位:教育、商务管理、卫生行政管理、工业心理学与组织、辅助医疗护理。"(www.phoenix.edu/colleges_divisions/doctoral/deans-message.html[作者的翻译])

这些人在小学阶段中默默无闻，而在中学和大学阶段就愈发具有个性了。其次，这和结构性的张力有关，这一张力存在于因其所属世代和身份地位而归属不同类型的教师之间：其中某些人熟知教育界的不同状态；而另一些人（根据不同的大学体制而不一样）则渴望改变教育界，反抗"古代"的体制，或者受限于服从这一体制，以便获得头衔或进入职业生涯。由于知识领域不同，所有人都在如下两种状态之间摇摆不定：一是因为忠诚于研究理想而担心自己不断受到质疑，二是缺少时间和例行公事所导致的实用主义，而这种态度让既有知识接受了反复的检查，也让人开始依赖于令人安心的教育方法。这种张力被电子通信新模式的发展和学术文化的具有竞争力的知识新来源所强化。大学生们通常比他们的"老师"更好地掌握了这些东西，因为老师们会将其视作一种威胁，而未来学家们则在其中看到了对于所有大学的、财政的、教育的或其他的问题的技术性的解决方法[1]。随着需要管理的注册入学学生或毕业生的"过剩"或"储备"的数量越来越多且越来越具有异质性了，最终还有大学行政管理人员的不安，他们因为来自高层（政治当局、资助人）的自相矛盾的命令而忙得不可开交，或因为来自社会、教师、大学生、行政雇员的自相矛盾的命令而焦头烂额。

　　后一种张力往往反映了周遭社会的不安，它们根据增长的迫切需要、进步的标准、现代性的关键而建立了高等教育。它们总是

---

[1] 尤其要参看电子邮件"明日教授"(Tomorrow professors)中的辩论，它对关于在电子学习的引入方面最前沿的美国大学中的讨论非常富有教益：明日教授实时通讯邮件（cgi. stanford. edu/~dePt-ctl/cgi-bin/tomprof/postings. php）。还有 T. H. Benton 的文章，"在线学习：接触怀疑论者"(Online Learning: Reaching Out to the Skeptics)，《高等教育编年史》(*The Chronicle of Higher Education*)，2009 年 9 月 18 日(chronicle. com/article/Online-Learning-O/48375)；K. Carey，"学院应该从报纸的衰落中学到什么教训？"(What Colleges Should Learn from Newspapers' Decline)，《高等教育编年史》，2009 年 4 月 3 日（chronicle. com/article/What-Colleges-Should-Learn-/15693）。

向中学以上层面的教育(尤其是大学)要求得太多,但却又厌恶为此付出代价,它们从未确信许诺(文凭、知识、资质、工作)必须得到保证,因此才会有当下的评估、荣誉榜、调查研究、品质保证、在先与事后的控制,以及作弊手段、智识上与物质上的腐败形式的手段、普遍怀疑的氛围的发展(作为加强控制的逻辑结果)。

这些多种多样的张力通常以最严重的方式在各国展现,法国就是其中之一。如果我们通过同世界上其他国家或地区的对照和比较而多次注意到这一点的话,还应该强调法国的高等教育重新融入欧洲并部分融入世界这一情况所呈现出的功效,反对某种法国本土倾向于悲观主义和妄自菲薄的趋势,并以此来结束本书。人们经常如此设想,这并非是十分反常的事情。人们所急切承认的过错并没有那么多。法国的高等教育有时会创造一些被其他国家模仿的改革,它终究是改变了很多,尽管最开始十分死板,巴黎中心和其他地区之间在地理上存在着很大的不平衡。在人文科学和社会科学中,法国的学术生产比其他国家更好地抵抗了英美世界的统治,并且,在法国理论(French Theory)的美好时代,它还成功地影响了美国顶尖大学的某些专业[①]。在科学方面,资金依然是决定性的,研究者和法国大学的国际排名(不仅仅是令人尊敬的)与其努力相配,但不幸的是,它随着由国家所赞成的政治主流而变化了。

这本书也让人得以在许多悲剧性的历史背景中表明这一点:对大学和高等教育的批评与攻击是保守和反动力量惯用的策略,他们准备着其他政治、社会或经济上的倒退。从中世纪的宗教法庭和专制主义的欧洲或神圣同盟,经过纳粹德国、法西斯主义的意

[①] 参看 F. Cusset,《法国理论——福柯、德里达、德勒兹及其他人与美国知识生活的转变》(*French Theory. Foucault, Derrida, Deleuze et Cie, et les mutations de la vie intellectuelle aux États-Unis*),Paris,La Découverte,2003。

大利、弗朗哥派的西班牙、斯大林的俄国或皮诺切特的智利,到某些当代非洲和阿拉伯的独裁,我们想到了这种足够多的落后例子,或者是在对这种社会和智识空间的限制下的例子(这个空间束缚了一切任意武断的权力)。

在让高等教育失去其特点的普遍的质疑下,无论是学业的内部还是外部,都存在更加细微的争议。在其中所谓具有良好用心的外部力量同自愿一切得到澄清的学院力量联合了起来,为了将其置于更"有效"、"恰当"、"公正"的原则下而完全歪曲了大学的某些功能。在第八章中(而在别处我们会用其他的例子做出更长的说明①),我们揭示了这种在今天占据主导的管理式的、自由主义式的话语的预设与矛盾,它们在世界范围内引起了反抗,并从2008年的金融危机起就残酷地表明了自己的限度。为了反对全新的幻觉(某些人试图通过维持它,以便更好地让人信服我们正处于历史主要的"转折点"上),历史学家在此会推动一种跨历史的比较。文艺复兴、启蒙运动、法国大革命、俄国革命在它们的时代中也都以新时代、"新人类"甚至是新世界的名义从根本上重新质疑了大学。无需否认这些文化与政治上的大动荡给当时身陷陈规俗套和行会主义的"大学"带来的有益鞭笞,我们也能看到这里必然存在妥协,人们简单粗暴地引入了过于绝对的新原则,这本应通过大学机构成为社会与文化变革的持续因素。

我们也许处在一个可以比较的时刻:科学,尤其是大学中涉及所有领域的理科,从未知此具有生产力,它在社会、经济和知识层面上产生了诸多影响。同时,社会正处于不安与怀疑之中,正如最发达国家里某些科学领域中职位的减少,或者是某些非理性的或宗教观点的新近成功(包括在受过更高水平"教化"和教育的环境

---

① 参看先前章节以及文献目录中的参考文献,还有 C. Charle 和 C. Soulié(编写)的书:《欧洲的大学"现代化"的灾难》,Paris,Syllepse,2007。

中也是如此)所证实的那样。高等教育在各方面都达到了临界规模,以至于改变了社会和政治的平衡;最为乖戾、最追求自身利益的那些高校在此首先看到了一种新的吸引人才的投机方式,尤其是为某些家庭节约开支的可能性,那些家庭都有自己的理由为其子女的未来感到不安。最具政治性或最国际化的高校则在此看到了新自由主义全球化的新战场,等等。

但是,正如克里斯托夫·夏尔勒在上一本书中所解释过的那样,我们应该从当代历史时期的统一化、片面的表现中解脱出来①。根据 J. 古迪(Goody)的说法②,错误地想要创造历史、大学和"现代性"的欧洲应该避免对它过于青睐的事物进程使用统一性话语。它也许最终会通过殖民或影响范围来传播其多样的大学模式,但是,这些植根于新的地理或历史背景中的大学模式反过来也会产生新的高等教育的"种类"。它完全不同于殖民国家所播下的种子,最好的例子也许就是先前图表中的美国大学。它们和自身的源于英国或德国的早期构造不再有什么大的共同点。

大学与研究

世界范围内的不对称与统治(因此还有文化和大学上的不协调)是在另一个点上持续并得到加强的,即学术和大学知识的生产、知识的流通和传播这个关键点。由于缺少空间和全球范围内真正可以对照的工作,我们无法为此贡献足够多的阐述,而且尤其是在近期,我们很难正面处理既是制度的又是社会的和智识的大学历史。联合国教科文组织近期发布的两份互为补充

---

① C. Charle,《时代的失调——现代性简史》(*Discordance des temps, une brève histoire de la modernité*),Paris,A. Colin,2011。
② 参看 J. Goody,《历史的盗窃——欧洲如何将自己过去的叙述强加给其余的世界》(*Le Vol de l'histoire. Comment l'Europe a imposé le récit de son passé au reste du monde*)(英文版:2006),Paris,Gallimard,2010,p. 322—347。

的报告的主题是科学研究和社会科学,这两份报告就不同高校(根据其所属的大陆和国家类型来分)的研究成果中存在的差距,提供了某些综合指数。如人们所见,从19世纪起,高等教育中的研究功能与知识传授、职业教育培训的功能之间的共存就在不同的大学模式中引起了争论。各地的人们发明了一些不同的解决方法,以便根据地理和历史的背景来缓和这种张力。但随着围绕独立于高等教育的大型研究设备、研究组织或研究资金,以及围绕同社会需求或市场相关的研究型企业(智囊团、非政府组织、专家等等)出现的大科学(Big Science)①和国际合作的涌现,这种张力在20世纪还是变强了。它从未像今天那样明显地带有财政制度、公共制度、教育制度(根据不同的学科和地位,它们通常形成了对比)、大学人员和多少是永久性的研究员的分歧。如果人们试着评估在国际上占主导地位的主要国家的大学中所施行的那部分研究的话,那么人们相较于趋同(如关于文化的国际化和知识经济的时髦论题所假设的趋同),更会发现大量差异的持续存在,人们对它的解释并不是功能性的,而在很大程度上是历史的、政治的。

表23 世界上主要国家的大学职员、研究职员和大学研究的分量

国家	高等教育的教师数量	研究型大学的数量	2007年研究员的数量	属于高等教育的研究员数量	占比	大学中研究开发所占的比例	博士
2007年的美国	1 290 000	3 400所学校中有127所	1 425 550	231 000	16.2%	14.8%	56 067

---

① 大科学是美国科学家普赖斯于1962年6月提出的新概念。他认为二战前的科学都属于小科学,从二战时期起,进入大科学时代。就其研究特点来看,主要表现为:投资强度大、多学科交叉、需要昂贵且复杂的实验设备、研究目标宏大等。——译注

结论：一切皆教诲(Omnia docet)？

(续表)

国 家	高等教育的教师数量	研究型大学的数量	2007年研究员的数量	属于高等教育的研究员数量	占比	大学中研究开发所占的比例	博士
加拿大	36 000（大学）(2003年)	91所中有13所	125 300	41 380	33%	34.9%	3 709
德 国	288 000	412所中有104所	290 853	70 843	24.3%	16.1%	24 946
法 国	136 000	80所以上的大型学校	215 755	59 194 (2009)	27.4%	19.7%	9 818
英 国	126 000	137所有大型机构的大学	261 406	67 719 (2006)	25.9%	25.2%	16 466
意大利	100 000	87所(60所公立的,27所私立的)	150 000	67 700 (2006)	44.9%	32.6%	10 188
俄罗斯	656 000/其中有341 000人在大学中	388所大学开了博士课程,还有205所研究院也是如此	451 213	70 494	15.6%	6.7%	?
印 度	539 000	338+13所国家重点科学研究院	154 827	22 100	14.2%	4.4%	13 733
日 本	511 000	710所里有88所	709 974	181 214	25.5%	12.6%	15 979
中 国	1 332 000	1 808所高校中有112—140所一流大学	1 423 380	221 908 (2005)	15.5%	8.5%	23 446

(续表)

国　家	高等教育的教师数量	研究型大学的数量	2007年研究员的数量	属于高等教育的研究员数量	占比	大学中研究开发所占的比例	博士
巴　西	293 000 (2005)	60%的科学类文章由7所主要大学的人员发表	84 979	56 008	65.9%（大学中的是56.8%，研究院中的是6%）	29%	9 366

来源：《联合国教科文组织科学报告 2010——世界范围内科学的现状》(Unesco Science Report 2010, The Current Status of Science around the World)，Paris，Unesco，2010，p. 64，85，105，129，237，239；联合国教科文组织数据研究所，《全世界范围内关于教育的数据汇编》，Paris，Unesco，2008；加拿大：D. Sussman 和 L. Yssaad，"学术女性崛起的地位"(The rising profile of women academics)，《观点》(Perspectives)，2005 年 2 月，加拿大数据，可下载：www. statcan. gc. ca/Pub/75-001-x/10205/7782-eng. pdf；英国：表 R1（研究结果），可下载：www. hesa. ac. uk/index. php? option = com_content&task=view&id=2069&Itemid=141（学校在 2009 年至少颁发了一个博士学位）；法国：《高等教育与研究的信息记录》(Note d'information Enseignement supérieur et recherche)第 11. 06 号（在高等教育署的网站上可下载到）；德国：www. bmbf. de/daten-portal/Tabelle-2. 5. 1. pdf；意大利：statistica. miur. it/Data/uic2008/Le_Risorse. pdf；日本：C. Galan，"日本高等教育的自由化"(La libéralisation de l'enseignement supérieur au Japon)，在 C. Charle 和 Ch. Soulié 编写的书里：《欧洲大学"现代化"的灾难》，op. cit.，p. 232；induced；G. Talbot，《印度的科学》(La Science en Inde)，NewDelhi，Ambassade de Franceen Inde，2008，p. 152（www. ambafrance-in. org/IMG/pdf_La_Science_en_Inde. pdf）；中国："中华人民共和国政府机构档案"，可在法国驻中国大使馆网站上下载：www. diplomatie. gouv. fr/fr/IMG/pdf/CHINE_19-5-11. pdf；国际社会科学委员会，《世界社会科学报告——知识分化》(World Social Science Report. Knowledge Divides)，Paris，Unesco，2010，2010 表 A1. 1.，p. 383（全职研究员），p. 374；博士学位：2006 年的数据（除了加拿大是 2002 年的），在同一份报告的附录中被引用。

尽管从这样一些国家（它们拥有在表 23 中所汇集的可以使用的数据）来看，各种分类依然有限，人们却依然能意识到，从事研究的大学人员（除了意大利和巴西的）仅仅构成了研究中常驻人员整体的少数，他们属于公共部门或私立部门。这部分人的多变性甚至有时走到了人们期望的反面。尽管这样一种话语占据主导地位，它将美国大学视作研究的国际范例，但是，在研究院的数量和在可动用的部分预算上，这些大学相较于其国家的其他公共或私人研究部门而言是少数。由不到 200 所大学花费掉的研究开发总预算的 14.8%有 478 亿美元,这只有美国基础研究预算的一半多一点。在高校从事研究的人员数量方面,欧洲一些大国(英国、法国、德国、意大利)的人数总和与 20 世纪末科学超级大国美国的人数相当(前者总计有 244 000 人,后者是 231 000 人)。相反,由于大学花费掉的那部分研究预算勉强高于美国的预算(16.1%—32.6%),尤其是分配给大学领域和非大学领域的酬金总额很低,这些国家因此仅仅支配着明显更少的资金①。像其他长期以来都选择了研究的独立组织(公立的或私立的)的新兴国家一样,欧洲国家因此也越来越远离了在高等教育与研究之间编织出内在联系的"洪堡模式"②。在俄罗斯联邦中,尽管改革打破了它同苏联模式的关系,大学与研究的分裂依然离整合如此之远。仅仅只有三分之一的大学在做研究开发(RD),只有 7.7%的研究员在大学中工作。创建 7 所省级的大型联邦大学的决定,目的在于重新平衡被莫斯科、圣彼得堡所控制的大学研究,这标志着政府对于接近西方模式的忧虑。在印度,相较于从独立第二天起就创建的专门化机构中所进行的研究,大学的研究长期以来都处于十分不利的位置,低劣的工作条件解释了人才向私立部门或外国流失从而损害学术研究的原因③。

---

① 美国人均为研究开发贡献了 1 093 美元(略高于 3 230 亿美元),英国是 587 美元,法国是 625 美元,德国是 757 美元,意大利则是 304 美元(所有这些方法根据"购买力"而得到了修正)。如果人们应用了先前的不同系数的话,人们因此就只能得出这个结论,这 4 个国家的大学研究有 300 多亿美元的资金。
② 关于德国当下对于其理想模式的"背叛"可参见 J. Schriewei,"德国的高等教育:自治的修辞与系统的障碍"(L'enseignement supérieur allemand: rhétorique d'autonomie et blocages systémiques),在 C. Charle 和 C. Soulié 编写的书中(op. cit., p. 89—105)。
③ V. V. Krishna,"印度大学中科学的位置:对一种演变的反思"(La place de la science universitaire en Inde: réflexions sur une évolution),《社会科学国际期刊》,第二卷,第 168 号,2001 年,p. 251—267; P. Agarwal,《印度的高等教育:设想未来》,New Delhi,Sage India,2009,第六章。

这一分离在实验科学和自然科学中尤其明显。相反,在社会科学中,30来个国家(人们掌握了这些国家的数据信息)中85%的研究员都一直属于大学。自然科学/人文科学和社会科学之间的不对称非常明显。其次,正是这些大学(但实际上这只是其中少数),通过博士生,甚至是越来越多地通过博士后,保证了研究型教育中的重要部分。这种研究水平在过去是非常少见的,但它今后却在欧美的大型大学中(也在某些亚洲和拉美的新兴国家中)为相当一部分大学生所拥有。博士培养成了竞争中的重大挑战,大学在竞争中努力吸引世界上欠发达地区的人才。根据2006年的可靠数据,在人们掌握其数据信息的一些国家中有将近200万名在读博士,并且有276 846张博士文凭在同年颁发①。这一层次的文凭自20世纪末以来就在猛烈地增长(自从1998年起,所有学科的增长就超过了40%,社会科学的增长超过了50%)②。大部分持有该文凭的人都一直集中在表格中呈现的研究型大国中,但是某些新兴国家也开始在世界范围内具有影响力了。德国、法国、意大利、英国、日本和美国在2006年颁发了133 464个博士学位,中国、印度、韩国和巴西同年则颁发了54 491个博士学位(但是人们应该记得,许多来自这些国家的人事实上都在占据主导地位的国家攻读博士,因此他们的人数被计入到后者之中)。自此以后,差距仍应缩小。

全球大学之间的再平衡,在本硕教育阶段十分突出,但在博士和研究阶段却远未达到。因此,联合国教科文组织的社会科学委员会给它的10年报告起了"知识分化"(le savoir divise)这个题目是合理的。然而,大学的计划从出发点来说(就像今天在其最少受

---

① 《世界社会科学报告——知识分化》,op. cit., p. 364。
② L. Auriol,"持有社会科学博士文凭的人:他们是谁?他们为何处工作?"(Social Science Doctorate Holders: Who are they? Where are they working for?),ibid., p. 295。

到政治或经济考量歪曲的版本中一样)就是要通过知识来统一、生产、传授知识,以便更好地理解世界(因此更好地统一世界),它遵守3个概念的共同词根:统一(unifier)、世界(univers)、大学(université)①。在诞生8个世纪之后,大学实际上在如今还依旧存在,这不是因为它搁浅了,而是因为它太过成功了,它总是在扩展着野心以及质量与数量上的要求。一些新的危险在伺机等候:服从于他律的要求(财政、政治、经济、意识形态、宗教),一些闭关锁国地区的封闭或分裂,后者会阻碍其传播和交流的功能。更具有威胁性的是,对大学的智识功能失去信心,剽窃抄袭导致腐败,颁发假文凭,出售大学的"赎罪券"(就像过去大学最不光辉的时期一样)。历史只有一种效能,即让男男女女记得他们已经渡过了危机,而根据这些情况,他们已经或多或少地会去直面危机,并依赖于批判性的反思和理性来解决它们,这是大学所拥有的两种武器。如果说这本书通过它所允许的观察距离而有助于我们处理大学中存在的新问题的话,哪怕它的帮助有限,将本书加入已经浩如烟海的参考文献中,可能也并非是无用的。

---

① 这三个词的词根均为 uni-,有单一、统一的意思。——译注

图书在版编目(CIP)数据

大学的历史 /(法)克里斯托夫·夏尔勒,
(法)雅克·韦尔热著;成家桢译. -- 上海:
华东师范大学出版社,2021
 ISBN 978 - 7 - 5760 - 1313 - 9

I.①大… II.①克…②雅…③成… III.①高等
教育—教育史—世界 IV.①G649.1

中国版本图书馆 CIP 数据核字(2021)第 122207 号

华东师范大学出版社六点分社
企划人 倪为国

Histoire des Universités
by Christophe CHARLE and Jacques VERGER
Copyright © Presses Universitaires de France
Simplified Chinese edition published with Presses Universitaires de France
Simplified Chinese Translation Copyright © 2021 by East China Normal University Press Ltd.
ALL RIGHTS RESERVED.
上海市版权局著作权合同登记 图字:09 - 2014 - 889 号

大学的历史

著　者　(法)克里斯托夫·夏尔勒　(法)雅克·韦尔热
译　者　成家桢
责任编辑　施美均
责任校对　高建红
封面设计　李尔清
美术编辑　刘怡霖

出版发行　华东师范大学出版社
社　　址　上海市中山北路 3663 号　邮编　200062
网　　址　www.ecnupress.com.cn
电　　话　021 - 60821666　行政传真　021 - 62572105
客服电话　021 - 62865537　门市(邮购)电话　021 - 62869887
地　　址　上海市中山北路 3663 号华东师范大学校内先锋路口
网　　店　http://hdsdcbs.tmall.com/

印刷者　上海景条印刷有限公司
开　本　890×1240　1/32
印　张　9.5
字　数　165 千字
版　次　2021 年 8 月第 1 版
印　次　2023 年 2 月第 3 次
书　号　ISBN 978 - 7 - 5760 - 1313 - 9
定　价　68.00 元

出 版 人　王　焰

(如发现本版图书有印订质量问题,请寄回本社客服中心调换或电话 021 - 62865537 联系)